왕과 아들

왕과아들

조선시대 왕위 계승사

강문식 · 한명기 · 신병주 지음

cum libro
책과함께

문제적 아버지와 문제적 아들들

여기 조선시대를 살았던 다섯 명의 아버지와 다섯 명의 아들이 있다. 이들은 모두 평범한 아버지나 아들이 아니었다. 아버지들은 모두 한 시기 조선을 호령했던 왕이자 지존(至尊)이었다. 아들들은 모두 아버지를 이어 지존 자리에 올랐거나, 오를 예정인 왕세자였다. 태조(1335~1408), 태종(1367~1422), 양녕대군(1394~1462), 선조(1552~1608), 광해군(1575~1641), 인조(1595~1649), 소현세자(1612~1645), 영조(1694~1776), 사도세자(1735~1762)가 그들이다.

아버지들은 얼핏 보아도 모두가 '문제적 임금'들이다. 그들의 대표적인 행적을 돌아보면 곧바로 드러난다. 태조는 고려의 무장이자 신하의 처지에서 몸을 일으켜 조선을 개창했다. 태종은 고려의 마지막 보루 정몽주를 척살하고 아버지 이성계를 왕으로 만드는 데 결정적인 역할을 했을 뿐 아니라, 스스로 왕 자리를 꿰차고 새 왕조의 수성(守成) 기반을 다졌다. 선조는 일찍이 없던 7년의 대전란을 맞아 도성을 버리고 파천길에 오르는 등 갖은 간난신고를 겪었지만, 그래도 어렵사리 종사를 보전했다. 인조는 위기에 처한 종사를 살린다는 명목으로 쿠데타를 일으켜 숙부 광해군을 몰아내고 지존의 자리에 올랐지만, 병자호란을 만나 '오랑캐 추장'에게 무릎을 꿇고 치욕의 항복을 한 인물이다. 영조는 신하들의 지긋지긋한 당쟁을 끝장내고 왕권을 다잡기 위해 노심초사했던 군주였다. 조선의 임금 가운데 가장 오래 왕 자리에 있었던 그는 탕평책을 통해 신하들을 다잡으려고 분투했지만, 그 과정에서 자신의 손으로 아들 사도세자를 죽여야 했던 비운의 군주이기도 하다.

아들들 또한 모두가 '문제적 왕세자'들이다. 우선 태조의 아들인 태종과 선조의 아들인 광해군을 빼고는 양녕대군, 소현세자, 사도세자 모두 한때 왕세자였지만 끝내 임금 자리에 올라보지 못하고 중간에 낙마했다는 공통점이 있다. 양녕대군은 즉위를 눈앞에 두고 낙마했지만 그래도 천수를 누렸다. 하지만 소현세자와 사도세자는 그렇지 못했다. 병자호란 직후 심양에 인질로 끌려가 갖은 고초를 겪은 소현세자는 귀국 직후에 병마를 이기지 못하고 세상을 떠났다. 그가 죽음을 맞아야 했던 원인은 명확하지 않다. 하지만 분명한 것이 하나 있다. 인조를 길들이려 했던 청과 그에 맞서 자신의 왕권을 지키려 했던 인조 사이에 끼여 갖은 곤혹스런 상황을 겪으며 스트레스에 시달려야 했다는 점이다. 사도세자의 운명은 가장 가혹해 보인다. 궁궐 한복판에서 아버지 영조가 건네준 칼로써 자결을 시도해야 했고, 그것이 여의치 않자 끝내는 스스로 뒤주 속에 들어가 짧은 인생을 마감해야 했던 인물이 사도세자이다.

아들로서의 태종과 임금으로서 광해군의 인생도 몹시 파란만장하다. 태종 이방원은 애초 아버지로부터 왕세자로 지명받지 못한 처지에서 스스로의 힘으로 왕세자 자리를 차지하고 끝내는 왕위에까지 오른 입지전적 인물이다. 하지만 정작 자신이 왕이 된 뒤로 세자 양녕대군의 아버지로서는 스스로 세자를 교체하는 또 다른 파란을 겪는다. 광해군은 애초에 왕세자가 될 가능성이 별로 없던 첩자(妾子)이자 차자(次子)의 처지에서 전쟁이라는 비상 상황을 만나 왕세자에 지명된다. 또 갖은 우여곡절 끝에 임금 자리에 즉위하는 데도 성공했지만 끝내는 지존의 자리를 보전하지 못하고 중간에 폐위되는 비운을 겪어야 했다.

'아버지와 아들은 전생에서 서로 원수였다'라는 속언이 있다. 또 부자 관계를 이야기할 때 흔히 '오이디푸스 콤플렉스'를 운운하기도 한다. 그런데 위에서 언급한 아버지와 아들들의 경우를 보면 조선의 왕과 왕세자도 예외가 아니었던 모양이다. 그와 관련하여 이들 조선의 왕과 왕세자들의 삶은 무엇보다 드라마틱하다. 그렇다면 이들의 삶과 운명이 파란으로 점철되었던 배경은 무엇일까? 어떤 이유로 그들은 형제를 죽이고 왕세자가 되고, 왕이 된 뒤 왕세자를 교체하거나 심지어 죽이고, 왕 자리에서 밀려나야 했던 것일까? 이제 세 명의 필자가 쓴 다섯 편의 글을 통해 태조와 태종, 태종과 양녕대군, 선조와 광해군, 인조와 소현세자, 영조와 사도세자의 범상치 않은 부자 관계를 탐색해보기로 하자.

5장

조선 왕실 최대 비극_영조와 사도세자

1장

권력은 부자간에도 나눌 수 없다 _강문식

─── 태조와 태종

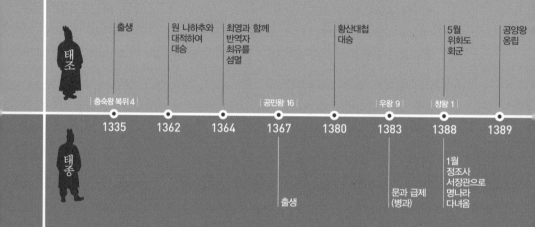

태
조

| 출생 | 원 나하추와 대적하여 대승 | 최영과 함께 반역자 최유를 섬멸 | | 황산대첩 대승 | | 5월 위화도 회군 | 공양왕 옹립 |

| 충숙왕 복위 4 | | | 공민왕 16 | | 우왕 9 | 창왕 1 | |
| 1335 | 1362 | 1364 | 1367 | 1380 | 1383 | 1388 | 1389 |

태
종

| | | | 출생 | | 문과 급제 (병과) | 1월 정조사 서장관으로 명나라 다녀옴 | |

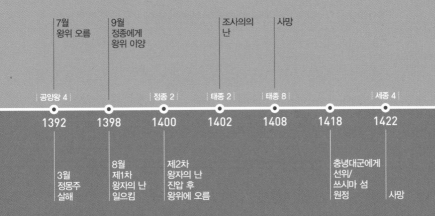

7월
왕위 오름

9월
정종에게
왕위 이양

조사의의
난

사망

공양왕 4   정종 2   태종 2   태종 8   세종 4

1392   1398   1400   1402   1408   1418   1422

3월
정몽주
살해

8월
제1차
왕자의 난
일으킴

제2차
왕자의 난
진압 후
왕위에 오름

충녕대군에게
선위/
쓰시마 섬
원정

사망

——— 새 나라가 세워진 뒤 정국과 민심을 안정시키는 것이 급선무이던 당시에 이방원은 중앙 정부에서 벗어나 선조의 묘소가 있는 동북면에서 조금은 한가로운 시간을 보내고 있었다. 숨 가쁘게 진행된 개국 과정과 치열하게 전개된 권력 투쟁을 생각해볼 때, 이방원은 오랜만에 달콤한 휴식을 즐기고 있었을 것이다. 과연 그때 이방원은 어떤 생각을 하고 있었을까? 아마도 전 왕조 고려를 무너뜨리고 새 나라를 건설하는 대역사를 성공시킨 것에 대해 대단한 성취감을 느끼며 뿌듯해하고 있었을 것이다. 또 앞으로 정치 일선에 참여하여 아버지 태조를 도와 새 나라를 반석 위에 올려놓기 위해 나름대로 구상을 하고 있었을지도 모르겠다. 그러나……

고려가 멸망하고 새 나라가 세워진 지 한 달 남짓 지난 1392년 8월 어느 날, 새 나라 건국의 주역 이방원(李芳遠)이 지금의 함경남북도 인 동북면(東北面)에 행차했다. 아버지 태조(太祖) 이성계(李成桂)의 즉위 사실을 4대 선조(先祖)들에게 고하는 제사를 올리라는 왕명을 받고 선조들의 묘소를 찾은 것이었다.

이성계의 선조 중 동북면으로 처음 이주한 이는 고조부 이안사(李安社)였다. 《태조실록(太祖實錄)》에 따르면, 원래 전주(全州)에 거주하던 이안사는 20세 때에 관기(官妓) 문제로 전주 지역 관리들과 알력이 심해졌고 결국 신변에 위협을 느껴 강원도 삼척으로 이주했다고 한다. 그러나 전주에서 갈등을 빚었던 관리 중 한 사람이 강원도 안렴사(按廉使)로 부임해오자, 이안사는 다시 삼척을 떠나 동북면 의주(宜州, 지금의 강원도 원산시)로 옮겨갔다. 그리고 대몽항쟁기이던 1254년(고려 고종 41) 무렵에 동북면이 원나라의 세력 아래 들어가면서 이안사는 원나라에 귀부하였다.

그 뒤 이안사와 그 자손들은, 1356년(공민왕 5)에 고려가 쌍성총관부(雙城摠管府)를 수복하는 과정에서 이성계의 부친 이자춘(李子春)이 고려에 귀순할 때까지 원나라의 관리로서 이 지역에 세거(世居)하였다. 귀순한 뒤에도 이자춘·이성계 등은 동북면의 지역 기반을 계속 유지하였다. 이러한 까닭으로 이성계 선조의 묘소들이 동북면 지역에 모여 있게 된 것이다. 태조는 즉위 후 고조부 이안사를 목조(穆祖), 증조부 이행리(李行理)를 익조(翼祖), 조부 이춘(李椿)을 도조(度祖), 그리고 아버지 이자춘을 환조(桓祖)로 추존(追尊)하였다. 그리고 추존된 위상에 맞도록 묘소를 능(陵)으로 격상하여, 목조의 능을 덕릉(德陵), 익조의 능을 지릉(智陵), 도조의 능을 의릉(義陵), 환조의 능을 정릉(定陵)으로 정하였다.

　새 나라가 세워진 뒤 정국과 민심을 안정시키는 것이 급선무이던 당시에 이방원은 중앙 정부에서 벗어나 지방에서 조금은 '한가로운' 시간을 보내고 있었다. 숨 가쁘게 진행된 개국 과정과 치열하게 전개된 권력 투쟁을 생각해볼 때, 동북면에서 이방원은 오랜만에 달콤한 휴식을 즐기고 있었을 것이다. 과연 그때 이방원은 어떤 생각을 하고 있었을까? 아마도 전 왕조 고려를 무너뜨리고 새 나라를 건설하는 대역사를 성공시킨 것에 대해 대단한 성취감을 느끼며 뿌듯해하고 있었을 것이다. 또 앞으로 정치 일선에 참여하여 아버지를 도와 새 나라를 반석 위에 올려놓기 위해 나름대로 구상을 하고 있었을지도 모르겠다.

이방원,
아버지의 소망을 이루어준 아들

이때 이방원의 미래에 대한 기대를 한순간에 무너뜨리는 소식이 전해졌다. 막내 이복동생 이방석(李芳碩)이 세자(世子)에 책봉(册封)되었다는 것이었다.

어린 서자(庶子) 이방석을 세워서 왕세자로 삼았다. 처음에 공신(功臣) 배극렴(裴克廉)·조준(趙浚)·정도전(鄭道傳) 등이 세자를 세울 것을 청하면서 나이와 공로로써 정할 것을 청했지만 왕은 강씨(康氏)를 존중하여 이방번(李芳蕃)에게 뜻을 두었다. 그러나 이방번은 광망(狂妄)하고 경솔하여 볼품이 없으므로 공신들이 이를 어렵게 여겼다. 그래서 사적(私的)으로 서로 말하기를, "만약에 반드시 강씨가 낳은 아들을 세우려 한다면 막내아들이 조금 낫겠다"라고 하였다. 이때에 이르러 왕이, "누가 세자가 될 만한 사람인가?" 하고 물으니, 맏아들을 세워야 한다거나 공로가 있는 자를 세워야 한다고 말하는 사람이 없었다. 배극렴이 "막내아들이 좋습니다"라고 하므로, 왕이 드디어 뜻을 정하여 세자로 세웠다.

_《태조실록》 권1, 태조 1년(1392) 8월 20일

이뿐만이 아니었다. 세자 책봉에 이어 발표된 개국공신(開國功臣) 명단에서도 이방원은 제외되었다. 이 소식을 들은 이방원의 심정이 어떠했을지 짐작하기는 어렵지 않다. "새 나라를 건설하고 아버지를 왕으로 만드는 데 가장 큰 공을 세운 내가 이복동생에게 세자 자리를 빼앗기고 개국공신에도 들지 못하다니!" 아마도 그는 아버지에게 버림을 받았다고 생각했을 것이고, 마음이 원망과 분노로 가득 찼을 것이다.

조선 건국의 두 주역인 태조와 이방원, 두 사람의 갈등은 바로 이때부터 본격화되었다. 그들의 갈등과 대립은 새 나라 조선을 위태롭게 만들 만큼 심각한 것이었다. 그렇다면 두 사람의 관계는 구체적으로 어떠했던 것일까? 무엇이 아버지와 아들을 원수처럼 대립하게 만들었을까?

이방원은 1367년(고려 공민왕 16)에 함흥의 사저에서 이성계와 부인 한씨(韓氏, 조선 개국 후 신의왕후로 추존)의 다섯째아들로 태어났다. 알다시피 이성계는 첫째부인 한씨에게서 6명, 둘째부인 강씨(康氏, 신덕왕후)에게서 2명, 모두 8명의 아들을 두었다. 그 여덟 아들 중에서 이방원은 이성계로부터 가장 큰 사랑과 신뢰를 받던 아들이었다. 이성계가 이방원을 사랑하고 신뢰한 이유는 그가 바로 자신의 소망을 이루어준 아들이기 때문이었다.

이성계는 1356년에 공민왕이 반원(反元) 정책의 일환으로 쌍성총관부를 수복했을 때 아버지 이자춘과 함께 고려에 귀부하였다. 이후 이성계는 고려의 장수로서 왜구와 홍건적을 상대로 한 수많은 전투에 참전하여 신기(神技)에 가까운 혁혁한 무공(武功)을 세움으로써 불패(不敗)의 명장으로 명성을 쌓았다. 그 결과 당시 최고의 장수였던 최영(崔瑩)과 쌍벽을 이루는 국가적 영웅으로 부상하였다.

하지만 이성계에게는 한 가지 커다란 콤플렉스가 있었다. 그것은 함경

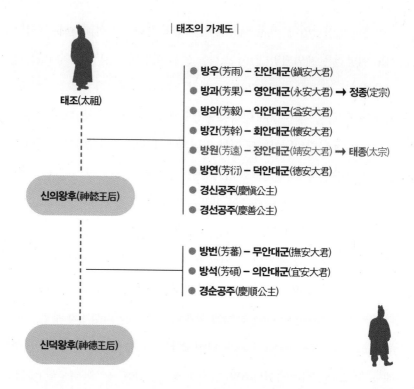

| 태조의 가계도 |

태조(太祖)

● 방우(芳雨) - 진안대군(鎭安大君)
● 방과(芳果) - 영안대군(永安大君) → 정종(定宗)
● 방의(芳毅) - 익안대군(益安大君)
● 방간(芳幹) - 회안대군(懷安大君)
● 방원(芳遠) - 정안대군(靖安大君) → 태종(太宗)
● 방연(芳衍) - 덕안대군(德安大君)
● 경신공주(慶愼公主)
● 경선공주(慶善公主)

신의왕후(神懿王后)

● 방번(芳蕃) - 무안대군(撫安大君)
● 방석(芳碩) - 의안대군(宜安大君)
● 경순공주(慶順公主)

신덕왕후(神德王后)

도 변방 출신의 무장(武將)이라는 그의 출신 배경이었다. 개경(開京) 중심의 권문세족(權門勢族)들이 정권을 주도하던 고려 말 사회에서 별 볼일 없는 출신 배경은 대단히 큰 핸디캡이었다. 이성계는 이와 같은 출신의 한계를 극복하기 위해 부단히 노력하였다. 그가 개경의 권문세가인 강윤성(康允成)의 딸을 둘째부인으로 맞이한 것도 신분 상승을 위한 노력의 하나였다.

  권문세가와의 혼인은 이성계와 그 집안의 위상을 높이는 데 상당히 큰 도움이 되었다. 하지만 이성계는 이것만으로는 부족하다고 느꼈다. 즉 그는 자기 집안의 정치적 · 사회적 위상이 더욱 높아지기 위해서는 유학(儒學)을 공부해서 과거에 합격한 문신(文臣) 관료가 배출되어야 한다고 생각했다. 이와 관련하여 《태조실록》에는 매우 의미 있는 기사가 수록되어 있다.

태조는 본래 유학을 존중하여, 비록 군중(軍中)에 있을 때에도 창을 내려놓고 휴식하는 동안에 항상 유경(劉敬) 등의 학자들을 불러서 함께 유학 경서와 역사서를 읽고 토론하였다. 특히 진덕수(眞德秀)의 《대학연의(大學衍義)》를 좋아하여 때로는 한밤중이 될 때까지 자지 않고 책을 읽었으며, 개연(慨然)히 세상의 도의(道義)를 만회하고자 하는 뜻을 가졌다.

_《태조실록》 권1, 〈총서(總序)〉

위 기사를 보면, 이성계는 수많은 전투에서 많은 공을 세워 무장으로 높은 지위에 올랐지만, 한편으로는 학문을 좋아했으며 학자나 문신 관료를 동경했음을 알 수 있다. 또 조선후기 학자 이긍익(李肯翊, 1736~1806)이 지은 역사서 《연려실기술(燃藜室記述)》에는 이성계가 장수 시절에 지은 시가 실려 있으며, 최영과 대구(對句)를 주고받은 일화도 수록되어 있다. 이러한 기사들은 이성계에게 문인 취향이 있었음을 보여준다.

하지만 이성계가 아무리 학문을 좋아하고 유학자들과 토론하기를 즐긴다 하더라도, 이미 무장으로서 잔뼈가 굵었고 나이도 많은 상황에서 스스로 문신 관료가 되는 것은 불가능했다. 이에 그는 아들들이 유학을 공부해서 과거에 급제하여 문신 관료로 출세하기를 소원하였다. 《태조실록》에는 이성계가 자기 집안에 유학을 공부한 사람이 없는 것을 불만스럽게 여겼다는 기록이 있다. 이 말 속에는 자신의 아들들이 문신 관료로 출세하여 집안이 명문가가 되기를 바라는 소망이 담겨 있다고 할 수 있다. 이와 같은 이성계의 간절한 소망을 실현시켜 준 아들이 바로 이방원이었다.

(태조께서) 전하(이방원)로 하여금 스승에게 나아가 학문을 배우게 하니, 전하께서
도 날마다 힘써서 글 읽기를 게을리 하지 않았다. 태조께서 일찍이 이르기를,
"내 뜻을 성취할 사람은 반드시 너일 것이다"라고 하였다. ……전하께서 성덕(聖
德)을 성취한 것은 비록 천성에서 시작된 것이지만, 실은 태조의 권학(勸學)이 부
지런했기 때문이었다.

_《태조실록》 권1, 〈총서〉

위 인용문을 보면, 이성계 역시 이방원의 학문적 재능을 발견하고 그에
게 학업에 전념할 것을 권했음을 알 수 있다. 이방원은 스승에게 나아가
학문을 배우라는 아버지의 뜻에 따라 날마다 글 읽기를 게을리 하지 않았
다. "내 뜻을 성취할 사람은 반드시 너일 것이다"라는 격려의 말에서 학문
에 정진하는 이방원을 대견스러워 하는 이성계의 마음을 느낄 수 있다. 이
뿐만 아니라 이 말 속에는 아들이 꼭 과거에 급제하기를 바라는 아버지의
소망도 담겨 있다.

이와 같은 이성계의 바람에 부응하여 이방원은 16세 때인 1382년(고려
우왕 8)에 진사시(進士試)에 합격하였고, 이듬해에는 문과(文科)에서 병과(丙科)
7등으로 합격하였다. 당시 문과에서는 을과(乙科) 3명, 병과 7명, 동진사(同
進事) 23명으로 총 33명이 급제하였다. 따라서 이방원의 '병과 7등'은 전체
33명 중 10등으로, 상위권에 드는 성적이었다.

이방원의 급제 소식을 들은 이성계는 대궐의 뜰을 향해 절을 하면서 감
격의 눈물을 흘렸다고 한다. 이후 이방원이 제학(提學)에 임명되자 이성계

는 몹시 기뻐하면서 사람을 시켜 이방원이 받은 임명장을 여러 차례 읽도록 하였다. 또 이성계는 손님을 맞이하여 연회를 베풀 때마다 항상 이방원을 동석시켜서 시를 짓도록 했다. 그리고 "내가 손님과 함께 즐길 수 있었던 데에는 너의 힘이 컸다"라며 이방원의 학문적 재능을 칭찬하였다. 이처럼 이방원은 이성계의 소망을 이루어준 아들이었고, 그렇기에 이성계의 신뢰를 한 몸에 받고 있었다.

아버지를 왕으로 세운 킹메이커

1383년(우왕 9)에 과거에 급제한 뒤 이방원은 중앙 정부의 여러 관직들을 역임하면서 문신 관료로서 성장하였다. 당시 이성계는 수많은 전공(戰功)으로 고위직에 오르기는 했지만, 여전히 동북면을 지키는 변방의 장수였다. 그런 이성계에게 아들이 중앙 정부의 관리로 있다는 사실은 참으로 대견하고 든든한 일이 아닐 수 없었다.

이방원의 관료 활동은 단순히 이성계의 개인적 소망을 이루어준 것에 그치는 것이 아니라, 훨씬 더 큰 정치적 의미를 가지고 있었다. 즉 이성계가 중앙 정계의 동향에 대한 정보를 얻을 수 있는 통로가 생긴 것이다. 이는 무장 이성계가 정치인 이성계로 성장하는 데 중요한 자산이 되었다.

이성계는 고려 말에 홍건적과 왜구를 상대로 수많은 전투에 출전했으며, 그 과정에서 고려의 백성들이 처한 고단한 삶의 실상들을 생생하게 목

《팔도지도(八道地圖)》의 함경북도 지도, 1790년, 채색필사본, 100.5×66cm, 규장각한국학연구원 소장.

고려 때 전국을 5도와 양계(兩界)로 나누었는데, 양계는 지금의 평안도 지방인 북계(北界)와 함경도 지방인 동계(東界)를 총칭하며 이 가운데 동계를 동북면이라고 했다. 고려의 귀족들은 수도인 개경에 집중적으로 거주하고 있었기에, 동북면 출신의 무장이라는 점은 이성계에게 커다란 콤플렉스였을 것이다. 이성계의 가문은 1356년에 고려가 쌍성총관부를 수복했을 때 귀부하였다. 그 뒤 이성계는 1388년(우왕 14)에 요동을 정벌하기 위해 압록강 하류에 위치한 위화도에 머물던 중 고려군을 이끌고 회군하여, 개경을 점령한 뒤 우왕을 퇴위시켰다.

격하였다. 그리고 이방원을 통해 중앙 정계의 소식을 들으면서 백성들의 삶을 고단하게 만든 원인이 무엇인지 알게 되었으며, 그것을 해결하기 위해 개혁이 필요함을 깨닫게 되었다. 이와 같은 경험들은 이성계가 정도전을 비롯한 개혁 세력과 결합하는 데 있어 중요한 토대가 되었다고 할 수 있다.

한편 이방원은 중앙 정계의 동향을 이성계에게 전달하면서 자연스럽게 현실 정치의 문제에 대해 아버지와 의견을 나누게 되었다. 이 과정에서 두 사람은 정치적 공감대를 형성할 수 있었고, 아버지와 아들의 관계를 넘어서는 정치적 동반자로 발전하게 되었다. 이방원이 고려 말 개혁 세력에 동참하여 아버지를 보좌할 수 있었던 것은 이와 같은 과정이 있었기에 가능하였다. 《고려사(高麗史)》를 비롯한 고려 말의 기록들을 보면, 이방원이 이성계와 혁명 세력 사이에서 양측의 의견을 전달하고 조율하는 조정자 역할을 담당했음을 알 수 있다. 이는 이방원이 이성계와 많은 대화를 나눔으로써 아버지의 의중이 무엇인지를 누구보다 정확히 파악하고 있었기 때문에 가능했다.

위화도(威化島) 회군(回軍) 직후에 이성계를 왕으로 추대하려던 움직임을 이방원이 만류한 것은, 그가 조정자의 역할을 수행한 대표적 사례라고 할 수 있다. 당시 남은(南誾)과 조인옥(趙仁沃) 등은 이성계의 추대를 은밀히 의논하고 이를 이방원에게 알렸다. 그러자 이방원은 "이와 같은 큰일을 경솔하게 논의할 수 없다"라고 하면서 사실상 반대 의견을 피력하였다. 아버지가 왕이 되기를 누구보다 바란 이가 이방원이었다. 하지만 이성계의 의중이 아직 확고하지 않은 상황에서 섣부른 추대 움직임은 오히려 역효과를 낼 수 있으므로 아직은 때가 아니라고 판단한 것이다. 한편 남은·

조인옥 등이 이성계의 추대 논의를 이방원에게 먼저 알렸다는 점은 혁명 세력 내부에서도 이방원이 태조의 복심(腹心)이라는 것을 인정하고 있었음을 잘 보여준다.

1388년(우왕 14)에 위화도 회군 당시 이방원은 전리정랑(典理正郎)으로 개경에 있었고, 이성계의 두 부인을 비롯한 가족들은 포천에 있었다. 이방원은 아버지가 회군했다는 소식을 듣자, 즉시 포천으로 가서 두 어머니를 모시고 동북면으로 피신하였다. 이성계의 회군 소식을 전해들은 우왕(禑王)이 이성계의 가족들을 체포하려 한다는 첩보를 입수하고 한 발 앞서 대처한 것이었다. 만약 당시 이방원의 대처가 늦어서 이성계의 가족들이 붙잡혔다면 위화도 회군의 성공은 장담하기 어려웠을 것이다. 따라서 이방원이 가족들을 피신시킨 조치는, 비단 이성계 가족의 안전을 지킨 것이었을 뿐만 아니라 위화도 회군의 성공에 크게 일조한 행동이었다.

위화도 회군 이후 이방원은 지신사(知申事)에 임명되었다. 지신사는 조선 시대의 도승지(都承旨), 즉 국왕의 비서실장이다. 국왕의 국정 운영을 보좌하고 국왕과 관료들의 의견을 조율하는 것이 비서실장의 임무이다. 하지만 회군 이후 이성계 세력이 정권을 장악하고 개혁을 추진하던 상황에서 비서실장 이방원에게 주어진 임무는 좀 더 특별했다. 그 첫 번째는 왕과 이성계 사이에서 가교 역할을 하여 개혁 세력에 대한 왕의 의심과 불안을 해소시키는 것이었다. 그리고 두 번째는 국왕과 측근 세력, 특히 개혁에 반대하는 세력의 동향을 파악하여 그 정보를 이성계 세력에게 전달하는 것이었다.

이성계를 왕으로 추대하기 직전에 공양왕(恭讓王)이 이성계와 동맹을 추진하던 때의 상황은 위와 같은 지신사 이방원의 역할이 어떠했는지를 엿

볼 수 있게 해준다. 1392년 7월에 공양왕은 이방원과 조용(趙庸)을 불러 다음과 같은 명을 내렸다.

내가 장차 이 시중(侍中, 이성계)과 더불어 동맹을 맺고자 한다. 그대들은 내 말을 이 시중에게 전하라. 그리고 시중의 말을 들은 다음, 맹약(盟約)의 글 초안(草案)을 작성해서 가져오라.

_《태조실록》 권1, 〈총서〉

이방원과 조용은 공양왕의 뜻을 이성계에게 전했고, 이성계는 공양왕의 제의를 수락하면서 조용에게 글의 초안을 작성하라고 지시했다. 이에 따라 공양왕과 이성계는 7월 12일에 공양왕이 직접 이성계의 사저로 행차하여 술자리를 베풀고 동맹을 맺기로 합의하였다. 그러나 동맹을 맺기로 한 그날, 공양왕의 행차 준비가 모두 끝난 바로 그때, 공양왕을 폐위(廢位)한다는 왕대비(王大妃)의 교지(敎旨)가 공양왕에게 전달되었다.

공양왕이 추진한 동맹은, 공양왕과 이성계 두 사람이 자손 대대로 서로를 해치지 않고 상대방의 지위와 안전을 보장해줄 것을 맹세하는 내용이었다. 당시 정계의 실권이 이성계에게 있었고 공양왕에게는 현실적으로 이성계 세력을 제압할 힘이 없었던 점을 고려한다면, 이 동맹은 결국 이성계가 공양왕의 왕위를 보장하고 신변을 보호하기로 맹세하는 것에 다름 아니었다. 즉 공양왕은 이성계와 동맹을 맺음으로써 왕위를 유지하고자 한 것이다. 하지만 왕대비의 폐위 교서(敎書)로 인해 공양왕의 계획은 수포로 돌아갔다. 그리고 닷새 뒤, 이성계는 새 나라의 왕으로 추대되었다.

만약 당시에 공양왕과 이성계의 동맹이 성사되었다면, 이성계를 왕으로 추대하여 새 나라를 세우려던 혁명 세력의 계획은 무산됐을지도 모른다. 그렇다면 이 긴박한 상황에서 이방원은 과연 어떤 역할을 했을까? 문헌 기록상으로는 공양왕의 뜻을 이성계에게 전달한 것 이외의 뚜렷한 활동은 보이지 않는다. 하지만 그것이 전부였을까?

이방원은 이성계가 왕으로 추대되는 것을 누구보다 바랐던 사람이다. 따라서 공양왕과 이성계가 동맹을 맺는 것을 결코 원하지 않았을 것이다. 동맹이 이루어진다면 그간의 노력이 물거품이 된다는 것을 잘 알고 있었기 때문이었다. 그런데 이성계는 자신의 바람과 달리 공양왕의 제의를 받아들이려 했다. 이런 상황에서 아버지를 왕으로 세우기 위해 이방원이 해야 할 일은 무엇이었을까?

기록으로 전해지지는 않지만, 아마도 이방원은 공양왕과 이성계 사이의 동맹 추진 사실을 정도전·배극렴 등 혁명 세력에게 전달하고 대책을 마련하도록 했을 것이다. 배극렴 등이 왕대비를 압박하여 맹약이 성사되기 직전에 공양왕의 폐위 교서를 받아낸 것이 그러한 추정을 뒷받침해 준다. 즉 혁명 세력이 이방원을 통해 동맹에 관한 저간의 상황을 파악하고 이를 막기 위한 조치를 신속하게 취했다고 할 수 있다.

이상의 내용을 볼 때, 이방원은 이성계를 왕으로 옹립하는 데 결정적인 역할을 수행한 혁명 세력의 중심인물이었다. 그리고 바로 이 점에서 이방원은 이성계의 다른 아들들에 비해 월등한 능력을 갖춘 인물이었다.

부자간 갈등의 서막,
정몽주 살해 사건

|

앞서 보았듯이 이방원은 태조 이성계의 개인적 소망을 이루어주었고, 또 이성계가 왕이 되는 데 가장 큰 공을 세운 아들이었다. 누가 봐도 이성계로부터 가장 큰 사랑과 신임을 받아야 마땅했고, 또 실제로 고려 말에 이성계가 가장 믿고 의지했던 아들이 바로 이방원이었다. 그러던 이방원이 어찌하여 조선 개국 후 세자 책봉에서 이복동생 이방석에게 밀려나고 개국공신을 정하는 데서도 배제된 것일까? 이방원이 이성계로부터 이처럼 철저하게 외면받은 이유를 어디에서 찾아야 할까?

기존의 연구 중에는 그 원인을 신덕왕후(神德王后) 일파의 공작으로 보는 경우도 있다. 조선이 건국된 후 신덕왕후 일파가 이성계와 이방원을 이간시키려고 조직적인 공작을 펼쳤고 이것이 성공하여 이방원이 세자 책봉 등에서 배제됐다는 것인데, 그 대표적인 사례로 제시된 것이 정희계(鄭熙啓)의 활동이다. 즉 개국 초에 태조가 항상 이방원과 국사(國事)를 논의하려 하자 신덕왕후의 인척인 정희계가 태조에게 이방원을 모함하고 이방원이 궁궐에 드나들지 못하도록 방해 공작을 펼쳐 태조와 이방원의 연결을 차단했고, 그 사이에 신덕왕후가 적극 개입하여 세자 책봉에 자신들의 뜻을 관철시켰다는 것이다.

이런 시각은 나름대로 타당한 일면이 있지만, 그것을 본질적인 이유로 볼 수는 없다. 먼저 견제의 대상이 된 이방원의 위상을 살펴보자. 당시 26세였던 이방원은 앞서 보았듯이 태조의 아들 중에서 능력이 가장 출중했고, 아버지가 가장 신뢰한 아들이었으며, 무엇보다 태조가 즉위하는 데 결정적으로 공헌한 인물이었다. 또 개국 초기의 정치적·사회적 혼란을 안정시키는 것이 가장 중요하던 당시 상황에서 태조가 이미 58세의 고령이던 점을 감안한다면, 세자 책봉은 무엇보다도 신중하게 결정되어야 할 문제였다.

여기에 또 하나 고려할 것은, 1392년 7월 17일에 조선이 건국된 뒤부터 8월 20일에 이방석이 세자에 책봉될 때까지 불과 한 달여밖에 걸리지 않았다는 점이다. 당시의 정국 상황과 이방원의 정치적 위상, 고려 말 이방원에 대한 태조의 신뢰 정도 등을 종합적으로 고려할 때, 1개월이라는 짧은 시간에 이방원을 낙마시키고 열한 살 어린아이 이방석을 세자로 책봉하는 일이 '순수하게' 신덕왕후 일파의 공작만으로 이루어지는 것은 사실상 불가능하다고 생각된다.

여러 정황과 조건으로 볼 때 불가능해 보이는 일이 현실화됐다면, 이는 그 배후에 좀 더 본질적인 이유가 따로 있음을 보여준다. 그렇다면 이방원이 낙마하게 된 본질적 이유는 어디에서 찾아야 할까? 이는 이방원을 낙마시킨 주체인 태조에게서 찾아야 한다. 태조에게 가장 믿음직한 아들이던 이방원. 그랬던 그가 조선 개국 후 세자 책봉이나 개국공신 책록(策錄) 등에서 배제됐다는 사실은 태조가 이방원에 대해 전과 같은 믿음을 갖고 있지 않았음을 보여준다. 즉 태조의 마음에서 이미 이방원의 존재가 멀어져 있었던 것이다.

이방원에 대한 태조의 신뢰가 사라진 이유가 무엇일까? 그 해답은 조선 개국 직전에 이방원이 주도한 '정몽주(鄭夢周) 살해 사건'에서 찾을 수 있다. 물론 이전에도 이성계와 이방원의 갈등이 정몽주 살해 사건에서 비롯됐음을 지적한 연구가 있었다. 즉 이성계가 이방원의 포학하고 비도덕적인 성향 때문에 그를 정치적 실권에서 배제했으며, 이방원의 포학성과 비도덕성을 보여주는 대표적 사례가 바로 정몽주 살해 사건이라는 분석이다.

하지만 이성계가 가장 신뢰하던 아들 이방원에 대한 믿음을 거두게 된 이유가 단지 그의 포학함과 비도덕성 때문이었을까? 당시 고려 정계에서는 새 나라를 세우려는 혁명 세력과 고려를 수호하려는 반혁명 세력이 치열하게 대립했고, 그 과정에서 정치적 모략과 술수가 난무하면서 수많은 사람들이 목숨을 잃었다. 따라서 이방원이 정몽주를 살해한 것이 포학성이나 비도덕성으로 비난받을 상황은 아니었다.

또 문헌에는 정몽주의 피살 소식을 들은 이성계가 "충효의 집안에 먹칠을 했다"라며 이방원을 심하게 질책했다고 기록되어 있다. 하지만 당시는 이미 이성계 세력이 혁명을 추진하여 고려를 무너뜨리려 한다는 것이 공공연한 상황이었다. 따라서 '충효의 가문'을 운운하는 것 역시 정치적 수사(修辭)에 불과하다고 할 수 있다.

그렇다면 이성계와 이방원의 관계에서 정몽주 살해 사건은 어떤 의미를 갖는 것일까? 이를 알기 위해 먼저 이성계와 정몽주의 관계를 되짚어볼 필요가 있다. 일반적으로 정몽주는 혁명 세력에 대항하여 고려 왕조를 끝까지 지키려다 목숨을 잃은, '반혁명 세력의 수장'으로만 알려져 있다. 하지만 반혁명의 대열에 동참하기 전의 정몽주는 이성계와 30년 가까이 우정을 나눈 지우(知友)였고, 여러 전쟁터에서 생사고락을 함께한 전우(戰友)였으며, 고려의 개혁을 함께 추진한 정치적 동지였다.

이성계가 정몽주를 처음 만난 것은 1364년(공민왕 13) 2월경이다. 당시 정몽주는 한방신(韓邦信)의 종사관(從事官)으로 여진(女眞) 정벌에 참전했는데, 이때 한방신의 부대를 돕기 위해 지원병을 이끌고 온 이성계를 처음 만났다. 그 뒤 정몽주는 1380년(우왕 6) 가을에 전라도 운봉(雲峰)을 침입한 왜구를 토벌하기 위해 출전한 이성계를 따라 함께 참전했고, 1383년(우왕 9) 8월에도 동북면 조전원수(助戰元帥)에 임명되어 이성계와 함께 함주(咸州)에서 약 1년간 주둔하였다. 이처럼 정몽주와 이성계는 상당히 일찍부터 교유하였고, 특히 여러 전장(戰場)에서 함께 고생한 점을 고려하면 두 사람의 우정이 상당히 돈독했을 것으로 생각된다.

정몽주와 이성계는 끈끈한 인간관계를 바탕으로 정치적 행보도 함께했다. 1388년 5월에 위화도 회군으로 이성계가 실권을 장악한 뒤, 정몽주는 그해 8월에 문하평리(門下評理)에 임명되었다. 그리고 이듬해 6월에는 예문관(藝文館) 대제학(大提學), 11월에는 문하찬성사(門下贊成事)에 임명되는 등 계속해서 정부의 요직을 담당했다. 또 그는 조준이 주도한 사전(私田) 개혁에 사실상 찬성했고, 1389년 11월에는 이성계·정도전·조준 등과 함께 창왕(昌王) 폐위와 공양왕 옹립을 주도하여 공신에 책봉되었다. 이러한 정몽주의 정치 활동은 그와 이성계가 위화도 회군 이후 공양왕대 초반까지 고려의 개혁을 함께 추진한 정치적 동지였음을 잘 보여준다.

정몽주와 이성계의 정치적 동반자 관계는 윤이(尹彝)·이초(李初) 사건을 계기로 막을 내렸다. 윤이·이초 사건은 1390년(공양왕 2)에 고려의 무관인 윤이와 이초가 명(明)나라에 가서, 명 태조에게 이성계 일파가 명나라를 공격하기 위해 군사를 준비하고 있으며 이를 반대하는 이색(李穡)·우현보(禹玄寶) 등을 살해하거나 감금했다고 무고한 사건이다. 이 사건이 발생하자 고려에서는 윤이·이초와 관련자들을 체포하고, 정도전을 명나라에 사신으로 보내 윤이·이초의 고변(告變)이 거짓임을 해명하였다.

문제는 이 사건의 처리 과정에서 이성계·정도전 등이 자신들에게 반대하는 이색·우현보·이숭인(李崇仁)·권근(權近) 등을 윤이·이초 등의 배후로 지목하여 숙청하려 하자, 정몽주가 이에 반발하고 나선 것이다. 당시 이색·우현보 등이 체포되어 청주옥에 구금되자 정몽주는 이들의 사면을 요청하여 공양왕의 윤허를 받아냈다. 그리고 이색 등에 대한 대간(臺諫)의 계속된 탄핵에 대해서도 "이들의 죄상이 명백하지 않고, 또 이미 사면을 받았으니 다시 죄를 논하는 것을 불가하다"라고 하면서 이색 등을 적극 옹호하였다.

윤이·이초 사건을 거치면서 정몽주는 이성계·정도전 등과 다른 자신의 정치적 입장을 명확히 했고, 그 뒤로 양측의 관계는 정치적 동지에서 적으로 점차 바뀌어갔다. 이는 근본적으로 정몽주가 생각한 개혁과 이성계·정도전 등이 생각한 개혁의 최종 목표가 서로 달랐기 때문이었다. 정몽주가 추진한 개혁의 궁극적인 목표는 고려를 백성들이 살기 좋은, 건강한 나라로 만드는 것이었다. 즉 고려의 체제를 유지하는 것이 기본적인 전제였다. 반면 이성계·정도전 등은 고려가 유지되는 한 완전한 개혁은 불가능하다고 판단하고 새로운 나라를 건립하는 역성혁명을 본격적으로 추진했으며, 그러한 과정에서 반대파에 대한 숙청을 단행하였다. 그 결과 개혁에는 동의했지만 왕조 교체는 인정할 수 없었던 정몽주는 이성계 세력에서 이탈하여 반혁명의 선봉에 서게 된 것이다. 이제 정몽주는 이성계의 가장 강력한 정적(政敵)이 되었다.

1392년 3월, 명나라 사행(使行)에서 귀국하는 세자를 맞이하러 황주(黃州)에 갔던 이성계가 사냥 도중에 낙마하는 사건이 일어났다. 이에 정몽주는 이성계가 없는 틈을 이용하여 혁명 세력에 대한 탄핵을 주도했고, 그 결과 정도전·조준 등 혁명 세력의 핵심 인물들이 모두 유배되었다. 혁명 세력으로서는 절체절명의 위기였다. 당시 모친상으로 여묘(廬墓)살이를 하고 있던 이방원은 위기를 직감하고 급히 이성계가 있던 벽란도(碧瀾渡)로 가서 그를 설득하여 개경으로 데리고 왔다.

이성계의 귀경으로 급한 위기를 넘겼지만, 혁명 세력으로서는 여전히 안심할 수 없는 상황이었다. 이에 이방원은 반혁명 세력의 중심인 정몽주를 제거할 것을 주장했다. 《태조실록》을 바탕으로 당시 이성계와 이방원의 대화를 재구성해보자.

이방원 : 지금의 위기를 벗어나려면 정몽주를 죽여야 합니다.

이성계 : 허락할 수 없다. 절대 안 된다.

이방원 : 정몽주가 정도전 등을 국문(鞠問)하고, 그 일을 우리 집안과 연루시키려 하고 있습니다. 상황이 이처럼 위태롭게 되었는데, 어찌 그냥 있으라 하십니까?

이성계 : 죽고 사는 것은 천명(天命)에 달려 있으니, 마땅히 순리대로 받아들일 뿐이다.

이방원 : 아버님, 다시 한 번 생각해주십시오. 정몽주를 죽여야만 합니다.

이성계 : 이 일을 더 이상 거론하지 말거라. 너는 여막(廬幕)으로 돌아가서 어머니의 상을 마치도록 해라.

이방원 : 정 그러시다면, 제가 아버님 곁에서 병환을 시중들겠습니다.

이성계 : 필요 없다. 어서 여막으로 돌아가라.

이성계는 이방원의 요구를 끝까지 거절했다. 아마도 정몽주와 오랜 세월 쌓아온 우정 때문이 아니었을까? 사적인 친분 관계로만 보면 정도전보다도 더 오래, 더 가깝게 교유한 평생의 지기(知己)가 바로 정몽주였다. 30년 가까이 쌓아온 친분 관계와 고려 말 개혁에 의기투합했던 정치적 동지 관계를 생각할 때, 이성계에게 정몽주는 결코 놓치고 싶지 않은 인물이었다. 따라서 이성계는, 혁명과 반혁명의 정치적 대립이 극에 이른 지금 당장은 어렵더라도, 언젠가 반드시 정몽주를 설득해서 함께 새 나라를 건설하려는 생각이 있었고, 그렇기 때문에 정몽주를 제거하자는 이방원의 주장을 끝내 거부했다고 할 수 있다.

하지만 이방원은 결국 이성계의 뜻을 거스르고 정몽주를 살해했다. 이성계의 의중을 누구보다 잘 아는 이방원이, 정몽주를 죽이면 아버지로부터 큰 노여움을 살 것임을 모를 리 없었다. 하지만 그는 이것이 진정 아버지를 위하는 일이라고 생각했다. 그리고 언젠가 아버지도 자신의 충심을 알아주리라 기대하며 거사를 결행하였다.

그러나 결과는 이방원의 기대와 정반대로 나타났다. 이성계는 이방원의 처사에 크게 분노했다. 언젠가는 꼭 설득해서 함께하려던 오랜 친구를 자신의 허락도 없이 무참히 살해한 아들의 행동을 용서할 수 없었다. 이성계에게 정몽주의 존재는 이방원이 생각한 것 이상으로 컸던 것이다. 게다가 이방원은 이성계가 강력히 반대했는데도 정몽주를 살해했다. 이성계의 입장에서 이러한 이방원의 행동은 아버지의 권위에 대한 도전으로 느껴질 수 있었다. 곧 이성계는 이 사건을 통해 이방원의 정치적 야심이 매우 큼을 알게 되었으며, 경우에 따라 그것이 자신에게 위협이 될 수도 있다는 생각을 하게 되었을 것이다.

결국 이방원은 정몽주라는 최대의 정적을 제거해야 한다는 생각에만 빠져 정몽주가 이성계에게 얼마나 중요한 인물인지를 간과하였다. 또 이성계의 승인 없는 독단적 행동이 정치적으로 문제가 될 수 있다는 점도 미처 생각하지 못했다. 그 결과 이방원은 지금까지 쌓아온 아버지의 신뢰를 한순간에 잃어버리고 말았다. 그리고 조선 건국 후 정치적 실권에서 철저히 배제되는 시련을 맞게 되었다.

권력에서 소외된
7년의 설움

1392년 8월 20일, 막내아들 방석을 세자로 결정한 태조는 다시 교지를 내려 개국공신의 위차(位次)를 정하도록 명하면서, 공신 대상자 명단을 제시하였다. 이에 따라 공신도감(功臣都鑑)에서는 9월 16일에 1등, 2등, 3등으로 나눈 43명의 개국공신(뒤에 52명으로 늘어남) 및 그들에 대한 포상 내역을 정리하여 태조에게 보고하였다. 그런데 이 개국공신 명단에는 태조를 왕으로 추대하는 데 가장 큰 공을 세운 한 사람, 이방원이 빠져 있었다.

세자 책봉에서 밀려나고 개국공신의 반열에도 오르지 못한 이방원은, 태조 재위 7년 동안 정치적 실권에서 배제된 채 야인이나 다름없는 생활을 하였다. 실제로 《태조실록》을 보면, 태조 재위 기간 중에는 이방원의 활동이 거의 나타나지 않는다. 이는 그가 정치적으로 뚜렷한 역할이 없었음을 단적으로 보여준다.

《태조실록》에는 이방원이 태조 대에 전라도 절제사(節制使)로서 군권(軍權)의 일부를 담당했다는 기록이 있다. 또 이방원이 처음에 태조로부터 집안 대대로 내려오던 사병(私兵) 집단인 함경도의 가별치[加別赤] 500호(戶)를 받았으나 이를 이복동생 이방번에게 양보했다는 기록도 있다.

처음에 왕이 정안군(靖安君, 이방원)의 건국한 공로는 여러 왕자들 중 견줄 만한 이가 없다고 하면서, 특별히 대대로 전해온 동북면 가별치 5백여 호를 내려주었다. 그 후에 여러 왕자들과 공신들을 각 도의 절제사로 삼아 시위(侍衛)하는 병마를 나누어 맡게 했는데, 정안군은 전라도를 맡고 무안군(撫安君) 이방번은 동북면을 맡았다. 이에 정안군이 가별치를 방번에게 양보하니 방번은 이를 받고 사양하지 않았으며, 왕도 이를 알고 또한 돌려주기를 요구하지 않았다.

_《태조실록》 권14, 태조 7년(1398) 8월 26일

위 기사는 1398년(태조 7) 8월 26일에 발생한 제1차 왕자의 난을 서술하면서, 건국 초기의 일을 소급하여 기록한 것이다. 또 《태종실록(太宗實錄)》에도 건국 초기에 태조가 이방원에게 '용병(勇兵)'을 위임했다는 기록이 있는데, 이 '용맹스러운 군사'는 곧 가별치를 가리키는 것으로 보인다(《태종실록》 권5, 태종 3년 6월 5일).

그런데 위 인용문의 내용이나 《태종실록》의 기사는 실제 있었던 사실로 보기에는 미심쩍은 점이 있다. 《태조실록》의 건국 초기 기사 중에는 위와 같은 내용, 즉 태조가 이방원에게 가별치를 위임했다거나 군권을 맡겼다는 내용이 전혀 보이지 않기 때문이다. 또 가별치가 태조의 집안에서 대대로 보유해온 사병 집단이고 군사적 역량도 당시에 최강으로 평가받았던

점을 고려할 때, 개국 초기부터 철저히 배제된 이방원에게 '집안의 상징'과 같은 가별치를 위임했다는 것은 액면 그대로 믿기 어려운 측면이 있다.

그렇다면 당대 기록에 전혀 언급되지 않던 내용들이 상당한 시간이 흐른 뒤에 갑자기 등장하는 이유는 무엇일까? 여기서 중요한 것은 위의 기사들이 모두 이방원과 그 측근들의 입을 통해 나온 것이라는 점이다. 이는 이 기사들에 다른 정치적 목적이 담겨 있을 가능성을 보여준다. 즉 위의 기사들은 실제로 있었던 사실이라기보다, 제1차 왕자의 난을 통해 정권을 장악한 이방원 측에 의해, 태조가 본래부터 이방원의 공을 인정하고 그를 신임했다는 점을 강조함으로써 이방원의 집권을 정당화하기 위해 '만들어진 사실'일 가능성이 높다.

한편 이방원의 전라도 절제사 임명과 관련하여 《태조실록》 1393년(태조 2) 3월 18일 기사에 이방원과 전(前) 전주 절제사 진을서(陳乙瑞)를 전라도에 보내 왜구를 방비하게 했다는 내용이 있다. 이 기록을 보면, 이방원이 전라도 지역의 군권을 행사한 것은 사실이라고 할 수 있지만, 정확히 '전라도 절제사'에 임명됐다는 표현은 보이지 않는다. 또 절제사에 임명되었다고 하더라도, 태조의 재위 기간 내내 그 직을 수행했다기보다 전라도 지역에 침입한 왜구를 막기 위해 일시적으로 군사를 지휘했다고 보는 것이 타당하다고 생각된다.

이렇게 볼 때, 이방원이 태조 대에 군권을 일부 담당했다는 것도 실질적인 권한을 부여받은 것이 아니라 상징적인 조치에 그쳤을 가능성이 높다. 따라서 이방원이 행사할 수 있는 군사력은 수하에 있는 가병(家兵) 정도였을 것으로 생각된다. 이처럼 태조의 재위 기간 동안 이방원은 정치적으로 소외되고 군권 행사도 명목상에 그치는 등, 아버지로부터 철저하게 외면

받았다고 할 수 있다.

그런 와중에 이방원에게 자신의 능력을 펼칠 기회가 찾아왔다. 1394년(태조 3)에 있었던 명나라 사행이 바로 그것이다. 당시 조선과 명나라는 상당히 불편한 관계에 있었다. 이방원이 사행을 떠나기 1년 전인 1393년에 조선에 온 명나라 사신들은 "조선이 명나라를 업신여기고 있다"라고 질책하는 내용이 담긴 외교문서를 조선 정부에 전달했다. 이에 조선에서는 이를 해명하고 오해를 풀기 위해 사신을 파견했지만, 이들은 요동(遼東)에서 입국을 거부당했다. 여기에 조선 해적이 명나라 연안을 침범한 사건이 일어나면서 양국의 관계가 더욱 악화되었다.

1394년에 들어서 명나라는 조선에 사신을 보내 조선의 왕자 중 한 사람이 직접 해적 사건 범인들을 명나라로 압송해올 것을 요구하였다. 이에 태조는 이방원을 불러 그에게 사신의 임무를 맡겼다. 이방원은 아버지의 명에 따라 남재(南在)·조반(趙胖) 등과 함께 사행을 떠났다. 명나라에 도착한 이방원은 태조 주원장(朱元璋)을 만나 조선에 대한 그의 의심을 풀어주었다. 그 결과 조선과 명나라의 관계는 다시 회복되었고, 이방원의 사행 외교는 성공적으로 마무리되었다.

그런데 이방원의 명나라 사행을 당시 이성계와의 관계 속에서 되짚어볼 필요가 있다. 먼저 이성계가 이방원에게 사행을 지시하면서 나눈 대화 내용을 보자.

태조 : 명나라 황제가 만일 묻는 일이 있다면, 네가 아니면 대답할 사람이 없다.

이방원 : 종묘(宗廟)와 사직(社稷)의 크나큰 일을 위해 어찌 감히 사양하겠습니까?

태조 : (눈물을 글썽이며) 너의 체질이 파리하고 허약하니, 만리의 먼길을 탈없이 갔

다가올 수 있겠는가?

_(태조실록) 권6, 태조 3년(1394) 6월 1일

위 인용문에는 자칫 목숨이 위태로울 수도 있는 사행에 아들을 보내야만 하는 태조의 안타까운 심정이 잘 나타나 있다. 하지만 그것이 전부였을까?

이와 관련하여, 주목할 만한 중요한 사건이 2년 뒤에 일어난 '표전문(表箋文) 사건'과 '정도전의 사행 거부'다. 1395년 10월에 조선은 새해를 축하하는 사신을 명나라에 파견했다. 그런데 이때 보낸 표문(表文) 중에 명나라를 모욕하는 글귀가 있는 것이 문제되어 사신단이 명나라에 억류되었다. 명나라에서는 표문을 지은 자로 정도전을 지목하고, 그를 명나라로 보낼 것을 요구하였다. 이듬해(1396년) 2월에야 이 소식을 전해들은 조선 정부는 표문 작성에 참여한 김약항(金若恒) 등을 명나라에 보내 해명했지만, 그들 역시 명나라에 억류되었다. 명나라는 계속해서 정도전의 소환을 요구하였다. 그러나 정도전은 끝까지 명나라에 가지 않겠다고 버텼다. 결국 그해 7월에 권근·정탁(鄭擢) 등이 정도전을 대신해 사신으로 파견되어 명 태조의 오해를 해소함으로써 '표전문 사건'은 일단락되었다.

당시 정도전이 끝까지 명나라 사행을 거부한 것은 명나라에 가면 다시는 조선에 돌아오지 못할 것을 알았기 때문이었다. 하지만 그렇다 하더라도 신하의 입장에서 끝까지 사행을 거부하며 버틸 수 있었던 것은 태조의 동의가 있었기에 가능했을 것이다. 즉 태조는 자신이 가장 신임하는 정도전이 위험에 처하는 것을 원하지 않았기 때문에 그의 거부 의사를 받아들였고, 다른 사람들을 대신 사신으로 파견했다.

반면 2년 전의 태조는 왕자를 보내라는 명나라의 요구에 주저 없이 이방원을 보냈다. 물론 이방원이 사행을 떠난 시기가 표전문 사건 당시처럼 위험한 상황이 아니었을 수 있다. 또 현실적으로 태조의 아들 중에서 사행 임무를 감당할 만한 학식을 갖춘 이는 이방원이 유일했으므로, 이방원 외에 선택의 여지가 없었던 것도 사실이다. 하지만 그렇다 해도 두 나라의 관계가 경색되어 앞일을 가늠할 수 없는 상황에서 이방원을 명나라에 보낸 사실은 정도전의 거부 의사를 수용한 것과 상당한 차이를 보인다. 이 차이는 결국 태조에게 정도전은 절대로 위험에 빠뜨려서는 안 되는 중요한 사람이지만, 이방원은 그렇지 않았음을 보여준다고 할 수 있다.

명나라 사행을 성공적으로 마치고 돌아온 이방원. 그러나 귀국 후 그에게 돌아온 보상은 아무것도 없었다. 여전히 그는 정치적 실권에서 배제된 채 야인으로 살아야 했다. 이방원의 입장에서는 위급한 상황에서 이용만 당하다가 문제가 해결되자 다시 버려진 것이나 마찬가지였다. 이방원은 그처럼 태조가 재위한 7년 동안 권력에서 소외된 채 설움의 세월을 보내고 있었다.

갈등의 폭발,
제1차 왕자의 난

아버지로부터 철저히 소외되어 울분 속에 지내던 이방원에게 기회가 찾아왔다. 기회의 첫 번째 실마리는 태조의 둘째부인이자 세자 방석의 어머니

고려 말기의 문신 정몽주(1337~1392).
자는 달가(達可), 호는 포은(圃隱), 시호는
문충(文忠).

조선 제1대 왕 태조 이성계(1335~1408, 재위 1392~1398). 자는
중결(仲潔), 호는 송헌(松軒).

조선 개국의 주역 정도전(1342~1398).
자는 종지(宗之), 호는 삼봉(三峰). ⓒ권오
창

태조 이성계는 평소 입버릇처럼 '양정(兩鄭)'이어야 나라가 받쳐진다고 말하곤 했다. 양정이란
마지막까지 고려를 지키고자 했던 정몽주와 조선 건국의 주역이었던 정도전을 말한다. 정몽주
가 추진한 개혁의 궁극적인 목표는 고려를 백성들이 살기 좋은, 건강한 나라로 만드는 것이었
다. 즉 고려의 체제를 유지하는 것이 기본적인 전제였다. 반면 이성계·정도전 등은 고려가 유
지되는 한 완전한 개혁은 불가능하다고 판단하고 새로운 나라를 건립하는 역성혁명을 본격적
으로 추진했다. 이 과정에서 반대파 정몽주는 숙청당하고 만다. 한편 정도전은 국정 운영의 실
질적 주도권을 재상이 행사하는 재상 중심의 정치 체제를 추구하였다. 그러나 이방원은 국왕
중심의 정치 운영을 지지하였다. 즉 국왕이 상징적인 권력을 갖는 것에 그쳐서는 안 되며 실질
적인 권한을 가지고 국정을 직접 주도해 나가야 한다고 보았다.

인 신덕왕후의 서거였다. 이방원을 가장 강력하게 견제하던 신덕왕후의 서거는 이방원의 정치적 운신의 폭을 크게 넓혀주었다.

이방원과 신덕왕후의 사이가 처음부터 나빴던 것은 아닌 것으로 보인다. 신덕왕후는 일찍부터 이방원의 학문적·정치적 능력을 인정하였고, 그가 자신의 소생이 아니라는 점을 항상 안타까워하였다. 이방원도 1388년 위화도 회군 때 가족을 피신시키면서 친어머니 신의왕후(神懿王后)만이 아니라 따로 살고 있던 신덕왕후까지 함께 세심하게 보살폈다.

이방원이 정몽주를 살해했을 때 진노한 이성계를 달래면서 이방원의 행동을 두둔한 이도 바로 신덕왕후였다. 《태조실록》에 기록된 당시 상황을 정리하면 다음과 같다.

이성계 : 우리 집안은 본디 충효로써 세상에 알려졌는데 너희들이 마음대로 대신 (大臣)을 죽였으니, 사람들이 내가 이 일을 몰랐다고 여기겠는가? ……네가 이 같이 불효한 짓을 하였으니, 나는 사약을 마시고 죽고 싶은 심정이다.

이방원 : 정몽주가 우리 집을 해치려 하는데 어찌 앉아서 망하기를 기다리겠습니까? 저는 정몽주를 죽인 것이 효도라고 생각합니다.

(이방원의 말을 들은 이성계가 더욱 크게 노하였다.)

이방원 : (신덕왕후에게) 어머니, 어찌 변명을 해주시지 않습니까?

신덕왕후 : (이성계를 향해 화난 얼굴을 하며) 공께서는 항상 대장군으로서 자처하셨습니다. 어찌 정몽주를 죽인 일로 이처럼 놀라고 두려워하신단 말입니까?

_《태조실록》 권1, 〈총서〉 재구성

위 인용문을 보면, 이성계의 진노가 예상 외로 심각하자 이방원이 신덕왕후에게 도움을 청했고, 신덕왕후는 이방원을 지원하는 발언을 하여 이성계의 화를 누그러뜨렸다. 한편 이성계를 왕으로 추대하는 과정에서도 이방원은 신덕왕후에게 이성계가 추대를 받아들이도록 설득해달라며 도움을 요청하였다.

이처럼 이방원과 신덕왕후 두 사람은 이성계를 새 나라의 왕으로 세우겠다는 공동의 목표를 가지고 있었고, 그 목표를 실현하기 위해 서로 협력했다. 하지만 그 목표를 이룬 뒤부터 두 사람은 권력의 향배를 두고 서로 다른 길을 가게 되었다. 신덕왕후는 정몽주 살해 등 일련의 사건으로 인해 태조가 더는 이방원을 신뢰하지 않는다는 것을 간파하고 그 틈을 이용해 자신의 아들을 태조의 후계자로 세우는 데 성공하였다. 즉 조선 개국 후 이방원이 정치적으로 배제된 것은 근본적으로 아버지 태조의 신뢰를 상실했기 때문이었지만, 여기에 자신의 아들을 세자로 세우려는 신덕왕후의 노력이 더해지면서 시너지 효과를 냈다고 할 수 있다.

이방석의 세자 책봉을 목격한 이방원은 자신을 저버린 아버지의 배후에 신덕왕후가 있다고 생각하게 되었다. 그 결과 그의 원망과 분노는 태조를 넘어 신덕왕후에게까지 확대되었다. 신덕왕후 역시 이방원의 마음을 모를 리 없었고, 그렇기 때문에 세자 방석의 안전을 위해서라도 더욱 이방원을 견제하지 않을 수 없었다.

시간이 지날수록 이방원과 신덕왕후 사이의 갈등은 점점 심화되었다. 그런 와중에 1396년(태조 5) 8월 13일에 신덕왕후가 서거하였다. 친어머니의 죽음으로 세자 방석은 자신을 지켜줄 정치적 보호막을 잃게 되었다. 또 고령(62세)의 태조는 사랑하는 아내를 잃은 슬픔으로 건강이 나빠져서 이후로 병석에 눕는 날이 점점 많아졌다.

1398년에 접어들면서 태조의 심신은 더욱 쇠약해졌고, 그에 따라 정무를 정상적으로 수행하지 못하는 경우가 자주 나타났다. 이는 이방원에게 절호의 기회였다. 태조의 공백을 이용해 그는 하륜(河崙)·이숙번(李叔蕃) 등 측근들을 결집함으로써 정도전에 맞설 수 있는 힘을 축적하였다. 물론 정도전이 주도한 군제 개혁으로 얼마 안 되는 사병마저 빼앗길 위기를 맞기도 했다. 하지만 이러한 위기는 이방원 세력이 더욱 공고하게 결집할 수 있는 자극제가 되었다.

1398년 8월 26일, 만반의 준비를 갖춘 이방원이 마침내 거사를 일으켰다. 정도전의 동향을 주시하고 있던 이방원은 우선 남은의 첩이 사는 집을 습격하여 그곳에 있던 정도전과 남은 등을 살해하였다. 이어 그는 궁궐을 장악한 다음에 세자 방석과 그의 형 방번, 그리고 정도전의 측근 관료들을 모두 제거하였다. 그리고 신의왕후 소생의 둘째아들이자 당시로서는 장자인 영안군(永安君, 뒤의 정종)을 세자로 옹립함으로써 거사를 마무리지었다. 이것이 바로 제1차 왕자의 난이다.

《태조실록》에는 정도전과 남은 등이 먼저 이방원 등 여러 왕자들을 해치려고 모의했기 때문에 이를 미리 알아차린 이방원이 부득이 먼저 정도전을 제거할 수밖에 없었다고 기록되어 있다. 하지만 이것을 역사적 사실로서 그대로 받아들이기는 어렵다. 이방원이 정도전·남은 등을 습격했을 때 정도전 등은 남은 첩의 집에서 담소를 나누고 있었는데, 당시 이들은 스스로를 보호할 호위병조차 배치하지 않고 있었다. 이는 정도전 등이 왕자들을 해치려는 모의가 없었음을 보여준다. 만약 실록의 기록처럼 정도전 측에서 먼저 여러 왕자들을 해치려 했다면 혹시 있을지 모를 왕자들의 반격에 대비한 군사적 조치가 반드시 있었을 것이다. 따라서 제1차 왕자의 난은 이방원 등이 사전에 치밀하게 준비한 거사이며, 《태조실록》의 기사는 거사의 책임을 정도전 등에게 전가하기 위해 윤색된 것으로 보아야 한다.

이방원은 거사의 첫 번째 제거 대상으로 정도전을 택했다. 이는 이방원과 정도전이 태조 대의 정국에서 첨예한 대립 관계에 있었음을 보여준다. 이방원과 정도전의 관계도 이방원과 신덕왕후의 관계와 비슷한 과정을 밟아갔다고 할 수 있다. 두 사람 역시 조선 개국 전까지는 이성계를 추대하여 새 나라를 만들겠다는 공동의 목표 아래 협력하였다. 또 정도전이 아버지의 오랜 지우였기에 이방원과 정도전도 개인적으로 친밀한 관계를 가졌다. 이성계의 낙마 사고 당시 정몽주의 탄핵으로 정도전이 죽을 위기에 처했을 때 정몽주를 제거함으로써 정도전의 목숨을 구해준 이도 바로 이방원이었다.

하지만 두 사람의 친밀한 관계는 조선 개국과 함께 종언을 고했다. 두 사람의 갈등은 표면적으로 방석을 세자로 책봉한 데서 비롯됐지만, 그 이면에는 두 사람의 뚜렷한 정치적 노선 차이가 자리하고 있었다. 정도전과 이방원은 중앙정부로 통치 권력을 일원화하고 귀족이나 지방 호족들의 사적 지배를 불허하는 중앙집권적 관료체제를 추구했다는 점에서 서로 공통분모를 갖는다. 하지만 누가 중앙으로 집중된 통치 권력을 행사하는 주체가 되어야 하는가에 있어서는 두 사람의 입장이 확연하게 달랐다.

정도전은 국정 운영의 실질적 주도권을 재상(宰相)이 행사하는 재상 중심의 정치 체제를 추구하였다. 국왕은 세습되는 존재이므로 항상 현명한 사람이 왕위에 오른다고 보장할 수 없기 때문에, 나라 안에서 가장 뛰어난 인재를 선발하여 재상으로 임명하고 그에게 국정 운영의 실권을 위임해야 한다는 것이다. 이런 체제에서 국왕은 상징적인 최고 권력자에 머무를 뿐이고 실질적인 권력을 갖지는 못한다. 국정 운영도 중요한 일은 국왕과 재상이 함께 협의하지만 일상적인 정무는 재상이 전결하며, 왕과 재상이 협의할 때도 주도권을 재상이 가져야 한다는 것이 정도전의 입장이었다.

재상권을 중시한 정도전의 정치관은 성리학(性理學)을 집대성한 송대(宋代)의 학자 주희(朱熹)의 사상에 기초를 두고 있다. 주희는 사대부들이 관료가 되어 황제와 함께 국정을 운영하는 '군신공치(君臣共治)'를 추구했으며, 그 과정에서 재상의 역할을 강조하였다. 주희의 정치관은 성리학의 수용 과정에서 함께 고려에 유입되어 고려 학자들에게 영향을 끼쳤고, 특히 정도전이 이를 적극적으로 수용하여 자신의 정치관으로 확립한 것이다.

반면 이방원은 정도전과 반대로 국왕 중심의 정치 운영을 지지하였다. 즉 국왕이 상징적인 권력을 갖는 것에 그쳐서는 안 되며, 실질적인 권한을 가지고 국정을 직접 주도해 나가야 한다는 것이다. 물론 이방원도 고려 말에 과거에 합격한 이력으로 볼 때 성리학을 공부했으며, 따라서 주희의 정치사상에 대해서도 잘 알았을 것으로 생각된다. 그러나 주희가 전적으로 재상권만 중시한 것은 아니며, 그의 사상에는 황제의 역할을 강조하는 내용들도 많이 있다. 따라서 성리학자라고 해서 모두 정도전과 같은 정치관을 가진 것이 아니었고, 각자가 처한 정치적 상황에 따라 서로 다른 입장을 보였다. 즉 정치적 노선을 선택하는 데는 사상적 요인도 중요하지만, 현실적으로 어떤 정치적 위치에 서 있는가가 더 중요했다.

이미 왕실의 일원이 되었고 또 누구보다 집권의 야심이 강한 이방원이, 국왕이 아무런 실권을 가질 수 없는 재상 중심의 정치 체제를 인정하고 받아들이는 것은 불가능한 일이었다. 이방원이 추구한 국왕은 '상징적인 최고 권력자'라는 허수아비가 아니라 국정 운영의 실권을 가지고 신하들을 압도하는 강력한 군주였기 때문이었다. 이와 같은 두 사람의 정치적 노선 차이는 두 사람이 연합하는 것을 근본적으로 불가능하게 만들었다.

방석의 세자 책봉은 두 사람의 대립을 더욱 증폭시켰다. 정도전이 비록 세자 책봉을 직접 주도하지는 않았지만, 그는 어린 방석이 세자가 되는 것이 자신의 정치적 이상을 펼치는 데 유리하다고 판단하여 반대하지 않았다. 그리고 세자 책봉 이후에는 방석의 교육을 담당하며 국왕으로서의 자질을 갖추도록 도와주었다. 사실 세자 책봉 전까지는 이방원과 정도전의 갈등이 표면에 드러나지 않았다. 오히려 이방원은 고려 말 혁명 과정에서의 협력 관계나 인간적인 유대 관계를 생각하면서 정도전이 자신을 지지할 것으로 기대했을 수 있다. 하지만 정도전은 오히려 세자 방석의 후견인 역할을 했고, 이것이 이방원에게 일종의 배신으로 느껴진 것이었다.

두 사람의 사이를 완전히 갈라놓은 것은, 정도전이 추진한 사병 혁파였다. 정도전은 개국 직후부터 일원적 국군(國軍) 체제를 확립하기 위해 군제 개혁을 추진했는데, 그 핵심은 종친(宗親)과 공신들이 소유한 사병을 혁파하는 것이었다. 특히 1396년(태조 5) 이후 요동 정벌을 명분으로 사병 혁파와 군사 훈련이 강력히 추진되었고, 이는 1398년에 이르러 절정에 달했다. 사병 혁파는 이방원의 마지막 보루마저 무너뜨리는 것이었기에 이방원은 특단의 조치를 취하지 않을 수 없었다. 그것이 바로 제1차 왕자의 난이었다.

그런데 정도전의 군제 개혁과 사병 혁파에 위기를 느끼고 왕자의 난을 일으킨 이방원이, 아이러니하게도 정치적 실권을 장악한 다음에 가장 먼저 추진한 일이 바로 사병 혁파였다. 위에서 정도전과 이방원이 중앙집권

체제를 추구했다는 점에서는 공통분모를 갖는다고 말한 바 있었는데, 중앙집권체제를 확립하기 위해서 가장 우선되어야 할 것이 군 통수권의 일원화였다. 군 통수권을 일원화하기 위해서는 종친들과 공신들이 가지고 있던 군 지휘권을 회수하여 중앙 정부로 귀속시키는 것이 필수적인데, 이것이 바로 사병 혁파의 핵심이었다. 이렇게 볼 때, 새 나라 조선이 추진할 정책 방향에 대한 정도전과 이방원의 생각은 상당히 일치했다고 할 수 있다. 다만 그것을 추진하는 주체가 누구인가에 대한 입장이 확연히 달랐으며, 바로 이 점이 두 사람의 관계를 비극으로 이끈 것이다.

제1차 왕자의 난은 이방원에게는 지난 7년간의 설움과 분노를 일거에 씻어낸 대반격이었다. 하지만 태조의 입장에서 보면, 사랑하는 두 아들과 자신이 가장 의지해온 신하 정도전을 동시에 잃었다는 점에서 엄청난 충격이었을 것이다. 특히 정도전은 고려 말 혁명 추진 과정에서 태조와 정치적 운명을 함께한 동지이자 친구였으며, 새 나라를 세운 후 국정 운영을 함께한 측근 중의 측근이었다. 그러한 정도전이, 7년 전 정몽주를 죽인 이방원에 의해 하루아침에 죽음을 당했다. 인간적인 지우로서, 또 정치적인 동지로서 태조가 평생에 가장 아낀 두 사람, 정몽주와 정도전이 모두 이방원의 손에 목숨을 잃은 것이다.

이방원의 거사 소식을 들은 태조의 분노는 극에 달했다. 하지만 현실은 7년 전과 많이 달라져 있었다. 7년 전에는 정몽주를 살해한 이방원을 권력에서 배제할 수 있는 힘이 태조 자신에게 있었다. 하지만 7년이 지난 지금은 모든 권력이 이방원의 손에 들어가 있었고, 태조에게는 상황을 반전시킬 수 있는 힘이 전혀 없었다. 아마도 태조로서는 원수 같은 아들 이방원이 아니라 둘째아들 영안대군 이방과(李芳果)에게 왕위를 물려줄 수 있었던

〈왕세자 책봉식〉, 서울대박물관 소장. 1784년 문효세자의 책봉식 장면을 그린 병풍 그림이다.

조선을 건국하는 데 가장 큰 공을 세웠지만, 세자 책봉에서 밀려나고 개국공신의 반열에도 오르지 못했던 이방원. 그는 태조 재위 7년 동안 정치적 실권에서 배제된 채 야인이나 다름없는 생활을 하였다. 하지만 이방원은 제1차 왕자의 난을 통해 상황을 역전시키고 정치적 실권을 장악했다. 그리고 제2차 왕자의 난에서도 승리함으로써 권력의 추는 완전히 이방원에게로 기울어졌다. 정종은 난이 진압된 직후 이방원을 세자로 책봉했고, 같은 해 11월에 그에게 왕위를 물려주었다. 이로써 이방원은 명실상부한 최고 권력자의 자리에 오르게 되었다.

것이 그나마 다행이지 않았을까?

태조의 반격,
조사의의 난

제1차 왕자의 난으로 실권을 장악한 이방원이 둘째형 이방과를 왕으로 추대했으니, 그가 곧 조선의 제2대 국왕 정종(定宗)이다. 정종은 골육상잔(骨肉相殘)의 비극이 일어난 한양(漢陽)을 싫어하여 도읍을 개경으로 다시 옮겼다. 하지만 이방원 형제들의 비극은 아직 끝나지 않았다. 왕위를 이을 아들이 없던 정종의 후계자 자리를 두고 이방원과 그의 넷째형 회안대군(懷安大君) 이방간(李芳幹)이 대립한 것이다. 결국 두 세력은 1400년(정종 2) 1월에 개경 한복판에서 치열한 시가전을 벌였고, 이방원이 최종 승리자가 되었다. 이것이 제2차 왕자의 난이다.

제2차 왕자의 난과 이방원의 승리는 권력의 추가 완전히 이방원에게로 기울었음을 의미했다. 이에 정종은 난이 진압된 직후 이방원을 세자로 책봉했고, 이어 같은 해 11월에 그에게 왕위를 물려주었다. 이로써 이방원은 명실상부한 최고 권력자의 자리에 올라 조선의 제3대 국왕 태종(太宗)이 되었다.

태종의 즉위에 가장 실망하고 분노한 사람은 태조였다. 제1차 왕자의 난 이후 왕위를 정종에게 물려주고 현실 정치에서 떠나 있던 태조. 하지만 권력을 차지하기 위해 형제들까지 죽인 이방원에 대한 분노는 누그러지지 않았고, 그가 왕위에 오르는 것만큼은 절대 용납할 수 없었다. 그런데 자신이 결코 받아들일 수 없는 이방원의 즉위가 현실이 되고 말았다. 그것도 자신이 개경을 비운 사이에 전격적으로 이루어진 것이다.

현실적으로 태조에게는 태종의 즉위를 막거나 되돌릴 힘이 없었다. 하지만 그렇다고 해서 그대로 물러설 수는 없었다. 태종 즉위 후 태상왕(太上王)이 된 태조는 자신이 할 수 있는 범위에서 태종을 최대한 괴롭히고 곤란하게 만들었다. 태조의 반격은, 이른바 '함흥차사(咸興差使)' 이야기로 널리 알려진 것처럼 수도 개경을 떠나서 고향 함흥을 비롯한 여러 지방에 거주하는 것이었다. 일종의 '소극적 반격'이라고 할 수 있지 않을까?

태조가 개경을 떠난 가장 큰 이유는, 국왕이 된 태종을 보고 싶지 않았던 데 있었다. 하지만 태조의 실제 의도가 무엇이었는지와 상관없이 태조가 개경을 떠나 변방에 머물러 있는 것은 태종에게 매우 난감하고 부담스러운 상황이 아닐 수 없었다. 무력(武力)을 통해 왕위에 오른 태종으로서는 자신의 집권을 정당화하고 정권을 안정시키기 위해 아버지 태조의 지지가 절실하였다. 그런 상황에서 태조가 개경을 떠나 있다는 것은, 그 하나만으로도 태조가 태종을 지지하지 않는다는 사실을 보여주기에 충분했다.

또 조선은 성리학을 국시(國是)로 내세운 유학의 나라였다. 유학은 윤리(倫理)의 실천을 중시하는데, 그중에서 위로는 왕으로부터 아래로 일반 평민에 이르기까지 누구나 반드시 지켜야 하는 가장 중요한 윤리 덕목이 바로 '효(孝)'이다. 따라서 왕은 먼저 자신의 부모에게 효를 실천하여 백성들의 모범이 되어야 했다. 그런데 태조가 개경을 떠나 있음으로써 태종이 태조에게 효도할 수 있는 통로를 원천적으로 차단한 것이었다. 즉 태종은 사람으로서 반드시 지켜야 할 윤리를 실천할 수 없는 처지가 되었다.

게다가 태조는 어느 한 곳에만 머물지 않았다. 그는 양주(楊州)의 소요산(逍遙山)과 회암사(檜巖寺), 함경도 안변(安邊)의 석왕사(釋王寺) 등지를 중심으로 자주 거처를 옮겼다. 이 때문에 때로 정부에서조차 태조의 행방을 알지 못해 문제가 되기도 했다. 이러한 상황은 즉위 초반의 태종 정권을 불안정하게 만든 주요 요인 중 하나였다. 정부 관료들도 태조가 개경으로 돌아와야 한다는 점을 강조하면서 태종을 압박했다. 이에 태종은 여러 차례 태조에게 사람을 보내서 개경으로 돌아와줄 것을 간청하였다. 함흥차사 이야기는 바로 이와 같은 상황을 배경으로 만들어진 것이다. 태종의 요청을 받은 태조는 못 이기는 척하며 잠시 개경으로 돌아왔다가 얼마 안 되어 또다시 개경을 떠나곤 했다. 태종을 용서할 수 없는 태조로서는 태종과 함께 생활하는 것이 쉽게 용납되지 않았던 것이다.

그러나 태조는 개경을 떠남으로써 태종을 곤란하게 만드는 '소극적 반격'으로 만족하지 않았다. 태조는 개경을 떠나 있는 동안 더욱 큰 반격을 준비하고 있었다. 그것이 바로 1402년(태종 2) 11월에 일어난 '조사의(趙思義)의 난'이다.

조사의의 난은 1402년 11월 5일, 당시 안변 부사(府使)였던 조사의가 신덕왕후의 원수를 갚고자 일으킨 반란이다. 조사의는 신덕왕후의 친척이라고 전해지지만, 실제로 얼마나 가까운 친척인지는 알려진 바가 없다. 제 1차 왕자의 난 당시 순군옥(巡軍獄)에 투옥되었던 것을 보면 신덕왕후 세력과 연결된 인물임은 분명한 듯하다. 하지만 조사의는 신덕왕후가 살아 있을 때도 크게 두각을 나타낸 적이 없었고, 순군옥 투옥 후에도 얼마 안 되어 사면을 받고 다시 안변 부사에 임명된 것으로 볼 때, 아주 가까운 관계는 아니었던 것으로 보인다. 만약 조사의가 신덕왕후 세력과 밀접하게 연결된 인물이었다면, 태종 측에서 그리 쉽게 사면을 하거나 지방 군사권을 가진 안변 부사에 임명했을 리가 만무하기 때문이다. 그러한 조사의가 '신덕왕후의 복수'를 천명하며 반란을 일으켰다.

조사의가 천명한 '신덕왕후의 원수'는 곧 태종이었고, 따라서 반란의 궁극적인 목표는 태종 정권을 붕괴시키는 것이었다. 그런데 이 반란의 배후에 바로 태조가 있었다. 물론 공식적으로 태조는 조사의의 난과 아무런 관련이 없다. 따라서 태조와 조사의의 연결 관계를 명시적으로 보여주는 문헌 기록 역시 남아 있지 않다. 하지만 당시의 정황은 태조가 반란의 배후였을 가능성을 분명히 보여준다.

반란이 일어나기 1개월 전, 태종은 양주 회암사에 머물러 있던 태조에게 사람을 보내 급히 개경으로 돌아와줄 것을 요청했다. 명나라에서 파견된 사신들이 태조의 안부를 물으며 만나기를 청했기 때문이었다. 하지만 태조는 끝내 개경에 오지 않았고, 결국 명나라 사신들이 직접 회암사로 가서 태조를 만났다. 사신들을 접대한 태조는 이들이 금강산 유람을 떠나자 마전군(麻田郡)까지 나와 전송한 다음 곧바로 안변의 석왕사로 떠났다. 그리고 며칠이 지난 11월 5일, 태조는 환관(宦官)을 통해 다음과 같은 뜻을 태종에게 전했다.

내가 즉위한 이래로 조종(祖宗, 왕의 선조들)의 능에 한 번도 참배하지 못했기 때문에 일찍부터 이것을 생각하고 있었다. 지금 다행히 한가한 몸이 되었으므로 동북면에 가서 선조들의 능에 참배한 뒤에 금강산을 유람하고자 한다. (유람을 마치고) 서울에 돌아가면 앞으로는 잠시도 문을 나서지 않겠다. 만일 내가 선조의 능에 참배하지 않는다면 다른 날 지하에서 선조들을 어찌 뵈올 수 있겠는가?

_《태종실록》 권4, 태종 2년(1402) 11월 5일

이어 태조는 가마를 메는 군사들의 의관(衣冠)이 다 떨어졌으므로 이들의 의관을 마련하여 보내달라고 요청하였다. 위 인용문에서 '서울에 돌아가면 앞으로는 잠시도 문을 나서지 않겠다'라는 것은 이번 행차를 마친 후에는 절대로 개경을 떠나지 않겠다는 다짐이었다. 하지만 같은 날에 동북면에서 온 또 하나의 소식이 태종에게 전해졌다. 바로 조사의가 반란을 일으켰다는 소식이었다.

조사의 반군의 규모는 6천 명에서 7천 명 정도로 상당히 컸으며, 여기에 동북면의 여진족들도 합류할 가능성이 높았다. 또 반군의 거점 역시 조사의가 있던 안변을 중심으로 덕원(德源)·영흥(永興)·함흥·북청(北青)·길주(吉州) 등 동북면의 전 지역에 분포되어 있었다. 이는 조사의가 상당히 일찍부터 반란을 준비했음을 보여준다. 그런데 반란의 준비 과정을 살펴보면, 태조가 깊숙이 개입한 정황들이 보인다.

우선 태조가 고려 말부터 사병으로 거느린 동북면 가별치가 반란군의 주력을 이룬 점이 주목된다. 또 태조의 측근인 승녕부(承寧府) 당상(堂上) 정용수(鄭龍壽)와 신효창(申孝昌)이 태조를 따라 동북면에 들어갔다가 반란에 연루되었고, 동북면 부대의 총사령관 격인 도순문사(都巡問使) 박만(朴蔓) 역시 조사의 반군에 합류하여 보급을 담당하였다. 그런데 이들은 반란이 진압된 후 관련자들을 논죄하는 과정에서 비교적 관대한 처벌을 받는 데 그쳤다. 반란에 가담한 대역(大逆) 죄인들을 관대하게 처리했다는 것은 이들에게 극형을 내릴 수 없는 다른 이유가 있기 때문으로 볼 수 있다. 이와 관

련하여《세종실록(世宗實錄)》에 기록된 태종의 말은 시사하는 바가 크다.

박만은 성품이 유약하니, 태상의 명을 어길 수 없었을 것이다. 박만 등의 일을 어찌 일일이 법대로만 처리할 수 있겠느냐? 효창과 용수는 안우세(安遇世)를 통해 그 실상을 모두 전달하려 했는데, 우세가 스스로 자기의 공을 삼으려고 효창 등의 말을 제대로 고하지 않았다. 내가 지난날(조사의의 난 당시) 심문할 때에 그러한 실정을 알았노라.

_《세종실록》권1, 세종 즉위년(1418) 10월 28일

위 글을 보면, 태종은 박만이나 정용수·신효창 등이 자의로 반란에 가담한 것이 아님을 조사의가 반란을 일으킨 당시에 이미 알고 있었다. 이들이 반란에 가담한 것은 태조의 지시를 어길 수 없었기 때문이었다. 또 이들은 그와 같은 사정을 반란 당시에 태종에게 전하고자 했지만, 뜻을 이루지 못하였다. 결국 반란의 중심에 태조가 있었으며, 태종 역시 이를 잘 알고 있었다. 태종이 반란군의 일원이던 이들을 강력하게 처벌할 수 없었던 이유가 바로 여기에 있다.

태조의 지원을 등에 업은 조사의 반군의 기세는 대단했다. 이미 동북면을 장악한 조사의 부대는 서북면(西北面) 장악을 위해 맹주(孟州, 지금의 맹산)로 진출했고, 이곳에서 이천우(李天祐)가 이끄는 관군을 격파하였다. 반군의 기세가 심상치 않음을 전해들은 태종은 결국 직접 군대를 이끌고 전장으로 향했다. 태조의 지원을 받는 반군의 기세를 꺾으려면 자신이 나설 수밖에 없음을 깨달았기 때문이었다. 결국 태조와 태종의 갈등은 부자간의 군사적 정면 대결에까지 이르게 되었다.

태종의 참전으로 관군의 사기는 크게 올라갔다. 반면 반군 측은 기대하던 여진족의 합류가 무산되면서 기세가 한풀 꺾였다. 결국 전세는 역전되었고, 조선을 집어삼킬 것 같던 조사의의 반란군은 고작 한 달여 만에 완전히 진압되었다. 그리고 태종의 참전 이후 반란의 실패를 예감한 태조는 11월 28일에 동북면을 떠나 다음달 8일에 개경으로 돌아왔다. 이로써 아버지와 아들의 군사 대결은 아들 태종의 승리로 막을 내렸다.

모두 하늘이
시키는 것

《연려실기술》에는 태조의 개경 환궁과 관련하여 다음과 같은 기사가 수록되어 있다.

> 태조가 함흥에서 돌아오니, 태종이 교외에 나가 친히 맞이하면서 장막을 성대하게 설치하였다. 하륜 등이 아뢰기를, "상왕의 노여움이 아직 다 풀리지 않았으니 모든 일을 염려하지 않을 수 없습니다. 차일(遮日)에 받치는 높은 기둥은 마땅히 큰 나무를 써야 할 것입니다" 라고 하였다. 태종이 허락하여 열 아름이나 되는 큰 나무로 기둥을 만들었다. 양전(兩殿, 태조와 태종)이 서로 만날 때 태종이 면복(冕服)을 입고 나아가 뵈었는데, 태조가 보고는 노한 얼굴빛을 하더니 가지고 있던 동궁(彤弓, 활)으로 백우전(白羽箭)을 힘껏 당겨서 쏘았다. 태종이 급히 차일 기둥에 의지하여 몸을 가렸으므로 화살이 기둥에 맞았다. 태조가 웃으면서 노기를

풀고 이르기를, "이는 하늘이 시키는 것이다"라고 하였다. 이어 옥새(玉璽)를 주면서 이르기를, "네가 원하는 것이 바로 이것이니, 이제 가지고 가라"고 하였다. 태종이 눈물을 흘리면서 세 번 사양하다가 받았다. 마침내 잔치를 열고 태종이 잔을 받들어 올리려 할 때 하륜 등이 몰래 아뢰기를, "술통이 있는 곳에 가서 잔을 올릴 때 친히 하지 마시고 내시에게 주어 올리십시오"라고 하였다. 태종이 또 그 말을 따라 내시가 잔을 올리게 하였다. 태조가 다 마신 뒤에 웃으면서 소매 속에서 쇠방망이를 꺼내어 옆에 내려놓으며 이르기를, "모두 하늘이 시키는 것이다"라고 하였다.

_〈연려실기술〉 권1, 〈태조조 고사본말(太祖朝故事本末)〉

《연려실기술》에는 별다른 언급이 없지만, 아마도 위 기사는 조사의의 난이 실패한 후 허탈한 마음으로 귀경하던 태조의 모습을 기록한 것으로 보인다. 위 인용문에서 태조는 자신을 마중 나온 태종을 활로 쏘고 쇠방망이로 쳐서 죽이고자 했다. 그러나 태조의 시도는 모두 실패했고, 그는 결국 "모두가 하늘이 시키는 것이다"라며 체념하는 모습을 보였다.

《연려실기술》에는 실제 있었던 역사적 사실뿐만 아니라 사실 여부가 확인되지 않거나 사실이 아닌 것이 분명한 야사(野史)들도 많이 실려 있다. 그런 점에서 볼 때, 태조가 태종을 죽이려는 시도가 실제로 있었는지는 의문이다. 하지만 사실 여부와 별개로, 위 기사는 태종을 결코 용서할 수 없지만 현실적으로 그를 인정할 수밖에 없던 태조의 딜레마를 잘 보여준다. 그렇다면 태조가 태종을 인정할 수밖에 없었던 현실적 이유는 무엇일까? 이와 관련하여 역시 《연려실기술》에 기록되어 있는 무학(無學) 대사의 말은 중요한 의미를 갖는다.

무학이 함흥에 가서 태조를 뵈었다. ……무학이 태조를 달래며 아뢰었다. "방원에게 죄가 있는 것은 사실입니다. 하지만 전하께서 사랑한 아들은 이미 다 죽었고, 다만 이 사람이 남아 있을 뿐입니다. 만약 이 아들마저 끊어버리면 전하께서 평생 애써서 이루신 대업을 장차 누구에게 맡기려 하십니까."

_〈연려실기술〉 권1, 〈태조조 고사본말〉

위 인용문은 무학 대사의 말이지만 사실상 태조의 마음을 대변한 것이라고 할 수 있다. 현실적으로 태종으로부터 왕권을 되찾을 힘이 태조에게는 없었다. 하지만 그가 끝까지 태종을 인정하지 않는다면, 정통성에 문제가 있는 태종 정권은 불안정할 수밖에 없다. 태종 정권의 불안정은 곧 조선의 불안정을 의미한다. 조선을 건국한 지 불과 10년, 아직 나라의 기틀이 굳건하지 못한 상황이다. 이럴 때 정국마저 혼란하다면 애써 일으킨 새 나라가 무너질지도 모른다. 태조는 바로 이 점을 알았기 때문에, 비록 용서하고 싶지 않은 아들이지만 태종의 왕권을 인정하지 않을 수 없었다.

태조의 승인을 받은 태종 정권은 이후 차츰 안정을 찾아갔다. 태종은 태조에게 자주 문안을 올리고 여러 차례 연회를 베푸는 등 태조의 불편한 마음을 달래기 위해 최선을 다했다. 또 태종은 1405년(태종 5) 10월에 수도를 한양으로 다시 옮겼다. 한양은 태조가 직접 선택한 조선의 수도였으므로, 한양으로의 재천도는 태조에게 매우 반가운 일이 아닐 수 없었다. 이와 같은 모습들은 태종이 태조의 마음을 얻기 위해 얼마나 애썼는지를 잘 보여준다. 태종의 노력에 대해 태조가 얼마나 마음을 열었는지는 알 수 없다. 하지만 이후 두 사람의 갈등이 표면적으로 노출되는 일은 더 이상 없었다. 그리고 1408년 5월 24일, 조선의 태조 이성계는 74세를 일기로 파란만장한 생을 마감하였다.

태조의 서거로 20년 가까이 이어져 오던 부자간 갈등의 한 축이 사라졌다. 하지만 그것으로 끝이 아니었다. 태종의 마음 한 구석에는 여전히 과거의 앙금이 남아 있었다. 그리고 그 앙금은 이미 고인이 된 신덕왕후를 향해 표출되었다. 신덕왕후의 능인 정릉(貞陵)을 폐허로 만들고 신덕왕후의 존재 자체를 부정해버린 것이다.

앞서 태조는 신덕왕후가 서거하자 도성 안 취현방(聚賢坊, 지금의 중구 정동 주한영국대사관 부근)에 신덕왕후의 능을 조성하고 이름을 '정릉'이라고 하였다. 현재의 지명 '정동(貞洞)'은 정릉이 이 지역에 있었던 데에서 유래하였다. 태종은 태조가 살아 있을 때 이미 이 정릉의 영역을 축소시켰고, 태조가 서거하자 본격적으로 폐릉(廢陵) 조치를 단행했다. 우선 1409년 2월에 도성 안에 있던 정릉을 도성 밖의 사을한(沙乙閑) 산기슭으로 옮겼으니, 이곳이 현재 성북구 정릉동이다. 이어 같은 해 4월 태평관(太平館)의 북루(北樓)를 신축할 때 정릉의 정자각(丁字閣)을 헐어 그 목재로 누각을 지었다. 그리고 정릉의 봉분을 없애 사람들이 알아볼 수 없게 했고, 석인(石人)은 땅에 묻어버렸다. 또 청계천 광통교(廣通橋)의 흙다리가 비가 올 때마다 무너지자 정릉의 받침돌을 가져다가 돌다리를 새로 만들게 했다.

정릉의 비운이 서려 있는 광통교는 1910년에 일제가 다리 위에 콘크리트를 붓고 전차 선로를 설치하면서 사실상 땅속에 묻히게 되었다. 또 1958년부터 시작된 청계천 복개 과정에서 다리 난간은 창경궁(昌慶宮)으로 옮겨졌지만, 다리 본체는 여전히 도로 밑에 묻혀 있었다. 이후 40여 년간 방치되었던 광통교는 청계천 복원사업의 일환으로 2003년 9월부터 복원이 추진되었고, 현재 원래의 위치에서 상류 쪽으로 155미터 지점인 중구 한국

관광공사 앞에 자리하고 있다.

이뿐만이 아니었다. 태종은 태조의 3년상이 끝나고 그 신주(神主)를 종묘에 봉안(奉安)할 때, 당연히 함께 모셔야 할 신덕왕후의 신주를 부묘(祔廟)하지 않았다. 이는 신덕왕후를 조선의 왕후로 인정하지 않음을 의미했다. 고인이 된 신덕왕후에 대한 태종의 조치를 보면 너무 가혹하다고 느껴지지만, 한편으로 마음에 맺힌 분노가 얼마나 컸으면 그렇게까지 했을까 하는 생각이 들기도 한다.

피는 물보다 진하다고들 말한다. 태조와 태종. 물보다 진한 피를 이어받은 아버지와 아들이었다. 다른 형제들보다 훨씬 깊고 돈독한 부자지간이었다. 태종은 아버지의 소망과 기대를 이루어주었고, 그래서 아버지의 사랑과 신뢰를 한몸에 받았으며, 또 아버지를 왕으로 세우기 위해 헌신적으로 노력한 아들이었다.

하지만 태조와 태종의 서로에 대한 신뢰가 깨어지면서, 두 사람이 느낀 실망과 분노는 '물보다 진한 피'로도 막을 수 없었다. 태종은 아버지의 강력한 반대를 무릅쓰고, 태조가 가장 아끼던 지우 정몽주를 살해했다. 그는 이것이 아버지를 위하는 일이라 생각했고 아버지도 자신의 진심을 알아줄 것이라 믿었다. 하지만 이 사건은 태조가 태종에 대한 믿음을 상실하고 세자 자리를 비롯한 모든 권력에서 그를 배제하는 계기가 되었다.

믿었던 아버지에게 버림받은 태종은 분노했고, 결국 왕자의 난을 통해 아버지가 의지하던 신하 정도전과 두 이복동생들을 죽이고 권력을 쟁취하였다. 사실상 아버지를 향한 쿠데타였다. 하지만 태조도 그대로 물러서지 않았다. 지속적으로 수도 개경을 떠나 거주함으로써 태종을 곤혹스럽게 만들었고, 급기야 조사의의 난을 배후에서 조종함으로써 아들에게 칼을 겨누기도 하였다.

조사의의 난을 평정하여 최후의 승자가 된 태종. 이후 태종은 태조의 마음을 돌리기 위해 많은 애를 썼다. 태종이 아버지와 화해를 원한 것은, 물론 부자간의 정을 회복하려는 의도도 있었겠지만, 아버지로부터 인정을 받는 것이 왕권을 안정시키는 데 반드시 필요하기 때문이었다. 하지만 태종이 태조의 마음을 얼마나 얻었을지는 의문이다. 10여 년 동안 깊어져만 갔던 갈등의 골이 겨우 삼사 년의 노력으로 메워지기는 어려웠을 것이다. 태조 사후에 태종이 신덕왕후의 능을 황폐화시킨 일은 두 사람의 갈등이 끝내 해소되기 어려웠음을 단적으로 보여준다.

아버지와의 갈등 및 그로 인한 형제간의 골육상쟁을 겪으면서 태종은 가족의 소중함을 뼈저리게 느꼈다. 그래서 그는 자신의 자식들에게 그런 아픔을 물려주지 않기 위해 많은 노력을 했다. 태종은 아버지와의 갈등이 잘못된 세자 책봉에서 비롯됐다고 생각하고, 이를 거울삼아 적장자(嫡長子) 양녕대군(讓寧大君)을 세자로 책봉하였다. 그리고 기회가 있을 때마다 아들들을 불러 형제간의 우애가 중요함을 강조하였다.

하지만 그 자신이 아버지와 대립하면서 효를 다하지 못한 것에 대한 업보였을까? 태종 또한 자신의 바람과 달리 아들 양녕과의 갈등과 반목 때문에 재위 기간 내내 많은 고통을 당하였다. 그리고 끝내는 자신의 손으로 자신의 적장자를 세자 자리에서 끌어내릴 수밖에 없었다. 그렇게 조선 초기 왕실 내의 부자간 갈등은 태조와 태종에서 태종과 양녕으로 대물림되었다.

2장

서로에게 등을 돌린 아버지와 아들 _강문식

태종과 양녕대군

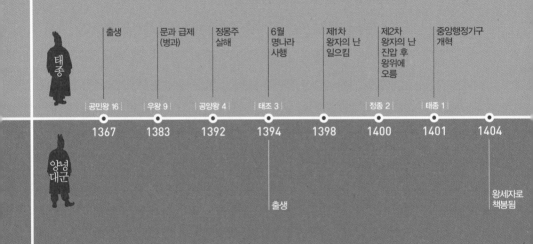

	출생	문과 급제 (병과)	정몽주 살해	6월 명나라 사행	제1차 왕자의 난 일으킴	제2차 왕자의 난 진압 후 왕위에 오름	중앙행정기구 개혁	
태종	공민왕 16	우왕 9	공양왕 4	태조 3		정종 2	태종 1	
	1367	1383	1392	1394	1398	1400	1401	1404
양녕대군				출생				왕세자로 책봉됨

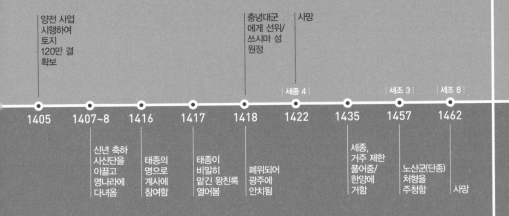

양전 사업
시행하여
토지
120만 결
확보

충녕대군
에게 선위/
쓰시마 섬
원정

사망

| 세종 4 | 세조 3 | 세조 8 |

1405   1407~8   1416   1417   1418   1422   1435   1457   1462

신년 축하
사신단을
이끌고
명나라에
다녀옴

태종의
명으로
계사에
참여함

태종이
비밀히
맡긴 왕친록
열어봄

폐위되어
광주에
안치됨

세종,
거주 제한
풀어줌/
한양에
거함

노산군(단종)
처형을
주청함

사망

—— 태종에게 적장자를 후계자로 삼는 것은 자신의 집권을 정당화하는 데 반드시 필요한 것이었다. 양녕대군은 성리학적 왕위 계승의 원칙에서 가장 중요한 '적장자'의 요건을 갖추고 있었다. 또 명나라 사행이나 국정 대리의 사례에서 보았듯이 그는 국왕에게 필요한 리더로서의 자질과 기본적인 국정 수행 능력도 가지고 있었다. 즉 양녕대군은 태종이 세자 책봉 교서에서 언급한 세자의 조건들 중에서 두 가지를 갖춘 인물이었다. 태종이 이러한 양녕대군을 끝내 포기할 수밖에 없었던 이유는 무엇이었을까?

1418년(태종 18) 6월 3일, 조선의 역사를 바꾼 중대 사건이 발표되었다. 태종이 자신의 맏아들인 세자 양녕대군(讓寧大君)을 폐위하고 셋째아들 충녕대군(忠寧大君)을 새로운 세자로 책봉한 것이었다.

> 세자 이제(李禔)를 폐하여 광주(廣州)로 추방하고 충녕대군을 왕세자로 삼았다. …… 왕이 전지(傳旨)하였다. "세자의 행동이 지극히 무도(無道)하여 종사(宗社)를 이을 수 없다고 대소신료(大小臣僚)들이 청하였기 때문에 이미 (세자를) 폐위하였다. 무릇 사람이 허물을 고치는 것이 어려우니, 옛사람으로서 능히 허물을 고친 자는 오로지 태갑(太甲)뿐이었다. 말세에 해외(海外)의 나라에 있는 내 아들이 어찌 능히 태갑처럼 허물을 고칠 수 있겠는가?"

_《태종실록》 권35, 태종 18년(1418) 6월 3일

조선시대의 세자는 다음 왕위를 계승해야 하는 막중한 자리였다. 그래서 당시 사람들은 세자를 '국본(國本)', 즉 나라의 근본이라고 불렀다. 따라서 세자를 폐위한다는 것은 자칫하면 나라의 근간이 흔들릴 수도 있는, 매우 중대한 사건이었다. 그렇다면 태종이 이처럼 중대한 일을 단행한 이유는 무엇일까? 과연 세자 양녕에게 얼마나 큰 허물이 있었기에, 또 태종은 그 허물이 얼마나 못마땅했기에 '나라의 근본'인 세자를 폐위할 수밖에 없었던 것일까?

양녕대군이 세자에서 폐위된 사건은 여러 연구 논문들과 대중 역사서들을 통해서 이미 널리 알려져 있다. 기존 연구나 대중 역사서의 내용을 보면, 거의 대부분이 태종은 처음부터 양녕대군의 학문과 행실을 크게 못마땅하게 생각했고 상당히 이른 시기부터 세자 폐위를 고려하고 있었다고 서술하고 있다. 그런데 이런 서술은 '양녕대군의 폐위'라는 최종 결과를 기본 전제로 삼아 태종과 양녕대군의 갈등에만 초점을 맞춘 결과론적 해석이라고 할 수 있다. 그 결과 기본 전제에서 벗어나는 많은 사실을 간과하고 있는 측면이 있다.

실제로 《태종실록》의 양녕대군 관련 기사들을 읽어보면, 일반적으로 알고 있는 내용들이 당시의 역사적 실상과 많이 다르다는 점을 확인할 수 있다. 양녕대군을 세자에서 폐위시킨 이는 태종이었지만, 다른 한편으로는 양녕대군을 끝까지 보호하고자 애쓴 이도 다름 아닌 태종이었다. 태종은 양녕대군의 실행(失行)을 질책하면서도, 계속해서 그에게 반성할 기회를 주었으며 심지어 반성의 방법까지도 알려주었다. 하지만 양녕대군은 자신에게 주어진 수많은 기회를 살리지 못했고, 결국은 세자에서 폐위되는 비운을 겪게 되었던 것이다.

그렇다면 과연 양녕대군은 어떤 성격을 가진 인물이고, 그가 저지른 실행은 구체적으로 어떤 것이었을까? 태종은 그런 양녕대군을 보호하기 위해 어떤 노력을 했을까? 그리고 그러던 태종이 끝내 양녕대군을 포기할 수밖에 없었던 이유는 무엇이었을까?

세자의 조건,
적장자와 능력

|

'양녕대군'이라는 군호(君號)는 세자에서 폐위된 뒤에 주어진 것이다. 따라서 태종 대의 세자 시절에 이 호칭을 사용하는 것은 원칙적으로 맞지 않는다. 하지만 일반적으로 양녕대군이라는 이름이 널리 알려져 있고, 또 세자라고 하면 보통명사로 사용한 세자와 혼동될 우려가 있기 때문에, 이 글에서는 태종 대에도 양녕대군이라는 표현을 그대로 사용하였다.

양녕대군은 1394년(태조 3)에 태종과 원경왕후(元敬王后) 민씨(閔氏)의 맏아들로 출생하였다. 이름은 '제(禔)'이며, 자는 '후백(厚伯)'이다. 태종이 즉위한 후 양녕대군은 9세 때인 1402년(태종 2) 4월 18일에 원자(元子)로 책봉되었다. 그런데 《태종실록》을 보면, 이보다 앞선 1401년 8월에 태종이 의정부(議政府)에 명하여 원자의 학당(學堂) 지을 터를 정하도록 했다는 내용이 있다. 이는 양녕대군이 공식적으로 원자에 책봉되기 전부터 이미 원자로 불리고 있었음을 보여준다. 즉 양녕대군은 태종의 맏아들이었기 때문에 그가 태종의 왕위를 계승할 것임을 누구도 의심하지 않았다.

양녕대군이 원자에 책봉되자 원자와 관련된 제반 조치들이 시행되었다. 원자를 보필할 부서로 경승부(敬承府)를 설치하고 관원을 배치했으며, 학문이 높고 행실이 단정한 유신(儒臣)들을 뽑아 원자의 학업을 돕게 하였다. 또한 원자를 교육하기 위해 성균관(成均館)에 학궁(學宮)을 건립하였다. 그리고 양녕대군이 10세가 되던 1403년 4월 8일에 원자의 성균관 입학례(入學禮)를 거행하였다. 원자 책봉 후 1년 만에 거행된 입학례에서 성균관 사성(司成) 설칭(薛偁)과 사예(司藝) 김조(金稠)가 박사(博士)를 담당했으며, 이후 이들이 원자의 교육을 전담하였다.

양녕대군이 원자에 책봉된 지 2년여가 지난 1404년 8월 6일, 태종은 교서를 내려 11세의 원자를 세자로 책봉하였다.

> 원자 이제는 적장(嫡長)의 지위에 있고 남보다 빼어난 자질이 있다. 그러나 예의와 겸양을 모른다면 장차 어찌 어진 인재를 가까이 하겠으며, 옛 교훈을 익히지 않으면 무엇으로써 정치를 돕겠는가? 그러므로 원자에게 배움에 나가도록 한 것이 여러 해가 되었다. 이즈음 종친과 대신들이 모두 간절히 말하기를, "국가의 제사를 받드는 것을 진실로 비워둘 수 없고, 국사를 감독하고 군사를 위무(慰撫)하는 일도 마땅히 염려됩니다. 원자는 천성이 어질고 효성스러우며 학문은 날로 성취되고 있으니, 마땅히 세자로 정하여 사람들의 마음을 안정시켜야 합니다"라고 하였다. 이에 내가 여러 사람들의 뜻을 따라, 이달 초 6일에 옥책(玉冊)과 금인(金印)을 주어 왕세자로 삼는다.
>
> _《태종실록》 권8, 태종 4년(1404) 8월 6일

위의 인용문은 태종이 양녕대군을 세자로 책봉하면서 내린 교서의 일부이다. 이 글에는 양녕대군을 세자로 책봉한 몇 가지 이유들이 명시되어 있다.

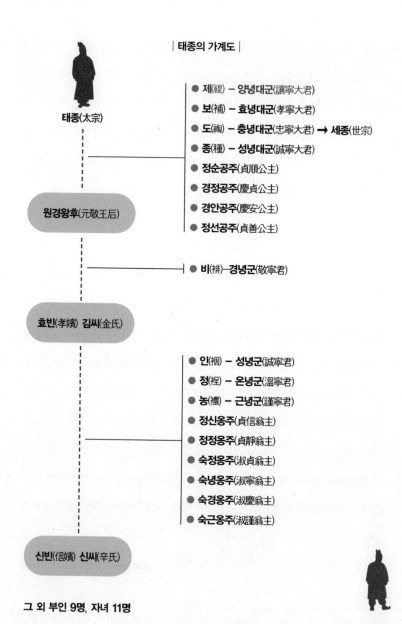

| 태종의 가계도 |

태종(太宗)

● 제(禔) – 양녕대군(讓寧大君)
● 보(補) – 효녕대군(孝寧大君)
● 도(祹) – 충녕대군(忠寧大君) ➡ 세종(世宗)
● 종(種) – 성녕대군(誠寧大君)
● 정순공주(貞順公主)
● 경정공주(慶貞公主)
● 경안공주(慶安公主)
● 정선공주(貞善公主)

원경왕후(元敬王后)

● 비(裶)–경녕군(敬寧君)

효빈(孝嬪) 김씨(金氏)

● 인(裀) – 성녕군(誠寧君)
● 정(裎) – 온녕군(溫寧君)
● 농(襛) – 근녕군(謹寧君)
● 정신옹주(貞信翁主)
● 정정옹주(貞靜翁主)
● 숙정옹주(淑貞翁主)
● 숙녕옹주(淑寧翁主)
● 숙경옹주(淑慶翁主)
● 숙근옹주(淑謹翁主)

신빈(信嬪) 신씨(辛氏)

그 외 부인 9명, 자녀 11명

첫째는 양녕대군이 '적장(嫡長)의 지위'에 있다는 것이다. 적장의 지위, 즉 적장자는 정실부인에게서 난 아들이면서 동시에 맏아들이라는 뜻이다. 주지하는 바와 같이 조선은 성리학의 이념적 기반 위에서 건국된 나라였다. 성리학에서 주장하는 왕위 계승의 기본 원칙이 바로 정실부인의 맏아들, 즉 적장자가 왕위를 잇는 것이었다. 따라서 적장자로 태어난 것은 양녕대군이 세자가 될 수 있는, 그 무엇보다도 가장 중요한 조건이었다. 그리고 양녕대군을 세자로 책봉한 것은 적장자 계승이라는 성리학의 원칙을 충실히 따른 조치였다.

태종에게 적장자의 왕위 계승은 성리학의 원칙을 준수하는 것 이상의 의미가 있었다. 조선 건국 후 태조는 첫째부인 한씨(신의왕후)에게서 낳은 아들들을 모두 제치고 둘째부인 강씨(신덕왕후)에게서 낳은 막내아들 방석을 세자로 책봉하였다. 둘째부인의 막내아들, 즉 방석은 적자(嫡子)도 장자(長子)도 아니었다. 조선이 국시로 삼은 성리학의 원칙에 위배되는 일이었다. 무엇보다도 태조의 즉위에 큰 공을 세운 태종을 비롯하여 한씨 소생의 아들들을 소외시켰으며, 그 결과 이복형제들 간의 갈등과 비극을 불러일으킨 조치였다.

두 차례 왕자의 난을 통해 권력을 장악하고 왕위에 오른 태종은, 자신이 이복동생들을 죽이고 동복형제인 넷째형 방간과 권력투쟁을 할 수밖에 없었던 것이 모두 아버지의 잘못된 세자 책봉에서 비롯되었다고 생각하였다. 이에 따라 태종은 왕실을 안정시키기 위해서는 적장자 계승의 원칙이 반드시 지켜져야 한다는 점을 강조하였다. 그리고 아버지의 잘못된 세자 책봉을 바로잡는 것을 자신이 일으킨 거사(제1차 왕자의 난)의 가장 중요한 명분으로 내세웠다. 이렇게 볼 때, 태종에게 적장자를 후계자로 삼는 것은 자신의 집권을 정당화하는 데 반드시 필요한 것이었다. 즉 양녕대군의 세자 책봉에는 적장자 계승이라는 태종의 강력한 의지가 반영되어 있었다.

두 번째 이유는 양녕대군이 남보다 빼어난 자질을 지녔다는 것이다. 세자가 다음 왕위의 계승자라는 점을 고려할 때, 여기서 말하는 '빼어난 자질'은 곧 국왕으로서의 자질과 능력을 의미한다고 생각된다. 물론 위 글은 세자 책봉을 선언하는 교서에 수록된 것이므로 의례적인 수사로서 '빼어난 자질이 있다'라고 말했을 수도 있다. 하지만 《태종실록》을 보면, 위 글이 단순한 수사만이 아님을 보여주는 기사들을 여럿 발견할 수 있다.

양녕대군의 자질과 능력을 보여주는 첫 번째 사례로는 명나라 사행을 들 수 있다. 양녕대군은 1407년(태종 7) 9월부터 이듬해 4월까지 신년을 축하하는 사신단을 이끌고 명나라에 다녀왔다. 당시 양녕대군의 나이는 열네 살이었다. 명나라에 도착한 양녕대군은 사신으로서의 임무를 원만하게 수행하였으며, 명나라 황제와 관료들로부터 극진한 예우를 받았다. 또한 사행 기간 동안 사신단 내부에서 조금의 문제도 발생하지 않도록 세심하게 통솔했는데, 태종은 이 점을 매우 흡족하게 생각하였다.

대저 일행의 사람이 많으면 그 가운데는 반드시 우환이 생기게 마련이다. 그런데 이번 사행에는 참여한 사람의 수가 내가 조근(朝覲)하던 때보다 두 배나 되었는데도, 단 한 사람도 근심을 끼친 자가 없었으니 다시 무슨 말을 하겠느냐?

_《태종실록》 권15, 태종 8년(1408) 4월 2일

위 글에서 태종은 1394년(태조 4)에 있었던 자신의 명나라 사행과 이번 양녕대군의 사행을 비교하면서, 사신단을 잘 통솔한 아들의 능력을 인정

하고 치하하였다. 휘하의 사람들을 조화롭게 잘 이끌어가는 것은 한 집단의 리더가 갖추어야 할 가장 중요한 능력 중 하나이다. 따라서 태종의 치하는 양녕대군이 리더에게 요구되는 가장 중요한 능력을 가지고 있음을 인정한 것이다. 국왕 역시 한 나라를 이끌어가는 '리더'라는 점을 고려한다면, 양녕대군이 리더로서 보여준 능력은 국왕이 갖추어야 할 자질과 능력을 충족시키는 것이라고 할 수 있다.

양녕대군은 국정을 운영하는 측면에서도 상당한 식견과 능력을 갖추었던 것으로 보인다. 1416년 5월 20일에 태종은 양녕대군에게 계사(啓事)에 참여하라는 명을 내렸다. 계사는 신하들이 국정의 주요 현안에 대해 국왕에게 보고하는 일을 말한다. 이어 태종은 4일 뒤인 5월 24일에 다음과 같이 하교(下敎)하였다.

> 군사에 관련된 사무와 사람을 등용하는 일은 내가 직접 재결하겠다. 그 외의 명령을 발하고 정령(政令)을 시행하는 모든 일들은 세자와 함께 의논하도록 하라.
>
> _《태종실록》권31, 태종 16년(1416) 5월 24일_

즉 태종은 군사 및 인사에 관한 일을 제외한 모든 국정 운영의 책임을 양녕대군에게 일임하였다. 《태종실록》에는 당시 가뭄이 극심해지자 태종이 자신의 정치가 잘못된 것은 없는지 반성하고 근신하기 위해서 직접 정사를 보지 않고 세자에게 맡겼다고 기록하였다. 하지만 이는 표면적인 명분이고 실제 의도는 달리 있었던 것으로 생각된다.

1416년은 태종이 50세, 양녕대군은 23세가 되는 해였다. 태종으로서는 어느덧 자신 이후의 시기를 준비해야 할 때가 되었다. 이에 세자인 양녕대군에게 후계자 수업을 본격적으로 할 필요가 있다고 판단하여 국정을 맡겼다고 할 수 있다. 즉 양녕대군에게 국정 실무를 경험할 기회를 줌으로써 국가 통치의 능력을 기르도록 하면서, 다른 한편으로는 현재 양녕대군의 국정 운영 능력이 어느 정도인지를 시험해보려는 의도가 담겨 있었다고 생각된다.

양녕대군의 국정 수행은 그해 7월 말까지 계속되었다. 양녕대군은 매일 조계청(朝啓廳)에 나와서 계사에 참여하여 여러 신하들과 국정 현안에 대해 논의하였다. 《태종실록》에는 당시 양녕대군과 신하들의 국정 논의 내용이 구체적으로 기록되어 있지 않다. 아마도 양녕대군이 처리한 업무들이 대부분 일상적인 일들이어서 실록에 특기할 필요가 없었기 때문이었을 것이다. 하지만 다른 한편으로 실록에 특별한 기록이 없다는 것은, 양녕대군의 업무 수행이 비교적 무난했음을 반증하는 것으로도 볼 수 있다. 그런 가운데 6월 11일 계사에서 있었던 양녕대군과 신하들의 대화는, 양녕대군이 업무를 수행하는 방식의 일단을 보여준다.

형조·대간 : 이숙번의 죄가 큼에도 사람들이 잘 알지 못합니다. 그래서 저희들이

그 죄를 명시할 것을 여러 차례 청했지만, 주상께서 허락하지 않으셨습니다.

……언로(言路)가 막히는 것은 밝은 시대의 정치에 흠이 되지 않겠습니까?

세자 : (여러 신하들에게) 형조와 대간의 말이 옳은 것인가?

신하들 : 그 말이 옳습니다.

세자 : 간언(諫言)을 막는 것은 옳지 못한 일이다.

_《태종실록》 권31, 태종 16년(1416) 6월 11일

위 인용문을 보면, 양녕대군은 신하들의 건의를 경청했으며 그에 대해 독단적으로 판단하는 것이 아니라 다른 신하들의 의견을 구하는 등 신중한 자세로 국정에 임했음을 알 수 있다. 이러한 사례는 그가 국왕으로서 국정을 이끌어갈 수 있는 기본 자질과 식견을 갖추고 있었음을 보여준다.

이상의 내용을 정리해보면, 양녕대군은 성리학적 왕위 계승의 원칙에서 가장 중요한 '적장자'의 요건을 갖추고 있었다. 또 명나라 사행이나 국정 대리의 사례에서 보았듯이 그는 국왕에게 필요한 리더로서의 자질과 기본적인 국정 수행 능력도 가지고 있었다. 즉 양녕대군은 태종이 세자 책봉 교서에서 언급한 세자의 조건들 중에서 두 가지를 갖춘 인물이었다.

공부를 싫어하는 세자 양녕

앞서 보았듯이 양녕대군은 적장자라는 조건과 국왕으로서의 기본적인 자질을 갖추고 있었다. 그런 양녕대군이 끝내 세자에서 폐위된 이유는 무엇일까? 그에 대한 중요한 단서를 앞서 본 세자 책봉 교서에서 찾아볼 수 있다. 교서의 내용을 다시 한 번 살펴보자.

원자 이제는 적장의 지위에 있고 남보다 빼어난 자질이 있다. 그러나 예의와 겸양을 모른다면 장차 어찌 어진 인재를 가까이 하겠으며, 옛 교훈을 익히지 않으면 무엇으로써 정치를 돕겠는가? 그러므로 원자에게 배움에 나가도록 한 것이 여러 해가 되었다.

_《태종실록》 권8, 태종 4년(1404) 8월 6일

위 인용문에서 태종은 적장자의 조건이나 빼어난 자질이 있더라도 예의와 겸양을 모르고 옛 교훈을 익히지 않으면 정치를 잘할 수 없음을 강조했다. 그런데 예의·겸양을 아는 것과 옛 교훈을 익히는 것은 학문을 통해 성취할 수 있다. 여기에서 세자에게 필요한 세 번째 조건을 알 수 있는데, 그것은 곧 국정 운영 능력을 기르기 위해 학문에 정진해야 한다는 것이다.

1404년 8월에 양녕대군이 세자로 책봉된 뒤로, 세자 교육은 국정의 중요 사안 중 하나로 떠올랐다. 물론 원자 시절에도 교육에 소홀한 것은 아니었다. 하지만 원자에 대한 교육이 학문의 기초를 닦는 것이었다면, 세자에 대한 교육은 미래의 국왕으로서 갖추어야 할 덕성을 함양하는 것, 즉 제왕학(帝王學)의 측면이 강조되었다. 이와 관련하여 1405년(태종 5) 8월에 성석린(成石璘)이 세자 양녕대군에게 강의한 내용을 들어보자.

군왕의 학문은 옛 사람의 문장을 모방하여 글을 짓는 것이 아니라, 고금의 치란(治亂)과 인물의 현부(賢否)를 알고 덕성을 함양하는 것이 중요합니다. ……임금의 마음에서 모든 정치와 교화가 시작됩니다. 그러므로 한가하고 편안한 시간에도 반드시 시(詩)·서(書)·문묵(文墨)의 일로써 즐거움을 삼아야 하며, 간사한 말이나 바르지 못한 행실이 마음에 들어오도록 해서는 절대 안 됩니다. 예는 사람을 굳건하게 하는 것이니, 예가 없으면 태만한 마음이 생겨서 학업이 이루어지지 않습니다.

_《태종실록》 권10, 태종 5년(1405) 8월 19일

위 글에서 성석린은 세자의 학문을 '군왕의 학문'으로 규정하면서, 군왕의 학문은 어떠해야 하는가를 설명하였다. 요약하면 나라를 잘 다스리는데 필요한 학문이 되어야 한다는 것이다. 군왕은 경전을 공부해서 좋은 정치의 근본 원리를 알아야 하며, 역사서를 통해 정치를 잘한 사례와 잘못한 사례를 확인하고 이를 귀감으로 삼아야 한다. 또 능력 있는 관리들을 선발하기 위해 현명한 인재와 어리석은 사람을 분변할 수 있는 안목을 길러야한다. 그리고 무엇보다도 백성을 사랑하는 덕성을 쌓는 것이 중요하다. 이를 위해 군왕은 몸과 마음을 항상 바르게 유지하도록 노력해야 하고, 잠시라도 태만한 마음을 가져서는 안 된다.

군왕의 학문은 미래의 군왕인 세자에게도 동일하게 적용되었다. 어찌보면 단순해 보이지만, 끊임없는 자기 단속과 절제가 필요한, 쉽지 않은길이었다. 이처럼 어려운 과정인 세자 교육이 조선에서 본격적으로 시작된 것은 언제였을까? 조선이 건국된 직후에 태조의 막내아들 방석이 세자로 책봉됐고 정도전이 그의 교육을 담당했으므로, 조선의 세자 교육은 태조 대부터 시작됐다고 할 수도 있다. 하지만 당시에는 세자 교육에 관한제도들이 아직 마련되지 못했고, 따라서 체계적인 교육이 시행되지는 못했다. 세자 교육과 관련된 각종 제도를 정비하고 본격적으로 추진한 것은태종 대에 들어서이다. 따라서 조선 건국 이후 체계적인 세자 교육을 가장처음 받은 이는 바로 양녕대군이었다.

무슨 일이든 처음 시작할 때 가장 의욕이 넘친다. 양녕대군이 세자로 책봉되자, 정부의 관리들은 세자 교육에 관해 각종 정책과 건의를 쏟아내었다. 세자 책봉이 있은 지 한 달쯤 지난 1404년 9월, 의정부에서 학문이 높고 행실이 단정한 선비들을 선발하여 세자의 요속(僚屬)으로 삼을 것을 건

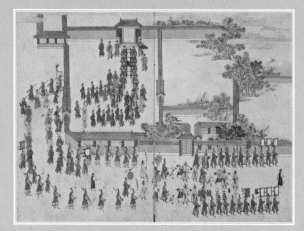

《왕세자입학도첩》의 〈출궁
도〉, 34.1×46.5cm, 경남대
학교박물관 소장. 왕세자가
창경궁 홍화문을 나와 성균
관으로 가는 장면.

《왕세자입학도첩》의 〈입학
도〉, 34.1×46.5cm, 경남대
학교박물관 소장. 박사에게
교육을 받는 장면.

태종은 양녕대군이 10세가 되던 1403년 4월 8일에 원자의 성균관 입학례(入學禮)를 거행하게 하
였다. 원자 책봉 후 1년 만에 거행된 입학례에서 성균관 사성 설칭(薛偁)과 사예 김조(金稠)가 박사
를 담당했으며, 이후 이들이 원자의 교육을 전담하였다. 《왕세자입학도첩(王世子入學圖帖)》은
1817년(순조 17) 3월 17일 효명세자(익종)의 성균관 입학례를 기록한 그림첩이다. 이러한 궁중 행
사도에는 왕과 왕세자의 모습을 그리지 않는 것이 관례였다.

의하였다. 또 이듬해 6월에는 사간원(司諫院)에서 상소를 올려 세자 교육을 담당하는 서연관(書筵官)을 추가로 임명할 것, 서연관의 다른 업무를 면제하여 세자 교육에만 전념하게 할 것, 서연관은 서연(書筵)에서 강의가 끝난 뒤에도 항상 세자와 함께하면서 세자의 일생생활 하나하나를 살피고 보좌할 것 등을 주장하였다.

이처럼 세자 교육은 서연 강의 시간에만 이루어지는 것이 아니라, 하루 24시간 동안 끊임없이 계속되는 것이었다. 따라서 교육을 받는 세자의 입장에서는 상당한 압박감을 느낄 수밖에 없으며, 천성적으로 공부를 좋아하는 성격이 아니라면 견뎌내기가 쉽지 않았을 것이다. 그런데 《태종실록》을 읽어보면, 양녕대군은 결코 공부를 좋아하는 체질이 아니었다. 오히려 공부하기를 싫어했고 게을리 하는 쪽에 가까웠다고 할 수 있다.

양녕대군은 신병(身病)을 핑계대거나 그 밖의 다른 여러 가지 이유를 들어 서연에 나오지 않는 적이 상당히 많았다. 서연에 나오지 않으니 학업 성과도 부진할 수밖에 없었다. 세자에 책봉된 지 1년 정도 지난 1405년 9월, 태종은 양녕대군을 불러 그동안 공부한 글을 외워보도록 하였다. 그런데 양녕대군은 태종의 기대와 달리 전혀 글을 외우지 못했다. 크게 실망한 태종은 서연관들을 불러, 다음에도 세자의 학습이 부진하면 서연관들에게 벌을 내리겠다고 경고하였다.

하지만 태종이 경고하고 견책하는데도 양녕대군은 계속해서 신병을 핑계로 서연을 게을리 하는 일이 다반사였고, 서연관들이 수차례 강권하고 애원하면 그때서야 겨우 서연에 나오곤 했다. 이런 상황에서 양녕대군의 학업 부진이 나아질 리 만무했고, 그 때문에 서연관들이 파직 또는 견책을 당하거나 세자궁의 환관들이 대신 매를 맞기도 하였다. 1405년 10월에 양녕대군의 학업 소홀 때문에 태장(笞杖)을 맞은 세자궁의 환관 노분(盧賁)이 "이것이 어찌 소인의 죄입니까?"라며 양녕대군에게 노골적으로 불만을 표시하기도 하였다.

양녕대군은 단지 공부만 게을리 한 것이 아니라, 일상생활의 예절에도 문제가 있었던 것으로 보인다. 1405년 10월 21일에 태종이 양녕대군과 식사를 함께했는데, 양녕대군의 식사 예절이 엉망이었다. 이에 태종은 "네가 비록 나이는 적지만 한 나라의 세자인데, 말과 행동에 어찌 그리도 절도가 없는가?"라며 크게 질책하였다. 이와 같은 생활의 문제는 양녕대군이 서연관들을 멀리함으로 인해 일상의 예절을 잘 배우지 못한 것에서 비롯되었다고 할 수 있다.

양녕대군의 학업 부진은 세자로 책봉된 지 2년이 지나도록 나아질 기미가 없었다. 이에 태종은 서연관 정안지(鄭安止)와 조말생(趙末生) 등을 불러 다음과 같이 명하였다.

이제부터 서연에 입직(入直)하는 관원은 세자가 식사하거나 움직이거나 가만히 있을 때를 막론하고 항상 좌우를 떠나지 말 것이며, 세자가 장난하는 것을 일절 금지하고 오로지 학문에만 힘쓰게 하라. 만약 세자가 말을 듣지 않거든 곧 나에게 와서 보고하라.

_《태종실록》 권11, 태종 6년(1406) 4월 18일

태종은 서연관들에게 학업뿐만 아니라 양녕대군의 일거수일투족을 모두 점검하여 세자의 품위에 맞게 바로잡으라고 주문하였다. 당시 양녕대군의 나이는 13세로 아직 어렸다. 하지만 태종으로서는 세자가 된 지 2

년이 지났는데도 전혀 개선되지 않는 양녕대군을 보면서 조급함을 느낀 듯하다. 즉 세자의 학업과 행실에 대한 신하들의 지적이 계속되고 자신이 시험해보아도 성에 차지 않자, 그대로 둘 수 없다고 판단한 것으로 보인다.

1407년 3월에 사간원에서 서연관의 수가 적은 것을 지적하면서, 서연관을 10명으로 늘리고 이들의 다른 업무를 면제하여 오직 서연에만 전념하도록 할 것과 대간 한 사람을 서연에 참여시켜서 서연관들의 근태(勤怠)를 점검할 것을 건의했다. 1408년 12월에는 사간원의 건의와 권근의 주장을 종합하여 서연에서 강학(講學)하는 법을 새로 제정하였다. 당시 제정된 강학 방법은 매일 두 차례씩 경서를 강독할 것, 서연관이 강독한 내용을 장부에 기록해서 아일(衙日, 임금과 신하들이 모여 5일마다 조회를 하고 정사를 보는 날)에 보고할 것, 이미 읽은 경서에 대한 강론을 매일 한 차례씩 실시할 것 등이었다. 또 1413년 9월에는 서연관들이 세자의 강학에 관한 사목(事目)을 제정했는데, 주요 내용을 정리하면 다음과 같다.

매일 해가 뜰 때에 세자가 당(堂)에 나와 앉으면 서연관들이 차례로 돌아가며 진강(進講)하는데, 경서와 역사서를 2~3장씩 10차례 강한다. 오후에도 5~10차례 정도 강하고, 또 배운 것의 복습을 신시(申時, 오후 3~5시)까지 하고 마친다.

세자궁의 내관(內官)과 사약(司鑰, 액정서의 정6품 잡직)은 세자의 출입 상황을 매일 서연과 경승부에 보고한다. 보고하지 않으면 대간에서 죄를 청한다.

세자궁의 담장이 낮으므로, 높고 두텁게 개축하도록 한다.

_《태종실록》 권26, 태종 13년(1413) 9월 9일

위 사목은 당시 태종의 궁궐 밖 행차로 인해 태종에게 직접 보고되지는 못했으며, 따라서 그 시행 여부는 알 수 없다. 하지만 위 내용을 보면, 태종대 후반에 들어 세자 교육이 점점 더 체계화되었고, 교육의 강도도 전보다 훨씬 높아져 갔음을 확인할 수 있다. 특히 위 인용문 세 번째 조항인 세자궁 담장 개축 문제는 서연관들이 세자의 일상생활까지도 철저히 통제하고자 했음을 잘 보여준다. 하지만 이처럼 제도를 체계화하고 학습 강도를 강화한다고 해서 공부를 게을리 하던 양녕대군의 천성을 바꿀 수는 없었다.

양녕대군이 공부를 싫어하기는 했지만, 머리가 나쁘거나 학문에 재능이 없는 것은 아니었다. 1413년 9월에 태종은 양녕대군이 계속 학업을 게을리 하면서 여러 문제를 일으키자, "학문을 부지런히 하고 행실을 고친 후에야 세자를 만나겠다"라고 하면서, 양녕대군은 만나주지 않았다. 그러자 태종의 태도가 전과 다름을 깨달은 양녕대군은 마음을 가다듬고 학문에 전념하는 모습을 보였다.

《태종실록》에 따르면, 양녕대군은 당시 공부하던 《대학연의(大學衍義)》를 끝마친 뒤에 태종을 만나겠다고 하면서 매일 5~8장씩을 부지런히 읽었다고 한다. 이를 본 서연관들은 한편으로 기뻐하면서도 다른 한편으로는 "세자의 자질이 뛰어나니 만약 옛날부터 이처럼 했다면 이 책《대학연의》을 마치는 데 어찌 6년이나 걸렸겠는가!"라며 안타까워했다. 이 기사를 보면, 양녕대군은 마음만 먹으면 공부를 잘 할 수 있는 명석한 두뇌를 가졌던 듯하다. 하지만 《대학연의》 학습을 다 마치는 데 6년이나 걸렸다는 사실은 부지런히 공부하겠다는 마음을 먹는 것이 양녕대군에게 얼마나 어려운 일이었는지를 단적으로 보여준다.

'세자에게 활쏘기를 가르쳐라' vs.
'활쏘기는 학업에 방해가 됩니다'

1409년 3월 16일, 그동안 세자 양녕대군의 학업 소홀을 질책해온 태종이 색다른 명령을 내렸다. 양녕대군에게 궁중에서 활쏘기를 익히도록 명한 것이었다. 태종의 명령이 전해지자 서연관과 간관(諫官)들이 왕명의 부당함을 지적하며 이를 철회해줄 것을 요청하였다. 하지만 태종은 허락하지 않았다. 당시 태종과 신하들의 대화를 들어보자.

> 이래(李來) : 세자에게 활쏘기를 익히게 하는 것은 옳지 못합니다.
>
> 태종 : 옛사람이 '활 쏘는 것으로 덕(德)을 알아본다'라고 하였고, 또 '그 재주를 겨루는 것이 군자의 도(道)'라고 하였다. 그러니 활쏘기를 폐할 수 없다.
>
> 민설(閔業) : 세자가 학문과 활쏘기를 같이 익히면, 장차 학문을 폐하게 될까 두렵습니다. 내년까지는 학업에만 전념하게 하십시오.
>
> 태종 : 허락할 수 없다. (황희를 돌아보며) 예로부터 임금이 굳세고 용감하면 능히 아랫사람을 제압할 수 있었고, 온유하고 나약하면 실패함이 많았다. 활쏘기와 말 타는 것은 굳세고 용감한 기질을 키우는 것이다. 지금 세자로 하여금 무사(武事)를 익히게 하는 것이 도리에 어떠한가?
>
> 황희(黃喜) : 신의 어리석은 생각으로는 학문에 정진함이 마땅한 듯합니다.
>
> _《태종실록》 권17, 태종 9년(1409) 3월 16일 기사 재구성

위 글에서 태종은 세자에게 굳세고 용감한 기질을 키워주기 위해서 활

쏘기, 말달리기 등의 무예를 가르쳐야 한다는 입장을 분명히 밝혔다. 그리고 세자에게 굳세고 용감한 기질이 필요한 것은 그래야만 왕에 되었을 때 아랫사람들, 즉 관료들을 제압할 수 있기 때문이라고 하였다. 주지하는 바와 같이, 태종의 정치관은 국왕이 강력한 실권을 가지고 관료들을 장악하여 국정을 주도적으로 운영해나가는 것이었다. 태종은 재위 기간 동안 강력한 군주권을 가지고 정국을 주도함으로써 자신의 정치관을 실현하였다. 그리고 이제 자신의 후계자인 세자 양녕대군도 자신과 같은 강력한 군주가 되기를 희망했으며, 이를 위해 세자에게 활쏘기를 가르치고자 한 것이었다.

태종의 이와 같은 의도는 양녕대군을 강무(講武)에 동행시키는 것으로 이어졌다. 강무는 국왕이 직접 참여하여 거행하는, 군사 훈련을 겸하여 실시하는 사냥을 말한다. 강무를 통해 잡은 짐승들은 종묘를 비롯한 국가 제사에서 제물로 사용되었다. 1411년 10월에 태종은 "세자가 공부도 열심히 해야 하지만 무사(武事) 또한 폐할 수 없다"라고 하면서 처음으로 양녕대군을 강무에 데리고 가겠다는 뜻을 밝혔다. 1412년 2월에도 태종은 강무에 양녕대군을 동행시키겠다고 하였다. 이때 태종은 하륜·허조(許稠) 등에게 세자의 강무 호종(扈從, 국왕의 행차를 호위하면서 따르는 일)에 관한 전례(前例)를 찾아서 올리도록 하였는데, 이는 아마도 신하들의 반대에 대비하기 위한 조치로 생각된다. 그 뒤에도 태종은 여러 차례에 걸쳐 양녕대군과 함께 강무를 실시하였다.

양녕대군의 강무 호종에 대해 서연관들을 비롯한 여러 신하들은 기본적으로 반대 입장을 가지고 있었다. 그들이 반대하는 이유는 크게 두 가지였다. 먼저 그들은 국왕이 도성을 비우면 세자가 대신 감국(監國, 국정 업무를 수행함)하는 것이 원칙이므로, 양녕대군이 강무에 호종해서는 안 된다고 하였다. 하지만 이것은 표면적으로 내세운 이유에 가까웠다. 신하들이 양녕대군의 강무 호종을 반대한 더 중요한 이유는 두 번째 것이었는데, 곧 강무가 양녕대군의 학업에 장애가 된다는 것이었다. 즉 신하들은 안 그래도 공부를 싫어하는 양녕대군이 강무에 참여하여 자칫 사냥의 즐거움에 빠지게 되면 전보다 더 공부를 소홀히 할 수 있음을 염려한 것이었다.

신하들의 반대 의견에 대해 태종은 그들의 주장에 일리가 있다고 인정하면서도 자신의 뜻을 굽히지 않았다. 태종이 수많은 반대를 무릅쓰고 양녕대군의 강무 호종을 끝까지 관철시킨 것에는 앞서 활쏘기를 가르친 것과 마찬가지의 의도가 담겨 있었다. 즉 태종은 세자에게 군사에 관련된 일을 직접 가르침으로써 문무를 겸전한 강력한 군주로 키우고자 하였다. "세자가 공부도 열심히 해야 하지만 무사 또한 폐할 수 없다"라는 말은 태종의 의도를 단적으로 보여준다. 이렇게 볼 때, 태종에게 활쏘기나 강무는 단순한 무예 연습이나 군사 훈련이 아니라 제왕학의 중요한 수업 과목이었다.

반면 신하들의 생각은 태종과 달랐다. 위의 인용문에서 보듯이, 신하들은 양녕대군이 활쏘기를 익히게 되면 학업을 더욱 소홀히 하게 될 것을 걱정했다. 그동안 공부를 게을리 하여 여러 문제를 일으킨 양녕대군임을 고려한다면 신하들의 걱정은 당연한 것이었다. 하지만 신하들의 반대에는 단순히 세자가 학업을 소홀히 할까 봐 걱정하는 것 이상의 더 큰 의미가 있었다. 즉 신하들이 주장한 반대 이유에는 그들이 지향하는 새 시대의 군주상이 담겨 있었다.

조선은 성리학의 나라였다. 성리학의 이상적인 정치 형태는 무력으로 나라를 통치하는 것이 아니라 덕(德)과 예(禮)로써 백성을 교화하고 다스리는 '문치(文治)'였으며, 국왕과 신하들이 함께 국정에 대해 협의하고 토론하며 정책을 운영하는 '군신공치'였다. 하지만 새 나라를 세우는 과정에서는 무력에 의존하지 않을 수 없고, 이 점은 조선 건국에서도 예외가 아니었다. 또 제1차 왕자의 난을 통해 신권주의(臣權主義)를 표방한 정도전을 제거하고 집권한 태종이었기에, 그가 재위하는 기간 동안 강력한 국왕권에 반하는 정치 질서를 추구하는 것은 사실상 불가능한 일이었다.

조정 관료들은 태종 이후의 시대는 달라져야 한다고 생각했다. 태종대를 거치면서 건국 초기의 혼란도 비교적 안정되었고, 각종 제도 정비를 통해 나라의 틀도 어느 정도 갖추어졌다. 따라서 이제는 새 나라를 건립하는 '창업(創業)'의 시대가 막을 내리고, 세워진 나라를 안정적으로 통치하여 사회 질서를 확립하고 백성들을 안정시켜야 하는 '수성(守成)'의 시기가 도래하게 되었다. 수성의 시대에는 무력이 아니라 덕과 예로써 통치하는 정치, 국왕 혼자 독주하는 것이 아니라 왕과 신하가 함께 국정을 운영하는 성리학의 이상을 실현해야 한다. 이를 위해 관료들은 차기 국왕인 세자를 잘 교육해서 성리학의 이상 정치를 구현할 수 있는 왕으로 만들고자 했다.

그런데 앞서 여러 번 언급한 것처럼 양녕대군은 학문적 재능은 있었지만, 공부를 그리 좋아하지 않는 성격이었다. 게다가 그는 활쏘기와 매사냥을 좋아하는 등 무인 기질이 강한 인물이었다. 양녕대군의 무인 기질은 할아버지 태조와 아버지 태종에게서 이어받은 것으로, 태종의 여러 아들들 중 태종의 야성적인 성격을 가장 많이 닮은 이가 바로 양녕대군이었다. 또 양녕대군은 무사(武事)에 상당한 재능을 가지고 있었다. 1409년 4월 21일에 태종이 광연루(廣延樓)에서 연회를 베풀고 여러 왕자들과 종친들에게 활쏘기를 시켰을 때 양녕대군이 여덟 번을 쏘아 모두 명중시킨 일은 그의 무인적 재능을 단적으로 보여준다.

양녕대군의 옆에서 그의 일거수일투족을 살피는 서연관과 관료들이 양녕대군의 무인 기질과 재능을 모를 리 없었다. 양녕대군의 기질이 계속 그대로 유지된다면 그 또한 즉위 후에 태종과 같은 왕이 될 가능성이 높고, 이것은 성리학적 이상 군주를 염원하던 조정 관료들의 바람과 배치되는 것이었다. 그래서 관료들은 양녕대군의 기질을 변화시켜서 문치와 덕치를 이룰 수 있는 수성의 국왕으로 만들기 위해 세자 교육을 더욱 강화시키려 한 것이다.

태종 대에 조정 관료들이 세자 교육의 중요성을 강조한 이면에는 이와 같은 정치적 목적이 깔려 있었다고 생각된다. 그런 관점에서 볼 때, 군주는 아랫사람을 제압할 수 있는 굳세고 용감한 기질을 가져야 하며, 이를 위해서 세자에게 활쏘기를 가르치고 세자를 강무에 대동하겠다는 태종의 주장은 관료들의 입장에서 수용하기 어려운 것이었다. 하지만 그렇다고 해서 세자에게 강한 기질을 키워주겠다는 태종의 주장을 정면으로 반박할 수는 없었다. 그것은 태종의 군주관을 부정하는 것이므로, 이를 드러내놓고 주장했다가는 어떤 불상사가 생길지 알 수 없었기 때문이었다. 이에 서연관들은 활쏘기나 강무 호종이 공부에 방해된다는 명분을 내세워서 반대 입장을 피력하였다.

활쏘기 교육과 강무 호종을 둘러싼 태종과 신하들의 의견 대립은 태종의 뜻이 관철되는 것으로 끝났다. 하지만 그 결과는 태종의 의도와 다르게 나타났다. 무인적 기질이 강한 양녕대군은 활쏘기와 사냥의 즐거움에 깊이 빠졌으며, 그에 따라 서연을 전보다 더욱 멀리하게 되었다. 결국 조정 관료들이 우려한 대로 활쏘기와 강무 호종이 양녕대군의 학업 부진을 더욱 부추기는 결과를 초래한 것이다. 태종은 자신의 아들을 강력한 군주로 만들기 위한 제왕학의 일환으로 활쏘기를 가르치고 강무에 동행하도록 했지만, 양녕대군은 그와 같은 태종의 기대에 부응하지 못하고 오히려 태종의 의도와 정반대의 행보를 보였다.

반성의 기회를 주는
아버지 태종

앞서 양녕대군에게 공부를 싫어하는, 세자로서의 치명적 약점이 있었음을 살펴보았다. 그런데 양녕대군은 이 밖에도, 어찌 보면 더 큰 문제가 되는 약점을 가지고 있었다. 그것은 자신의 욕구를 적절히 통제하는 절제력이 크게 부족했다는 것이다.

양녕대군은 학업을 게을리 하고 일상 예절에 절도가 없다는 점 때문에 태종에게 여러 차례 질책을 받았다. 그런데 문제는 그러한 태종의 질책이 아무런 효과가 없었다는 점이다. 질책을 받으면 잠깐은 공부에 열중하는 듯했지만, 얼마 안 되어 다시 원래의 모습으로 돌아가기를 반복했다. 즉 공부가 싫고 왕실의 법도가 귀찮더라도 세자라는 지위에 있는 이상 어느 정도 참고 절제해야 하는데, 양녕대군은 그것을 못했다. 물론 나이가 어릴 때는 참을성이 부족한 것을 어느 정도 이해할 수 있다. 하지만 양녕대군의 경우는 나이가 들어도 전혀 개선되지 않았고, 어떤 면에서는 더욱 심각해지는 모습을 보였다.

양녕대군이 10대 전반일 때까지만 해도 양녕대군과 관련된 문제들은 거의 대부분 학업 소홀과 관련된 것이었다. 그리고 실행(失行), 즉 생활 태도의 문제가 지적되는 경우도 대개 일상 예절에 관한 것이었다. 그런데 10대 후반에 들어서면서 양녕대군의 실행은 그 정도가 점점 심해졌고, 학업을 소홀히 하는 것보다 더 큰 문제들이 거론되었다.

《태종실록》에서 거론되는 양녕대군의 실행은 크게 두 가지로 나누어볼 수 있다. 첫째로 양녕대군이 잡희(雜戲), 즉 여러 가지 장난이나 놀이를 지나치게 즐긴다는 점이 지적되었다. 즉 공부는 소홀히 하면서 노는 것만 좋아했다는 것이다. 물론 양녕대군의 놀이가 처음부터 심각한 것은 아니었고, 세자궁의 어린 환관들과 장난을 치거나 내기를 하는 정도였다. 그러다가 점차 그 도가 지나쳐서 악공(樂工)이나 기생들을 세자궁으로 불러들이기에 이르렀다. 대표적인 사례가, 1411년 10월경에 잡희에 뛰어난 사직(司直) 은아리(殷阿里)와 악공 이오방(李五方) 등을 세자궁으로 불러들여 잔치를 베풀고 놀이를 즐긴 일이다. 당시 서연관들은 이를 지신사에게 보고하고 이오방 등을 쫓아낼 것을 요청했으며, 다른 한편으로는 양녕대군에게 잘못된 행동을 고칠 것을 강력히 촉구했다. 하지만 양녕대군은 놀이를 즐긴 일이 없다고 부인했으며, 또 이오방 등에게 잘못이 없다고 두둔하였다. 《태종실록》의 사관(史官)은 "군친(君親)을 공경하지 않고 허물 고치기를 싫어하는 것이 이와 같았다"라고 하면서 양녕대군의 태도를 강한 어조로 비난하였다.

둘째로 양녕대군은 여자와 관련된 추문으로 계속해서 물의를 일으켰다. 양녕대군이 여자와 관련된 문제를 처음 일으킨 것은 17세 때인 1410년 11

〈태종왕지 윤림분(太宗王旨 尹臨分)〉, 1409년(태종 9) 2월 25일에 윤림을 통훈대부 인녕부(仁寧府) 우사윤(右司尹)으로 삼는다는 태종의 사령장, 33.2×48.2cm, 개인 소장.

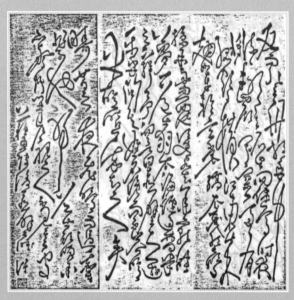

양녕대군의 〈후적벽부(後赤壁賦)〉 초서. 양녕대군이 경기도 이천시 대월면 군량리에 머물면서 쓴 8첩 병풍 글씨이다. 목판본(전남 담양 몽한각) 탁본.

양녕대군은 어떤 성격을 가진 인물이었을까?《태종실록》을 읽어보면, 양녕대군은 결코 공부를 좋아하는 체질이 아니었다. 양녕대군은 신병을 핑계대거나 그 밖의 다른 여러 가지 이유를 들어 서연에 나오지 않은 적이 상당히 많았다. 게다가 공부만 게을리 했던 것이 아니라, 일상생활의 예절에도 문제가 있었던 것으로 보인다. 또 그는 활쏘기와 매사냥을 좋아하는 등 무인 기질이 강한 인물이었다. 양녕대군의 무인 기질은 할아버지 태조와 아버지 태종에게서 이어받은 것으로, 태종의 여러 아들 중 태종의 야성적인 성격을 가장 많이 닮은 이가 바로 양녕대군이었다.

월로, 세자궁으로 기생 봉지련(鳳池蓮)을 불러들였다가 발각된 사건이었다. 양녕대군이 봉지련을 처음 본 것은 중국 사신을 접대하는 연회 자리에서 였다. 첫눈에 봉지련이 마음에 든 양녕대군은 세자궁의 소친시(小親侍) 두 사람을 보내 봉지련을 세자궁으로 불러들여 즐겼는데, 이것이 태종에게 발각된 것이다. 이에 태종은 소친시에게 곤장을 때리고 봉지련을 옥에 가 두었다가 얼마 뒤에 풀어주었다.

봉지련 사건 이후로 양녕대군이 기생들을 몰래 세자궁으로 불러들여 잔 치를 벌이고 즐기다가 발각되는 일이 계속 나타났다. 1413년 3월에는 평 양(平壤)의 기생 소앵(小鸎)을 세자궁으로 불러서 여러 날 동안 즐기다가 발 각되었고, 1414년 1월에도 한밤중에 몰래 창기(娼妓)를 세자궁에 들인 일 이 있었다. 또 1415년 5월에는 기생 초궁장(楚宮粧)과 사통한 일이 발생했 는데, 초궁장은 상왕 정종이 가까이 하던 기생이었다. 《태종실록》에는 양 녕대군이 상왕과 초궁장의 관계를 몰랐다고 기록되어 있는데, 모르고 한 일이라 해도 상왕을 모시는 기생과 사적 관계를 가진 것은 큰 문제가 아닐 수 없었다.

1417년 2월에는 양녕대군이 세자에서 폐위되는 데 결정적 원인이 된 어 리(於里) 사건이 발각되었다. 어리의 자색(姿色)과 재예(才藝)가 뛰어나다는 소문을 들은 양녕대군이 측근들을 시켜 어리를 세자궁으로 불러들여 즐긴 것인데, 문제는 어리가 전 중추부사 곽선(郭璇)의 첩이었다는 사실이다. 즉 앞서 문제가 된 여자들이 모두 기생이던 것과 달리 어리는 사대부가의 첩 이었기 때문에, 양녕대군이 어리와 사통한 것은 도덕적인 면에서 전과 비 교할 수 없는 큰 문제였다.

이처럼 양녕대군의 실행은 나이가 들면서 점점 정도가 심해지는 모습을 보였다. 양녕대군의 실행은 서연관이나 다른 조정 관료들을 통해 태종에게 보고되었고, 보고를 받은 태종은 양녕대군을 불러 크게 질책하였다. 그리고 양녕대군의 실행에 연관된 사람들을 강력히 처벌하였고, 서연이나 경승부 등 세자를 보필하는 제도를 일시적으로 혁파했으며, 또 세자궁에서 소용되는 각종 물품의 공급을 정지시키는 조치를 취하기도 했다. 하지만 학업 부진에 대한 질책이 아무런 효과가 없었던 것과 마찬가지로, 실행에 대한 태종의 질책이나 처벌 역시 양녕대군의 생활 태도를 고치지 못했다.

주목되는 것은, 태종이 양녕대군의 실행을 강하게 질책하면서도 한편으로는 계속 그에게 반성의 기회를 주고 용서했다는 점이다. 태종은 양녕대군이 '다시는 실행의 불효를 범하지 않겠다'라고 하늘에 맹세하는 반성문을 올린 후 얼마 지나지 않아 다시 어리와 사통했다는 사실을 뒤늦게 알고는 "행실을 고치겠다고 하늘에 맹세한 지 20일도 안 되었는데 어찌 다시 전철(前轍)을 밟는다는 말인가?"라고 개탄하였다. 하지만 《태종실록》을 검토해보면, 태종은 계속된 양녕대군의 식언(食言)에도 계속 그에게 반성할 기회를 주었음이 확인된다. 그뿐만 아니라 태종은 양녕대군의 실행을 크게 질책하고 세자궁 관원들을 처벌하는 조치를 취하면서도, 다른 한편으로 양녕대군의 실행이 더 큰 문제로 확대되지 않도록 무마하고자 노력하였다. 이는 곧 태종이 양녕대군을 보호하고자 했음을 보여준다.

한두 가지 예를 들어보자. 1412년 1월, 사간원에서 전 상호군(上護軍) 심정(沈泟)을 탄핵하는 상소를 올렸다. 심정은 이전에 세자궁을 출입하면서 '사벽(邪僻)하고 기교(奇巧)한' 일을 벌여 양녕대군을 놀이에 빠지게 했다는 이유로 파직된 인물이었다. 그가 새해를 맞아 세자궁에 인사를 올리러 갔는데, 사간원에서 이를 알고는 심정이 근신하지 않고 다시 세자궁을 출입했다며 탄핵한 것이었다. 당초 이 사건은 사간원에서 명확한 물증도 없이 심정의 전력만을 문제삼아 탄핵한 것으로 보였다. 이에 사헌부(司憲府)에서 사간원의 무리한 탄핵을 문제삼으면서 사간원이 탄핵을 하게 된 정황을 재조사할 것을 요구하였다. 태종도 처음에는 사헌부의 요청을 수용하여 조사를 허락했다. 그러나 며칠 후 태종은 갑자기 특별한 이유를 밝히지 않은 채 이 문제를 더는 거론하지 말도록 사헌부에 지시했다.

태종이 조사를 철회한 이면에는 양녕대군의 요청이 있었다. 《태종실록》에 따르면, 심정이 세자궁에 새해 인사를 왔을 당시 세자궁에는 놀이에 사용하는 각종 악기와 애완동물이 있었다. 이들은 모두 태종이 엄격히 금지시킨 품목들이었다. 사헌부의 조사가 이루어질 경우 태종이 금지한 물건들이 세자궁에 있었다는 사실이 드러날 것이고, 이는 양녕대군을 매우 곤란하게 할 수 있었다. 이를 깨달은 양녕대군은 우선 세자궁 내의 악기류와 애완동물들을 모두 없앴다. 그리고 태종의 측근인 이숙번에게 사람을 보내 태종에게 사헌부 조사 중단을 요청해줄 것을 부탁했다. 이에 이숙번은 태종을 찾아가 "간관들을 조사하면 반드시 세자에게 세세한 일이 미칠 것이니 조사를 중지하십시오"라고 건의했고, 태종이 곧 이를 수용한 것이다.

당시 태종은 양녕대군을 불러 이숙번에게 조사를 중지해달라는 건의를 부탁한 이유를 물었는데, 양녕대군이 사실대로 대답하지 않았다고 한다. 그러나 태종은 더는 추궁하지 않고 양녕대군의 요청을 수용하였다. 태종이 추궁을 하지 않은 이유가 무엇일까? 그것은 양녕대군이 숨기고자 한 저간의 사정들을 태종이 이미 알고 있었기 때문이라고 생각된다. 사간원

의 탄핵이 근거 없는 것으로 몰아간 상황에서 사헌부의 조사를 통해 양녕
대군의 실행이 드러나게 되면, 세자가 도덕적으로 치명적인 상처를 입을
수밖에 없다. 즉 태종은 양녕대군의 실행을 알면서도 문제가 확대되는 것
을 원치 않았기에 모른 척 덮어버린 것이다. 결국 태종이 조사를 중단해달
라는 요청을 수용한 것은 국왕 후계자인 세자를 보호하기 위한 조치였다
고 할 수 있다.

어리 사건에 대한 태종의 조치도 태종이 양녕대군을 보호하고자 했음을
잘 보여주는 사례다. 앞서 말한 것처럼 어리는 사대부가의 첩이었다. 기생
을 몰래 세자궁에 불러들인 것도 문제가 되던 상황에서 사대부가의 첩과
사통한 것은 보통 큰일이 아니었기에 태종으로서도 상당히 곤혹스러웠을
것이다. 우선 태종은 양녕대군을 세자궁에서 나가 장인 김한로(金漢老)의
집에서 거처하게 하고 세자에게 필요한 음식물과 각종 물품들의 공급을
정지시켰다. 또 변계량(卞季良)을 비롯한 서연관들을 불러, 양녕대군이 행
실을 고치겠다고 하늘에 맹세한 뒤에도 다시 이와 같은 잘못을 범했으니
이제는 웬만한 반성으로는 그 마음을 믿기 어렵다고 토로하였다. 여기까
지만 보면 태종이 다시는 양녕대군을 용서하지 않을 것처럼 보인다. 하지
만 태종은 다시 변계량 등에게 다음과 같은 비밀 명령을 내렸다.

경들이 세자의 실수를 극진히 아뢰어 세자로 하여금 뉘우쳐 깨닫게 하고, 세자
가 다시는 전일의 행동을 하지 않겠다고 종묘에 서고(誓告)하게 하라.

_(태종실록) 권33, 태종 17년(1417) 2월 17일

즉 거듭되는 반성으로는 양녕대군의 진정성을 믿기 어렵다고 여긴 태종

이 진정성을 보여줄 수 있는 반성의 방법을 직접 가르쳐준 것이다. 그것은 바로 종묘에서 반성하는 것이었다. 태종은 종묘에 고한 다음에도 다시 잘못을 저지른다면 이는 조종(祖宗)의 영령을 속이는 것이라고 하면서, 양녕대군이 진심으로 허물을 고쳐 종묘에 고한다면 그 진정성을 믿겠다고 하였다. 변계량 등은 태종의 뜻에 따라 양녕대군에게 종묘에서 반성의 뜻을 고할 것을 건의했고, 양녕대군이 이 건의를 받아들여 2월 22일에 종묘에서 반성의 고유제(告由祭, 국가나 가정에 중요한 일이 있을 때 이를 돌아가신 선조에게 아뢰기 위해 지내는 제사)를 올림으로써 어리 사건의 처리는 일단락되었다.

위에서 보았듯이 태종은 양녕대군의 실행에 대해 한편으로 강하게 질책하면서도, 다른 한편으로는 문제가 확대되는 것을 막기 위해 노력하였다. 또 식언을 반복하는 양녕대군에게 계속해서 반성의 기회를 주었고, 때로는 반성의 방법까지도 가르쳐주었다. 이와 같은 태종의 모습은, 태종이 양녕대군의 행실을 매우 못마땅하게 여겨서 일찍부터 세자 교체를 생각하고 있었다는 기존 시각에 대해 재고의 여지를 남긴다. 오히려 태종의 본의는 양녕대군을 보호하여 세자의 지위를 지키도록 하는 데 있었다고 보는 것이 타당하다.

그렇다면 태종은 어떤 이유에서 그토록 양녕대군을 보호하고자 한 것일까?《태종실록》1416년 10월 27일의 기사는 이와 관련하여 중요한 시사점을 준다. 이날 태종은 양녕대군의 경연(經筵)을 담당하던 조계생(趙啓生)·권맹손(權孟孫)·변계량 등을 불러 세자의 행실과 서연 운영에 관해 논의했는데, 이 자리에서 태종은 "내게 자식이 하나만 있는 것은 아니지만, 장자이자 장손인 까닭에 내가 그렇게 한 것이다"라고 하였다. 여기에서 '장자이자 장손'은 세자 양녕대군을 가리키는 것이며, '내가 그렇게 했다'라는 말은 태종이 양녕대군에 관해 취한 여러 조치들을 의미한다.

　위 글은 태종이 양녕대군에게 각별한 조치를 취한 이유가 양녕대군이 '장자이자 장손', 곧 적장자이기 때문임을 분명히 보여준다. 즉 태종이 적장자인 양녕대군이 왕위를 계승해야 한다는 원칙을 지키기 위해서 여러 곤란한 상황 속에서도 양녕대군을 지키고자 노력한 것이라고 할 수 있다. 앞서 보았듯이 아버지 태조의 잘못된 세자 책봉을 바로잡겠다는 명분으로 왕자의 난을 일으켜 집권한 태종이었기에, 그에게 있어 적장자에게 왕위를 물려주는 것은 집권 과정에서 나타난 여러 문제점들을 희석시키고 정당화하는 과정이 될 수 있다. 그렇기 때문에 태종은 적장자인 양녕대군을 후계자로 삼았고, 양녕대군이 문제들을 일으킬 때마다 그를 강하게 질책하면서도 다른 한편으로 그를 보호하기 위한 여러 조치들을 강구했던 것이다.

　아들에 대한 부정(父情) 또한 태종이 양녕대군을 보호하고자 한, 간과할 수 없는 이유 중 하나였다. 여기에도 태종의 아픈 경험이 투영되어 있다고 볼 수 있다. 형제들 중 가장 능력이 출중하여 아버지 태조로부터 큰 사랑을 받았고 태조가 즉위하는 데에도 가장 많은 공을 세웠지만, 정몽주 살해 등 일련의 사건을 거치면서 아버지의 신뢰를 상실했고 왕자의 난으로 인해 결국에는 아버지의 '원수 같은 아들'로 추락한 이가 바로 태종이었다. 아버지로부터 외면을 받으면서 인간적인 아픔이 컸던 태종이었기에 자신의 아들에게는 그런 아픔을 주고 싶지 않았을 것이다. 그러했기에 태종이 양녕대군의 수많은 실행에도 불구하고 그를 지키기 위해 애썼다고 할 수 있다.

　태종은 아들 양녕대군을 보호하기 위해 최선을 다해 노력했지만 양녕대군은 그와 같은 아버지의 마음을 제대로 읽지 못한 듯하다. 양녕대군은 자신의 행동 하나하나를 간섭하고 자신이 생각하기에 아무것도 아닌 문제를 가지고 지나치게 질책하는 아버지가 야속하기만 했다. 태종이 양녕대군의 행실과 학업에 대해 지적하자 "근일에 내가 아무것도 한 것이 없는데 주상께서 왜 화를 내시는지 모르겠다"라고 항변하던 양녕대군의 모습이 그의 마음을 잘 대변해준다. 그러한 마음가짐에서 진실한 반성이 나올 리가 없었다. 양녕대군은 태종에게 질책을 받으면 잠시 반성하는 모습을 보였지만, 태종이 반성의 뜻을 받아주고 용서하면 얼마 지나지 않아 다시 원래의 모습으로 돌아가곤 했다.

그뿐만 아니라 양녕대군은 때로 아버지의 질책에 반항하는 모습을 보이기도 했다. 양녕대군이 자주 이용한 반항의 방식은 '단식'이었다. 한 가지 예를 들면, 앞서 살펴본 기생 봉지련 사건이 발각되었을 때 태종이 세자궁 소친시와 봉지련을 처벌하자 양녕대군이 식사를 거부하였다. 《태종실록》에는 "세자가 근심 걱정으로 식사를 하지 않았다"라고 기록되어 있지만, 양녕대군의 단식에는 태종의 조치에 대한 불만이 담겨 있었다.

재미있는 것은 양녕대군의 단식이 효과가 있었다는 점이다. 봉지련 사건 당시에 태종은 양녕대군이 식사를 하지 않자 몸이 상해서 병이 날 것을 염려하여 봉지련을 옥에서 풀어주고 비단을 하사하였다. 이처럼 단식이 효과가 나타나자, 양녕대군은 이후 자신의 실행으로 측근들이 처벌을 받거나 자신의 요구가 받아들여지지 않을 때마다 자주 단식을 하였다. 그리고 그때마다 태종은 양녕대군의 건강을 염려하여 자신의 조치를 철회하였다.

자신의 권력과 권위에 도전하는 사람은 피를 나눈 형제나 최측근의 공신·관료들, 그리고 처남들까지도 가차 없이 제거한 태종이었다. 그러한 태종이었기에 양녕대군의 단식에 대해 반응하는 태종의 약한 모습은 낯설기만 하다. 이는 결국 태종도 한 나라의 왕이기 전에 아들을 사랑하는 아버지였음을 잘 보여준다. 아들의 잘못과 비행을 질책하지만 아들을 끝까지 미워할 수 없고, 오히려 아들의 몸이 상할 것을 염려하는 아버지⋯⋯. 그 평범한 아버지의 모습을 냉정한 권력자라고만 생각했던 태종에게서도 발견할 수 있다.

아버지로서의 태종의 모습은 세자궁을 궁궐 근처로 옮기라는 관료들의 건의를 거부한 것에서도 찾아볼 수 있다. 당시 세자궁은 왕이 거하는 궁궐 밖에 있었는데, 조정 관료들은 양녕대군의 실행이 계속되자 세자궁을 궁궐 옆으로 옮겨서 태종이 직접 양녕대군의 행실을 규찰해야 한다고 주장하였다. 하지만 태종은 이를 받아들이지 않는데, "부자간의 은의(恩誼)를 상하게 할 것이 염려된다"라는 것이 거부하는 이유였다. 양녕대군의 실행을 단속하는 것보다 부자간의 은의를 더 중하게 여긴 태종. 냉혈한 권력욕보다는 따뜻한 부정이 느껴지는 모습이다. 그러했기에 태종은 양녕대군의 반복되는 실행과 식언에도 계속해서 아들을 보호하고자 애쓴 것이다.

하지만 태종과 양녕대군은 서로의 마음을 읽는 데는 실패했다. 태종은 아들을 보호하기 위해 노력했지만, 정작 아들을 대할 때는 사랑과 격려보다 질책이 앞섰다. 양녕대군은 자신을 나무라는 아버지를 보며 억울하게만 생각했을 뿐, 아버지의 질책에 담긴 진심은 느끼지 못했다. 이처럼 두 사람은 서로를 이해하지 못한 채 실행과 반성, 질책과 용서를 되풀이하였고, 그러는 가운데 두 사람 사이의 불신과 서운한 감정의 골은 점차 깊어져 갔다. 그리고 어느덧 시간은 운명의 1418년을 맞이하였다.

형세가 장차
가르치기 어렵게 되다

1418년 3월의 어느 날, 태종은 조말생을 비밀히 불러 다음과 같이 말했다.

> 어느 날 평양군 궁주(宮主)가 말하기를, "세자전(世子殿)에서 유모를 구하므로 부
> 득이 사람을 보냈습니다"라고 하였다. 중전께서 이 말을 듣고 놀라서 "이게 누
> 구의 아이냐?"라고 물었더니, 궁주가 "어리가 낳은 아이입니다"라고 대답했다.
> (내가) 그 내막을 알아보니, 김한로의 말을 따라서 (어리를) 여종이라고 거짓으로
> 말하여 (세자궁으로) 데리고 들어가 바쳤다고 하였다.
>
> _《태종실록》 권35, 태종 18년(1418) 3월 6일

어리는 바로 1년 전에 양녕대군이 세자궁으로 몰래 데리고 들어왔던 전 중추부사 곽선의 첩이다. 양녕대군이 다른 사람의 첩인 어리를 강제로 빼앗은 당시의 사건은 도덕적으로 큰 문제가 되었다. 이 일 때문에 양녕대군이 종묘에서 반성의 글을 올리며 다시는 이와 같은 실행을 범하지 않겠다고 맹세한 내용은 앞에서 살펴보았다.

바로 그 어리가 1년 만에 다시 문제가 되었고, 그 정도는 전보다 더욱 심각했다. 어리가 양녕대군의 아이를 낳은 것이었다. 양녕대군이 어리를 다시 만난 것은 장인 김한로의 도움이 있었기 때문이었다. 어리를 잊지 못한 양녕대군이 김한로에게 어리를 만나게 해줄 것을 청했고, 양녕대군의 간청을 이기지 못한 김한로는 부인을 시켜 어리를 세자궁으로 들여보냈다.

이것이 결국 돌이킬 수 없는 문제를 야기했고, 결국 태종의 귀에까지 들어간 것이다.

이 소식을 접한 태종의 실망은 이루 말할 수 없었다. 종묘에서 반성한 것이 겨우 1년 전인데 그 사이에 아이를 낳았다면, 그 직후에 다시 어리를 만났다는 것이 아닌가? 그렇다면 종묘에서 한 반성에는 진심이 조금도 담겨 있지 않았으며, 따라서 부왕인 자신을 우롱한 것이 아닌가?

역대의 임금 가운데 사사로운 뜻으로 태자(太子)를 바꾼 이가 있었고, 거짓으로 모함하는 말을 듣고 태자를 폐위한 경우도 있었다. 내가 일찍이 이를 거울삼아 이런 짓을 하지 않겠다고 맹세하였다. 그러나 세자의 행동이 이와 같음에 이르렀으니 어찌하겠는가? 어찌하겠는가? 태조께서 넓고 인자한 도량으로 나라를 세우신 것이 오래된 일이 아닌데, 그 손자에 이르러 벌써 이와 같은 자가 있으니 장차 어찌하겠는가?

_《태종실록》 권35, 태종 18년(1418) 3월 6일

위 인용문은 양녕대군에 대한 태종의 실망이 어느 정도였는지를 단적으로 보여준다. 태종의 말 속에는, 양녕대군에게 나라를 맡기면 아버지와 자신이 수많은 정치적 역경을 이겨내면서 어렵게 건국한 조선이 자칫 무너질 수도 있다는 걱정이 담겨 있다. 물론 전에도 태종이 세자 교체의 가능성을 언급한 적이 있었지만, 위와 같이 강한 어조로 말한 때는 없었다. 태종으로서도 이제는 한계 상황에 이른 것이었다.

하지만 그럼에도 태종은 양녕대군에 대한 끈을 놓지 않으려 했다. 조말생에게 자신의 답답한 심경을 토로한 태종은 마지막에 다음과 같이 당부

하였다.

세자가 불의(不義)한 까닭에 처벌을 받은 자가 한둘이 아니니, 내가 진실로 부끄

럽게 생각한다. 우선 오로지 이를 가르쳐서 (세자가) 스스로 새 사람이 되기를 기

다리겠다. (그대는) 이 일을 마땅히 누설하지 말도록 하라.

_(태종실록) 권35, 태종 18년(1418) 3월 6일

아마도 태종 역시 양녕대군에게 더 이상 가망이 없다고 생각하지 않았

을까? 그러면서도 태종은 양녕대군이 스스로 새 사람이 되기를 바랐기에

조말생에게 이 일을 발설하지 말도록 부탁했다. 그리고 같은 날 유정현(柳

廷顯)과 박은(朴誾)에게도 같은 당부를 하였다.

태종의 당부가 있은 뒤에 실제로 그해 5월까지는 양녕대군과 관련된 별

다른 문제가 발생하지 않았다. 당시 태종은 넷째아들 성녕대군(誠寧大君)이

사망하자 크게 상심하여 거처를 개경으로 옮겼기 때문에, 한양에서 이뤄

지는 국정 업무는 세자인 양녕대군이 대신 담당하였다. 양녕대군은 이해 5

월 초에 개경에 가서 태종에게 문안하였고, 또 태종과 함께 계사에 참여하

며 세자의 직무를 정상적으로 수행하였다. 또 개경에 있는 동안 태종과 매

일 활쏘기를 함께하는 등 아버지와의 관계도 원만했다. 이처럼 양녕대군

의 실행을 알면서도 묵인해준 태종의 인내심 덕분에, 1418년 5월 초까지

만 해도 아무런 문제없이 잘 넘어갈 수 있을 것처럼 보였다.

5월 10일, 태종은 개경에 머물고 있던 양녕대군에게 궁 밖으로 나가서

거하라는 명을 내렸다. 《태종실록》에는 세자가 어리를 다시 받아들여 아

이를 가지게 했다는 소식에 노한 태종이 세자에게 구전(舊殿)으로 나가 거

처하게 하고 왕을 알현하지 못하도록 했다고 기록되어 있다. 그런데 앞서 보았듯이 태종은 이미 두 달 전부터 어리에 관한 일을 알면서도 이를 함구하고 있었다. 그렇다면 태종이 새삼스레 이때에 와서 이 일을 공론화하며 양녕대군의 실행을 드러낸 이유가 무엇일까? 같은 날의 실록 기사에서 그 단서를 찾을 수 있다.

또 들으니, 성녕이 죽었을 때 세자가 궁중에서 활쏘기 놀이를 했다고 한다. 동모제(同母弟)의 죽음을 당하여 부모가 슬픔에 빠져 있었을 때에 하는 짓이 이와 같다면, 사람의 마음이라고 할 수 있겠느냐?

_《태종실록》 권35, 태종 18년(1418) 5월 10일

성녕대군이 사망한 것은 1418년 2월 4일이었다. 그로부터 20여 일이 지난 2월 28일에 양녕대군은 보덕(輔德, 세자시강원에 딸려 왕세자의 교육을 맡아보던 종3품 벼슬) 조서로(趙瑞老)를 불러 "내가 표적(標的)을 쏘고자 하는데 괜찮겠는가?"라고 물었고, 이에 대해 조서로는 "대군이 돌아가신 지 이미 삼칠(三七)이 지났으니 쏠 수가 있습니다"라고 대답하였다(《태종실록》 권35, 태종 18년 2월 28일). 이에 양녕대군은 내사복문(內司僕門) 밖으로 나가서 활쏘기를 했는데, 이 사실이 석 달여가 지난 뒤에 태종에게 알려진 것이었다.

태종은 기회가 있을 때마다 아들들에게 형제간의 우애를 강조하였다. 1409년 새해 첫 날에 태종은 양녕대군을 비롯한 여러 아들들을 불러 음식을 하사하면서 형제간에 우애하는 도리를 가르쳤다. 또 같은 해 5월에도 세자 양녕대군과 효령·충녕·성녕 등을 불러서 형제간에 화목하는 도리에 대해 이야기하였다. 태종이 아들들에게 형제애를 강조한 것은, 형제간

에 골육상쟁의 비극을 겪은 자신의 경험에서 비롯되었다. 권력을 차지하기 위해 이복동생을 죽이고 동복형제와도 생사를 건 일전을 벌인 태종이었기에, 그는 형제간 우애의 소중함을 누구보다 뼈저리게 느꼈고 자신의 아들들은 자신과 같은 비극을 겪지 않기를 간절히 바랐다. 그래서 기회가 있을 때마가 형제간의 사랑과 화목을 강조한 것이다.

형제애를 중시한 태종으로서는 동생의 상중에 활쏘기를 한 양녕대군의 행동을 용서할 수 없었다. 특히 성녕대군은 태종이 여러 아들들 가운데 가장 사랑한 아들이었다. 《태종실록》에 실린 성녕대군의 〈졸기(卒記)〉에 따르면, 그는 총명하고 용모가 단정하며 행동거지가 공순(恭順)했기 때문에 태종과 원경왕후가 그를 매우 사랑하여 항상 궁중에 두고 옆에서 떠나지 못하게 했으며, 결혼한 뒤에도 궁 안에서 살도록 했다고 한다. 이처럼 사랑한 아들이 사망하자, 태종은 성녕대군이 생전에 생활하던 장소들을 차마 볼 수 없다면서 개경으로 거처를 옮길 만큼 크게 비통해하였다.

그런데 양녕대군은 아버지의 깊은 슬픔도 아랑곳하지 않은 채 활쏘기를 즐겼다. 이에 태종은 "이것이 어찌 사람의 마음이라고 할 수 있는가?"라며 크게 분노하였다. 그리고 전부터 알고 있던 어리 사건을 공론화하면서 양녕대군을 질책했으며, 서연관과 세자궁의 숙위사(宿衛司)도 폐지하였다. 마치 당장이라도 양녕대군을 세자 자리에서 폐위시킬 기세였다. 하지만 태종은 3일 만에 다시 냉정을 찾았다. 그리고 양녕대군을 한성으로 돌아가게 하면서 여러 신하들에게 다음과 같이 천명하였다.

어리가 (세자궁에) 다시 들어간 것은 오로지 김한로의 간흉(奸凶)한 흉계 때문이며, 세자의 허물은 적다. 이제 세자가 (한성으로) 돌아가는 때에 의장(儀仗)과 시위(侍

衛)는 모두 전례와 같이 하고, 서연관과 경승부도 다시 두도록 하라.

_《태종실록》 권35, 태종 18년(1418) 5월 13일

여기에서 태종은 '간흉한 흉계'라는 격한 표현까지 사용하여 모든 사태의 책임을 김한로에게 돌리면서 "세자의 허물은 적다"라고 공개적으로 선언하였다. 그리고 양녕대군의 실행과 관련 있는 사람들을 모두 처벌하였다. 즉 양녕대군의 실행이 주변 사람들이 잘못 보필한 것에서 비롯되었음을 강조함으로써 양녕대군에게 직접적으로 책임이 돌아가는 것을 차단한 것이다.

이 과정에서 널리 알려진 황희의 파직과 낙향이 이루어졌다. 일반적으로 황희는 양녕대군의 폐위에 반대하다 태종의 노여움을 사서 파직되었다고 알려져 있다. 하지만 당시 실상은 이와 다르다. 황희가 양녕대군을 두둔한 것은 양녕대군이 폐위되기 2년 전인 1416년 9월이었다. 당시 선공감(繕工監, 토목에 관한 일을 맡아보던 관아) 부정(副正, 종3품으로 관서의 부책임자) 구종수(具宗秀)와 악공 이오방 등이 세자궁에 몰래 들어가 양녕대군과 주색(酒色)을 즐기다가 발각되어, 구종수는 장 100대를 맞고 경성(鏡城)에 유배되었고 이오방도 장 100대를 맞은 뒤 공주(公州)의 관노(官奴)가 되는 처벌을 받았다. 이때 대부분의 관료들이 구종수·이오방을 처형할 것을 주장했지만, 황희는 "구종수 등의 죄는 세자에게 개와 매를 바친 것에 불과하며, 세자는 아직 나이가 어립니다"라고 하면서 관대하게 처리할 것을 주장했다. 태종 역시 의금부에 명하여 사건을 조사하던 중에 일이 세자의 책임으로 확대될 조짐이 보이자 서둘러 조사를 끝내고, 구종수와 이오방 등을 위와 같이 처벌하는 선에서 마무리했다(《태종실록》 권32, 태종 16년 9월 24일, 26일).

당시 정황을 보면, 양녕대군을 두둔한 황희의 주장은 사건의 책임이 양
녕대군에게 돌아가는 것을 원치 않는 태종의 입장에 부합하는 것이었다.
황희는 태종 대에 오랫동안 지신사를 맡으면서 태종의 의중을 누구보다
정확히 아는, 태종의 측근 중의 측근이었다. 태종 역시 하루 이틀만 황희
를 보지 못해도 반드시 그를 따로 불러서 국정을 의논할 만큼 그를 절대적
으로 신뢰했다. 이런 점들을 고려한다면, 황희의 주장이 태종과의 교감 속
에서 나왔을 가능성도 배제할 수 없다. 적어도 1416년의 시점에서 황희의
주장은 태종의 의중과 일치하는 것이었다고 할 수 있다.

하지만 그로부터 2년이 지난 후, 어리의 임신 사건이 불거지면서 전혀
예상치 못한 방향으로 일이 진행되었다. 태종이 양녕대군의 문제를 주변
사람들의 책임으로 돌리는 과정에서 황희가 과거에 '양녕대군의 실행은
나이가 어린 탓'이라고 두둔하면서 관련자들의 처벌을 온건히 하자고 주
장한 것이 문제로 지적되었다. 즉 황희의 주장 때문에 양녕대군 주변의 소
인배들을 다 제거하지 못했고, 결국 이로 인해 양녕대군의 실행이 지금의
지경에 이르게 되었으니 황희에게 그 책임을 물어야 한다는 것이었다. 결
국 황희는 양녕대군을 옹호하는 발언을 함으로써 결과적으로 그를 바르게
인도할 기회를 잃게 만든, 불충한 신하로 지목되어 파직되고 말았다.

이처럼 태종은 양녕대군의 책임을 최대한 줄이는 방향으로 사건을 무마
하고자 노력하였다. 하지만 양녕대군의 반응은 이와 같은 태종의 노력을
물거품으로 만들었다. 어리 사건으로 태종에게 심한 질책을 받은 양녕대
군은 서연을 거부하면서 아버지에 대한 불만을 표출하였다. 그리고 5월
15일에 한양으로 돌아온 양녕대군은 시종들이 만류하는데도 곧바로 김한
로의 집으로 가서 어리를 만나는 등 반발의 수위를 높였다. 이 소식을 듣

세상을 떠난 왕과 왕비
들을 모시고 제사 지내
는 종묘. 제사의 종류는
고유제와 천신제 등의
임시제와 정시제가 있
었다.

관악산 연주대(戀主臺). 죽순이 솟아오른 듯한
봉우리에 석축을 쌓고 연주대를 세웠다.

어리 사건으로 크게 실망한 태종은 양녕대군에게 진정성이 담긴 반성을 요구했고, 그 방법으로
선왕들의 신주를 모신 종묘에서 잘못을 고하는 것을 제시하였다. 양녕대군은 이 건의를 받아들
여 1417년(태종 17) 2월 22일에 종묘에서 반성의 고유제(告由祭)를 올렸다. 그러나 1년여 후 양녕대
군은 결국 신료들의 상소로 폐위되어 궁을 나왔다. 관악산에는 양녕대군이 효령대군과 연주대
에 올라 왕궁을 바라보며 왕좌를 그리워하였다는 전설이 전해진다.

고 크게 노한 태종은 양녕대군의 세자궁 밖 출입을 제한하는 조치를 취하고, 이어 서연을 실시하도록 명했다. 하지만 양녕대군은 다시 신병을 핑계로 서연을 거부했고, 장인 김한로와 절연(絶緣)함으로써 태종에게 반성의 뜻을 보이라는 서연관들의 건의도 묵살하였다. 그리고 5월 30일, 양녕대군은 자신이 직접 쓴 상소를 태종에게 올렸다.

전하의 시녀는 모두 궁중에 들이시니 어찌 다 중하게 생각하여 받아들이십니까? 가이(加伊)를 내보내고자 했으나, 그가 살아가기 어려울 것을 불쌍히 여기고 또 바깥사람들과 서로 통하게 하면 소문이 좋지 못할 것이므로 내보내지 않으셨습니다. 지금까지 신의 여러 첩을 내보내어 곡성(哭聲)이 사방에 이르고 원망이 나라 안에 가득 찼으니, 제가 어찌 스스로 반성하지 않겠습니까? ……전하는 어찌 신이 끝내 크게 효도하리라는 것을 알지 못하십니까? 이 첩 하나를 금하면 잃는 것은 많고 얻는 것이 적을 것입니다. 천만세(千萬世) 자손의 첩을 모두 금지할 수 없으니 이것이 잃는 것이 많음이고, 첩 하나를 내보냄은 얻는 것이 적음입니다. 왕자(王者)는 사사로움이 없어야 하는데, 신효창은 태조를 불의에 빠뜨려 죄가 무거웠지만 그를 용서하였고, 김한로는 오직 신의 마음을 기쁘게 하고자 했을 뿐인데 오랜 우정을 잊고 그를 버려서 폭로하시니, 공신이 이로부터 위험해질 것입니다. 숙빈이 아이를 가졌는데 죽도 일절 마시지 아니하니 하루아침에 변고라도 생긴다면 보통 일이 아닙니다. 원컨대 이제부터 스스로 새 사람이 되어 조금도 임금의 마음을 움직이지 아니할 것입니다.

_《태종실록》 권35, 태종 18년(1418) 5월 30일

태종을 노골적으로 비난하는 상소였다. "아버지는 여러 첩들을 거느리

면서 왜 나는 못하게 하십니까, 장인은 나를 위해 애썼을 뿐인데 왜 처벌하십니까……"라고 하면서도, 마지막에 "스스로 새 사람이 되겠다"라는 말은 마치 태종을 조롱하는 것처럼 느껴진다. 아들로서, 또 신하로서 절대로 올려서는 안 되는 상소를 올린 것이었다.

상소를 접한 태종은 상소 내용을 신하들에게 보이면서 "이 말은 모두 나를 욕하는 것이니, 이른바 '아버지가 올바르게 하지 못한다'는 말이다"라며 격노하였다. 그러고는 "형세가 장차 가르치기 어렵게 되었다"라고 하였다. 사실상 양녕대군을 포기하겠다는 뜻을 밝힌 것이라고 할 수 있다. 이에 의정부와 육조를 비롯한 여러 신료들이 세자 폐위를 청하는 상소를 올렸다. 그리고 1418년 6월 3일, 태종이 세자를 폐위한다는 교서를 내림으로써 14년간 이어진 양녕대군의 세자 생활은 종지부를 찍었다.

《연려실기술》에서는 《자해필담(紫海筆談)》 등 여러 야사들을 인용하여 다음과 같이 기록하였다.

> 양녕대군이 태종의 뜻이 세종에게 있음을 알고는 일부러 미친 체하고 사양하니, 태종이 결국 (양녕대군을) 폐하고 세종을 세웠다. ……양녕이 미친 체하며 방랑하자 효령대군은 장차 그가 폐위될 것을 짐작하고 학업에 열중하였다. 양녕이 폐위되면 (자신이) 세자가 될 것이라 생각했기 때문이다. 양녕이 지나다가 들어와 발로 차면서 "어리석다. 너는 충녕에게 성덕(聖德)이 있는 것을 모르느냐?"라고 하자 효령이 크게 깨달았다.
>
> _《연려실기술》 권2, 〈태종조 고사본말〉

즉 양녕대군이, 동생 충녕대군에게 임금의 덕이 있으며 태종도 충녕대군에게 왕위를 물려주고 싶어 함을 알고는 일부러 미친 척하여 동생에게 세자 자리를 양보했다는 것이다. 이 기록의 영향 때문인지 대중들에게는 양녕대군이 충녕대군, 즉 세종에게 왕위를 양보했다는 이야기가 사실처럼 널리 퍼져 있다. 하지만 이것이 정말 사실일까?

1416년 3월, 상왕 정종이 베푼 연회에 참석한 양녕대군은 부마 이백강(李伯剛)이 첩으로 삼은 기생을 보고는 그녀를 세자궁으로 데려가려 했다. 그러자 충녕대군이 "친척끼리 서로 이같이 하는 것은 부당합니다"라며 만류하였다. 양녕대군이 겉으로 충녕대군의 말을 따랐지만 마음으로는 크게 분노했으며, 이후로 충녕대군을 매우 꺼렸다.

_《태종실록》 권31, 태종 16년(1416) 3월 20일 기사 재구성

양녕대군이 어리를 임신시키고 성녕대군 상중에 활쏘기를 한 것에 크게 노한 태종이 양녕에게 한양으로 돌아가도록 명했다. 양녕대군은 한양으로 가던 중에 길에서 충녕대군을 만나자 "어리의 일을 아버지께 아뢴 것이 충녕대군 바로 너지!"라며 크게 화를 냈고, 충녕대군은 이에 대답을 하지 않았다.

_《태종실록》 권35, 태종 18년(1418) 5월 11일 기사 재구성

《태종실록》의 위 기사들은 태종 말엽에 양녕대군과 충녕대군의 사이가 상당히 벌어져 있었음을 잘 보여준다. 특히 양녕대군은 어리 사건을 태종에게 알린 이로 충녕대군을 지목할 만큼 충녕대군을 전혀 신뢰하지 않고 있었다. 자신의 잘못을 지적하고 고자질하는 동생, 그래서 항상 꺼리고 믿지 못하던 동생에게 세자 자리를 양보했다는 주장은 설득력이 약하다. 물

론 두 사람이 처음부터 사이가 나빴던 것은 아니었다. 《태종실록》의 다른 기사에는 양녕대군이 충녕대군의 현명함을 칭찬했으며 충녕대군에게 악기 연주를 배우기도 하는 등 두 사람의 우애가 매우 깊었다고 기록되어 있다《태종실록》 권26, 태종 13년 12월 30일). 하지만 충녕대군의 학문 수준이 높아짐에 따라 양녕대군의 학업 부진과 자주 비교되었고, 또 동생이 형의 잘못을 지적하는 일들이 나타나면서 둘의 관계는 점차 악화되었다.

태종이 처음부터 세종에게 왕위를 물려주려는 뜻을 가졌다는 것도 실제와 차이가 있다. 앞서 보았던 정종이 베푼 연회에서 벌어진 사건은 태종에게도 알려졌고, 이에 태종은 대군들을 시종하는 인원의 수를 줄이도록 하였다. 형제간에 갈등하는 조짐이 보이자 시종의 수를 줄이는 조치를 통해 대군들에게 '세자의 권위에 도전해서는 안 된다'라는 경고의 메시지를 보낸 것으로 해석할 수 있다. 또 앞에서 이미 살펴본 바와 같이 태종은, 양녕대군이 실행을 저지를 때마다 한편으로는 질책을 하면서도, 최대한 양녕대군에게 책임이 돌아가지 않도록 사건을 무마하기 위해 노력했다. 이는 결국 적장자 양녕대군의 세자 지위를 지켜주려는 것이 태종의 본뜻이었음을 잘 보여준다. 이러한 내용들을 종합해볼 때, 양녕대군이 일부러 미친 척하여 충녕대군에게 세자 자리를 양보했다는 주장은 사실이라고 보기 어렵다.

1422년(세종 4) 5월에 태종이 서거하자 양녕대군을 탄핵하는 조정 관료들의 상소가 봇물처럼 쏟아졌다. 양녕대군이 세자 시절에 많은 실행을 저질러 자식으로서 불효했고 신하로서 불충했다는 것이 탄핵의 이유였다. 그러나 세종은 신하들의 빗발치는 탄핵 주장을 모두 묵살하였다. 오히려 세종은 양녕대군에게 술과 음식을 자주 하사했고, 기회가 있을 때마다 양녕대군을 불러 만나서 위로하였다. 한때는 비록 사이가 좋지 않았던 형이었지만, 세종은 재위 기간 동안 양녕대군을 보호하는 데 최선을 다했다.

세종이 양녕대군을 보호한 것은 아버지 태종의 영향이 컸다. 태종은 비록 자신의 손으로 양녕대군을 폐위했지만, 그를 위해 강화에 100칸 집을 지어주고 매사냥을 하면서 여생을 편안히 보낼 수 있도록 배려해주었다. 또 강무를 하거나 연회를 베풀 때에도 양녕대군을 불러 자리를 함께하였다. 양녕대군이 폐위된 뒤 거처에서 몰래 도망하는 등 문제를 일으키자 "양녕이 또 법을 범한다면 나는 일체 상관하지 않고 오직 국가의 처분만 따르겠다"라고 했지만, 한편으로 "만약 양녕에게 병이 있어 위급하면 반드시 나에게 알려야 한다"라면서 부자간의 애틋한 정을 숨기지 않았다. 이러한 아버지의 모습을 곁에서 지켜본 세종이었기에 아버지의 뜻을 따라 수많은 탄핵 속에서도 끝까지 형을 보호한 것이다.

1462년 9월, 양녕대군은 69세를 일기로 파란 많은 생을 마감하였다. 《세조실록(世祖實錄)》에 실려 있는 양녕대군의 〈졸기〉에는 "다른 마음을 갖지 않았기 때문에 처음부터 끝까지 보전함을 얻었다"《세조실록》 권29, 세조 8년 9월 7일)라고 기록되어 있다. 여기서 '다른 마음을 갖지 않았다'라는 말은 정치적 야심이나 권력욕이 없었다는 의미로 풀이될 수 있다. 즉 양녕대군이 정치 권력을 가지려는 생각이 없었기에 그 결과 천수를 누릴 수 있었다는 것이다. 하지만 앞서 보았듯이 양녕대군이 천수를 누릴 수 있었던 것은 실제로 세종의 적극적인 보호에 힘입은 바가 컸다. 반면 단종(端宗)에서부터 세조대에 이르기까지 양녕대군의 행적들은 그에게 정치적 야심이 없었다는 주장에 의문의 여지를 남긴다.

1452년에 문종(文宗)이 서거하고 단종이 즉위하자 양녕대군은 다른 종친들을 거느리고 문종의 빈전(殯殿, 발인 전까지 왕이나 왕비의 관을 모시던 곳)에서 향을 올렸다. 이때부터 양녕대군은 종친의 큰 어른으로서 정치적 활동을 시작하였다. 그는 계유정난(癸酉靖難)으로 권력을 장악한 조카 수양대군(세조)을 지지하여 또 다른 조카 안평대군을 탄핵하는 데 앞장섰다. 또 세조가 즉위한 뒤에 사육신(死六臣)과 금성대군(錦城大君) 등의 단종 복위(復位) 사건이 일어나자 종친들을 대표하여 단종의 처벌을 적극적으로 주장하였다.

만약 양녕대군의 〈졸기〉에 기록된 대로 그에게 정치적 야심이나 권력욕이 없었다면, 과연 그가 60세 가까운 나이로 굳이 피비린내 나는 왕실의 골육상쟁 속으로 직접 뛰어들 필요가 있었을까? 결코 그렇지 않았을 것이다. 결국 단종부터 세조 대까지 양녕대군의 행적은, 그의 마음속에 정치에 대한 욕망이 자리하고 있었음을 분명히 보여준다. 단지 세자에서 폐위되면서 그것을 실현할 길을 잃어버렸을 뿐이었다. 그리고 30여 년 만에 조카 세조의 집권을 도우면서 그동안 숨겨온 욕망을 조금이나마 실현할 수 있었다. 아버지에 의해 잃어버린 길을 30여 년 만에 그 스스로 찾은 것이다. 그렇다면 태종과 양녕대군의 갈등은 세자 폐위로 끝난 것이 아니라, 양녕대군이 생을 마칠 때까지 그 여진이 계속 남아 있었다고 보아야 하지 않을까?

3장

아비로부터
버림받지 않기 위하여 _한명기

선조와 광해군

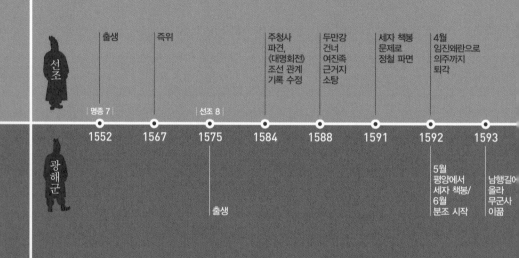

선조

	출생	즉위		주청사 파견, 《대명회전》 조선 관계 기록 수정	두만강 건너 여진족 근거지 소탕	세자 책봉 문제로 정철 파면	4월 임진왜란으로 의주까지 퇴각	
	명종 7		선조 8					
	1552	1567	1575	1584	1588	1591	1592	1593

광해군

| | | | 출생 | | | | 5월 평양에서 세자 책봉/ 6월 분조 시작 | 남행길에 올라 무군사 이끎 |

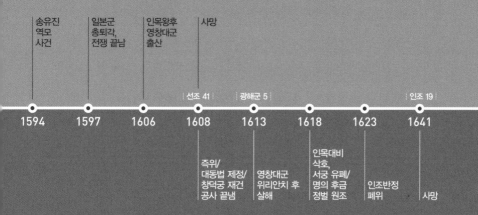

송유진
역모
사건

일본군
총퇴각,
전쟁 끝남

인목왕후
영창대군
출산

사망

선조 41

광해군 5

인조 19

1594 **1597** **1606** **1608** **1613** **1618** **1623** **1641**

즉위/
대동법 제정/
창덕궁 재건
공사 끝냄

영창대군
위리안치 후
살해

인목대비
삭호,
서궁 유폐/
명의 후금
정벌 원조

인조반정
폐위

사망

—— 선조는 임진왜란 시기 자신에게 불리한 상황이 전개될 때마다 '양위 카드'를 빼
들었다. 모두 합하면 열다섯 번이나 되었다. 그럴 때마다 그는 광해군과 신료들로부터 충
성 서약을 받아낼 수 있었다. 엄청난 전란을 초래한 책임으로부터 자유로울 수 없는 데다
명의 군사력에 의지해 전쟁을 치르는 상황에서, 명군 지휘부의 견책으로부터 벗어나면서
동시에 신료들로부터 재신임을 얻어내기 위해 사용한 절묘한 수단이었다. 하지만 그 과정
에서 아들 광해군은 부왕의 심기를 살피면서 잘 보이기 위해 늘 전전긍긍할 수밖에 없는
상황으로 내몰리게 되었다.

광해군(光海君)은 1575년(선조 8)에 선조(宣祖)와 공빈(恭嬪) 김씨의 둘째로 태어났다. 이름은 '혼(琿)'이었고, 어머니 공빈은 사포(司圃, 조선 시대에 액정서에 둔 정8품 잡직의 하나) 벼슬을 지낸 김희철(金希哲)의 딸이었다. 정비(正妃) 의인왕후 박씨에게서 아들이 없던 선조는 후궁 아홉 명에게서 열두 명의 왕자를 두었다. 적자는 없이 후궁 소생의 첩자(妾子)만 넘쳐나던 상황에서, 왕자들과 그들의 생모인 후궁들 사이에 '선조 이후'를 놓고 치열한 암중모색과 경쟁이 벌어진 듯하다. 《선조수정실록(宣祖修正實錄)》에는 선조의 총애를 두고 공빈 김씨와 인빈(仁嬪) 김씨(훗날 인조의 할머니) 사이에 갈등이 생겨나는 과정이 생생하게 기록되어 있기도 하다.

'여러 왕자 가운데 한 사람'이던 광해군의 위상이 바뀌게 된 계기는 임진왜란이었다. 어쩌면 광해군의 일생 자체가 임진왜란이라는 대전란이 낳은 '산물'이라고 할 수 있다. '첩의 자식'이자 '둘째 아들'이라는 태생적 한계를 넘어 왕세자가 될 수 있었던 것, 전란 중 이른바 분조(分朝) 활동을 통해 공을 세우고 왕세자로서의 '한계'를 보완할 수 있었던 것, 전쟁이 가져온 사회적·경제적 참상을 체험할 수 있었던 것, 일본뿐 아니라 명과 후금(後金) 등 주변 강국의 실체를 직접 엿볼 수 있었던 것 등, 이 모두가 역설적이지만 임진왜란이라는 '기회' 덕분에 가능했다. 나아가 그가 1623년에 인조반정(仁祖反正)을 통해 국왕 자리에서 쫓겨난 것 또한 임진왜란을 계기로 조선 사회에 굳어진 '숭명(崇明)', '존명(尊明)'의 분위기 때문이었다. 왕세자로 지명되고 왕으로 즉위한 '행운'이나 졸지에 폐위되어 '폭군'으로 매도된 '불운' 또한 임진왜란을 통해 생겨난 셈이다.

전쟁이 가져다준
'행운'

1592년(선조 25) 4월 13일, 부산(釜山)에 상륙한 일본군은 파죽지세로 북상(北上)했다. 그들은 '준비된 군대'였다. 새로운 무기 조총의 위력, 100년 가까운 내전을 치르면서 다져진 전투 경험, 죽음을 하찮게 여기는 특유의 생사관(生死觀) 등을 바탕으로 승승장구했다. 200년 가까운 평화 속에서 사실상 전쟁을 모르던 조선군이 초전에 그들의 상대가 되기는 어려웠다. 4월 28일, 조선 조정이 철석같이 믿었던 도순변사 신립(申砬)이 충주에서 패했다는 소식이 도성에 당도했다. 이제 한양으로 이르는 길에는 이렇다 할 방어선이 없었다. 선조는 신료들을 불러모았다. 그는 한양을 버리고 북쪽으로 파천(播遷)하겠다는 의향을 비쳤다. 신료들은 당장 강하게 반대했다. 영중추부사 김귀영(金貴榮)은 종묘와 원릉(園陵)을 버리고 갈 수는 없다며 경성(京城)을 고수하면서 바깥의 원군을 기다려야 한다고 주장했다. 우승지 신잡(申磼)은 더욱 강경했다. 자신에게는 여든 살이 된 노모가 계시니 선조를 따르지 않고 종묘의 대문 밖에서 자결하겠다고 반발했다. 수찬(修撰, 홍문관의 정6품 벼슬) 박동현(朴東賢)은 더 끔찍한 전망을 내놓으며 통곡했다. "전하께서 도성 밖으로 나가시면 인심을 보장할 수 없습니다. 전하의 가마를 메고 가는 인부조차 가마를 버리고 달아날 것입니다." 선조는 얼굴빛이 변한 채 퇴장했다.

상황은 절망적이었다. 신립의 패전 소식이 전해지자 도성 백성들이 흩어지고 있었다. 도성을 방어해야 한다는 당위론도 백성이 없는 현실 앞에서는 힘을 잃을 수밖에 없었다. 선조는 선정전(宣政殿)에 나가 신료들을 다시 만났다. 선조의 파천 의사는 확고했다. 먼저 이원익(李元翼)과 최흥원(崔興源)에게 유시(諭示)했다. 이원익이 과거 안주(安州) 목사로 재직할 때 민심을 얻은 사실을 상기시키고 속히 평안도로 내려가서 인심을 수습하라고 지시했다. 최흥원에게는 황해도의 민심을 잘 다독이라고 당부했다. 자신이 파천길에 올라 황해도를 거쳐 평안도로 가게 될 것을 염두에 둔 조처였다. 두 사람은 왕명을 받자마자 길을 떠났다.

선조의 의지가 확고함을 눈치챈 우승지 신잡이 나섰다. 파천길에 오르면 사람들이 의구심을 품을 것이니 민심을 안정시키기 위해 왕세자를 지명하라고 건의했다. 선조가 잠시 퇴장했을 때 신료들 사이에서 왕세자를 세우도록 건의하자는 논의가 있었던 것이다. 선조는 대신들을 부르라고 지시했다. 대신들은 이미 빈청(賓廳)에 모여 있었다. 선조는 영의정 이산해(李山海)와 좌의정 류성룡(柳成龍)에게 어느 왕자가 왕세자로 적합한지를 물었다. 두 사람을 비롯한 대신들은 입을 다물었다. 모두 '전하께서 결정하실 일'이라며 물러섰다.

후사(後嗣) 문제는 신료들이 함부로 언급할 수 있는 사안이 아니었다. 후사 문제를 언급하는 것만으로도 '불충(不忠)'으로 몰릴 수 있는 사안인 데다, 만일 추천한 왕자가 선조에 의해 낙점받지 못할 경우, 훗날 목숨을 내놔야 하는 사태가 빚어질 수도 있었다. 그저 입을 다물고 바짝 엎드려 있

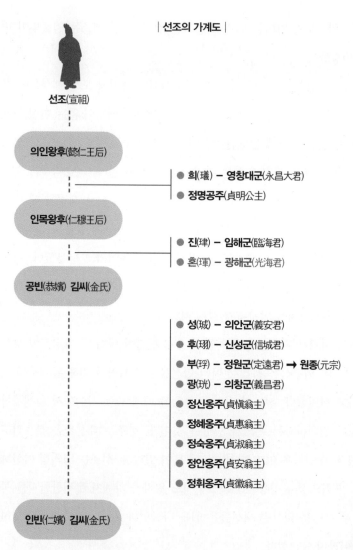

| 선조의 가계도 |

선조(宣祖)

의인왕후(懿仁王后)

- 희(瓕) – 영창대군(永昌大君)
- 정명공주(貞明公主)

인목왕후(仁穆王后)

- 진(珒) – 임해군(臨海君)
- 혼(琿) – 광해군(光海君)

공빈(恭嬪) 김씨(金氏)

- 성(珹) – 의안군(義安君)
- 후(珝) – 신성군(信城君)
- 부(琈) – 정원군(定遠君) ➔ 원종(元宗)
- 광(珖) – 의창군(義昌君)
- 정신옹주(貞愼翁主)
- 정혜옹주(貞惠翁主)
- 정숙옹주(貞淑翁主)
- 정안옹주(貞安翁主)
- 정휘옹주(貞徽翁主)

인빈(仁嬪) 김씨(金氏)

그 외 부인 4명, 자녀 12명

는 것이 상책이었다. 어전에는 침묵이 흘렀다. 답답해진 선조가 다시 묻고 대신들은 계속 침묵하는 상황이 서너 차례나 반복되었다. 그러는 사이에 시간이 흘러 밤이 되었다.

신하들이 입을 열기를 기다리던 선조가 지쳤는지 먼저 입을 열었다. "광해군이 총명하고 학문을 좋아하니 세자로 삼고 싶은데, 경들의 뜻은 어떤가?"라고 물었다. 그러면서 원래 초봄에 왕세자로 책봉하려 했는데, 덕빈(德嬪)이 죽는 바람에 늦어졌다며 사정을 설명했다. 신료들은 벌떡 일어나 절하면서 동의했다. 《선조실록》에 따르면 신립의 패전 소식이 도착하기 전부터 빨리 왕세자를 정해야 한다는 상소가 잇따라 올라왔다고 한다. 하지만 신료 가운데 어느 누구도 여러 왕자들 가운데 특정인을 점찍어 제시할 수는 없었다. 선조가 전쟁이 일어나기 전부터 광해군을 의중에 두고 있던 것은 사실인 듯하나, 결국 전쟁이 그에게 '행운'을 가져다준 것이다.

이튿날 선조는 파천길에 오르기 직전에 광해군을 왕세자로 삼는다는 전교(傳敎)를 내렸다. 공식적으로 왕세자가 된 광해군이 동궁(東宮)으로 나오자 동궁의 요속과 신료들이 몰려와 축하 인사를 건넸다. 하지만 왕세자가 되었다는 기쁨도 잠시, 곧 피난 보따리를 꾸려야 하는 서글픈 장면이 연출되었다.

광해군을 왕세자로 지명한 뒤에 선조는 곧바로 다른 왕자들에게도 각각 임무를 맡겼다. 맏아들 임해군(臨海君)과 넷째아들 순화군(順和君)에게 김귀영(金貴榮)과 윤탁연(尹卓然) 등 신료들을 함께 거느리고 함경도로 가라고 지시했다. 가서 민심을 다독이고 사람들을 불러 모아 전란을 극복하는 데 힘을 보태라고 당부했다. 맏아들 임해군은 왕세자 자리가 동생에게 넘어갔을 때 무슨 생각을 했을까? 이제 왕세자가 된 아우는 부왕을 따라 평안도로 가고 자신은 함경도로 가야 한다. 함경도는 오지 중의 오지였다. 후계자로 선택받지 못한 서운함과 허탈함이 몰려오는 와중에 착잡하면서도 답답했을 것이다. 그것이 필시 스트레스나 분노로 이어진 듯하다. 임해군 일행이 회령(會寧) 등지에서 지역 주민들에게 민폐를 자행하다가 반민(叛民) 국경인(鞠景仁) 등에게 포박되어 결국 일본군에게 넘겨진 사건이 이러한 사정과 관련이 있을 것이다.

4월 30일 새벽, 선조와 광해군은 경복궁을 나섰다. 궁궐 주변의 분위기는 스산했다. 대궐을 지키는 병사들은 달아나고 시간을 알리는 자격루도 울리지 않았다. 왕을 호위해야 할 금군(禁軍)들도 흩어졌다. 선조와 광해군을 따라가는 종친과 문무신료 들은 채 100명도 되지 않았다. 뒤따르는 궁인들의 통곡 소리가 진동했다. 서글픈 정경이었다. 돈의문(敦義門)을 지났을 때 도성에서는 불길이 치솟았다. 사현(沙峴)을 지나면서 비가 쏟아지기 시작했다. 피난 행렬은 모두 빗속을 걸어야 했다. 벽제역(碧蹄驛)에 이르자 그나마 얼마 되지 않는 호종 인원들 가운데 달아나는 사람들이 나타났다. 종사가 다시 회복될 가능성이 없을 것이라는 체념이 퍼지고 있었다.

왕세자가 되었다는 흥분도 잠시뿐, 황망하게 피난길에 오른 광해군 앞에는 고생길이 열려 있었다. 저녁에 겨우 임진강에 도착하여 배에 올랐다. 선조는 강을 건너 동파역(東坡驛)에 도착한 뒤, 타고 온 배를 물속에 가라앉히고 나루 주변의 민가들을 헐어버렸다. 행여 추격해오는 일본군이 뗏목으로 사용하지 못하게 하려는 의도였지만, 아직 일행 가운데 절반은 강을 건너지 못한 상태였다. 선조가 민심을 잃게 되는 첫 번째 대목이었다.

동파역에는 파주(坡州)목사 허진(許晉)이 선조를 위해 저녁 수라를 준비해놓았다. 도성을 나와 꼬박 하루를 이동하면서 변변한 식사 한 끼 하지 못한 선조였다. 그런데 선조만 배가 고픈 것이 아니었다. 아무것도 먹지 못한 채 온종일 걸어야 했던 호위병들이 어쩌면 배가 더 고팠을 것이다. 음식이 준비되어 있다는 소식을 접한 그들은 부엌으로 들이닥쳐 음식을 다 먹어 치웠다. 선조에게 바칠 음식이 없어지자 허진은 달아났다. 피난길에서 선조와 광해군이 겪어야 할 간난신고의 예고편이었다.

분조를 이끌어
아버지에게 인정받다

5월 1일, 일행은 개성에서 잤다. 4일까지 머무른 뒤 다시 북상했다. 평산(平山), 봉산(鳳山), 황주, 중화(中和)를 거쳐 5월 7일에 평양에 도착했다. 평양은 한양 이북에서 가장 큰 도시였다. 인구도 제법 많고 물력도 풍부했다. 도성을 황망하게 나온 뒤부터 간난신고를 겪어야 했던 선조는 평양에 도착한 이후 다소나마 안정을 되찾았다. 그리고 평양에서 한참을 머무르는 동안 많은 일들이 있었다. 5월 10일부터 장마철이 시작되었다. 5월 12일에도 비가 억수같이 내렸다. 이날 빈궁(嬪宮)이 딸을 낳았다. 광해군이 처음 얻은 딸이었다.

서글픈 피난길이었지만 평양에 머물던 5월, 광해군에게 뜻깊은 일들이 잇따라 있었다. 선조는 평양에 머물면서 광해군을 왕세자로 책립(冊立)한다는 교서를 정식으로 반포했다.

조종이 창업해놓은 기업(基業)을 믿고 편안하게 지내느라 위험이 닥쳐오는 것을 잊고 있다가 이미 전쟁의 핍박에 직면해버린 이때, 원량(元良)을 왕세자로 하고 신민들의 기대에 부응하노라. 왕위가 비록 불안하긴 하지만 난시(亂時)라 하여 어찌 경사를 잊겠는가. 이에 파천길을 옮겨야 하는 날에 즈음하여 널리 고유(告諭)하는 글을 선포하노라. ……이 야만스런 오랑캐의 침입이 마침 국내가 어지러운 틈을 타고 빚어져, 수도를 침범하고는 사방으로 파급되어 여러 성의 장벽이 일제히 무너졌다. 재앙이 내 신변에까지 다가와 칠묘(七廟)의 의관이 옮겨졌으니, 나라의 운명은 다급하고 인심은 두려워하기만 한다. 내 어찌 양위(讓位)를 부질없이 고집하겠는가. 이때야말로 세자를 정하는 일을 서둘러야 할 시기인 것이다. 둘째아들 광해군 혼은 타고난 자질이 영특하고 명철하며, 학문은 정밀하고 민첩하며, 어질고 효성스러움이 일찍부터 드러나 오랫동안 억조 백성들의 촉망을 받아왔고, 그들은 또 그의 덕을 구가(謳歌)하면서 그에게 귀의하기를 생각해왔으니, 그는 선왕(先王)의 왕위를 계승할 만하다. 이에 그를 세자로 진봉(進封)하고, 그로 하여금 군사를 위로하고 나라를 감독하게 하노라.

_《선조수정실록》 권26, 선조 25년(1592) 5월 1일

최고의 찬사였다. "광해군 혼은 타고난 자질이 영특하고 명철하며, 학문은 정밀하고 민첩하며, 어질고 효성스러움이 일찍부터 드러나 오랫동안 억조 백성들의 촉망을 받아왔다"라고 했다. 어디에도 광해군이 '후궁의 자식'이자 '둘째아들'임을 암시하는 내용은 보이지 않는다. 선조는 이어 자신이 이미 오래전에 광해군을 왕세자로 낙점했다는 것과 광해군에게 군사를 위로하고 나라를 감독하도록 맡기려 한다는 것을 밝히고, 신민들로 하여금 광해군에게 충성을 다할 것을 촉구하고 있다.

중외에 알리는 교서를 반포한 뒤 선조는 광해군에게도 교서를 내렸다. 아들이 지닌 왕세자로서의 자질을 다시 칭찬하고 군국(軍國)의 대권을 넘겨주겠으니 중흥을 위해 애써줄 것을 강조하는 내용이었다.

세자 혼은 훤칠하고 숙성하며 인효(仁孝)가 본래부터 알려져 뭇 아랫사람들이 아껴 추대하니 넉넉히 중흥의 운을 족히 이룰 수 있는지라, 사방의 사람들이 구가하여 모두 이르기를 "우리 임금의 아들이시로다" 한다. 왕위를 물려줄 계획은 오래전에 결정했고, 군국의 대권을 총수(總帥)하는 명령을 의논할 수 있도다. 이에 혼으로 하여금 임시로 국사를 섭리하게 하노니, 무릇 관작을 제배(除拜)하고 상벌을 시행하는 등의 일을 편의에 따라 스스로 결단하게 하노라.

_〈선조수정실록〉 권26, 선조 25년(1592) 5월 1일

선조는 자신의 고유 권한인 인사권과 상벌권을 넘겨주겠다고 했다. '훤칠하고 숙성하며 인효하다'라고 다시 칭찬하면서 사실상 광해군에게 섭정을 맡긴다는 것이다. 아버지가 '화끈하게' 자신을 인정해주고 권력을 넘겨준다는 약속까지 한 이상 광해군의 앞날에는 거칠 것이 없는 듯했다.

하지만 전황은 날이 갈수록 어려워졌다. 5월 21일에 임진강을 방어하던 신할(申硈)의 부대가 일본군에 패하여 모두 전사했다. 6월 1일에 도순찰사 김명원(金命元)이 보낸 장계(狀啓)가 도착했다. 임진강 방어선이 무너졌다는 우울한 소식이었다. 일본군의 추격이 임박한 상황에서 왕이 머무는 행재소(行在所)에 계엄이 내려졌다. 선조는 동요하는 민심을 달래기 위해 대동관(大東館) 바깥에 거둥하여 평양의 부로(父老)들을 만났다. 부로들은 왕에게 더는 북상하지 말고 자신들과 함께 평양을 사수하자고 건의했다. 부로들

의 의견을 들은 선조는 이윽고 연광정(練光亭)에서 사민(士民)들의 활 쏘는 장면을 직접 참관했다. 선조는 북상하지 않고 평양 주민들과 목숨을 바쳐 성을 사수하겠다고 다짐했다.

호기롭게 다짐을 하긴 했지만 행재소에는 위기감이 가득했다. 일본군이 임진강을 건너 추격해오고 있기 때문이었다. 6월 6일에 선조는 중전 일행을 먼저 내보내서 함흥을 향해 가게 했다. 8일에는 대동강 건너편에 일본군의 모습이 나타났다. 이튿날 대가(大駕)가 영변(寧邊)을 향해 출발하려 할 때 평양 사민들이 길거리로 몰려나왔다. 그들은 길을 막고 평양을 떠나지 말라고 호소했다. 선조 일행은 도로 성으로 들어올 수밖에 없었다.

신하들도 평양을 떠나지 말고 군민들과 함께 성을 사수하자고 주장했다. "성을 지키겠다는 평양 군민들의 의지가 굳고 명군도 곧 진입할 것이니 충분히 지킬 수 있다"라고 했다. 또 "성을 버리면 백성들이 흩어지고 민심도 돌아설 것인 데다, 북상 길에서 무슨 불상사를 만날지도 모른다"라는 우려도 터져 나왔다.

선조의 마음은 이미 돌아섰다. 6월 11일에 대가는 결국 평양을 뒤로하고 숙천(肅川)을 지나 영변으로 향했다. 선조가 평양을 버리자 민심도 선조를 버렸다. 선조 일행은 숙천을 지날 때 관아의 담벼락에 쓰여 있는 낙서를 발견한다. 누군가가 '왕이 의주 쪽으로 가고 있다'라고 휘갈겨놓았다. 선조의 행방을 일본군에게 알려주기 위해 고의로 그런 것이었다. 계속해서 대가가 향하는 고을마다 백성들이 흩어지고 만다.

민심이 험악했지만, 이제 종착역이 멀지 않았다. 조금만 더 북상하면 명과의 국경인 의주에 도착한다. 만일 일본군이 계속 밀고 올라온다면 어디로 갈 것인가? 선조는 이미 평양에 있을 때부터 최악의 경우 압록강을 건너 요동으로 들어가 명에 의탁하겠다고 되뇌었다. 류성룡을 비롯한 신료들이 격하게 반대하며 말렸다. "전하께서 강을 건너는 순간, 종묘사직의 주인이 없어지고 모든 것이 물거품이 된다"라고 아우성을 쳤다. 하지만 선조는 요지부동이었다.

6월 13일, 선조 일행은 영변에 도착했다. 이튿날 선조는 의주로 향하기에 앞서 광해군에게 강계(江界)로 가라고 지시한다. 분조가 시작되는 순간이었다. 영의정 최흥원, 형조판서 이헌국(李憲國), 부제학 심충겸(沈忠謙), 형조참판 유자신(柳自新), 병조참의 정사위(鄭士偉), 승지 정탁(鄭琢) 등에게 동궁을 모시고 강계로 출발하라는 명이 떨어졌다. 최악의 사태가 벌어져서 자신이 요동으로 건너갈 경우, 분조를 이끄는 광해군에게 종사를 맡기려는 심산이었다. 왕의 권한을 일부 떼어주면서 전쟁을 수행하고 민심을 수습하는 대임을 맡기려는 조처이기도 했다.

광해군에게 분조를 맡긴다는 새로운 카드를 내밀었지만, 종사의 앞날은 잔뜩 흐린 상황이었다. 이미 한양을 버릴 때부터 대다수 사서인(士庶人)들은 나라가 망할 것이라고 여겼다. 평양에 들어온 뒤로 조금 안정을 되찾았다가, 선조가 요동으로 귀순하겠다고 공언하면서 분위기는 다시 엉망이 되었다. 일부 신료들은 '부모를 돌보아야 한다' 등의 명목으로 귀향을 허락해달라고 요청했다가 거부당하자 행재소를 무단으로 이탈했다. 그러면서 "대가가 이미 요동으로 건너갔으니 나랏일은 가망이 없다"라고 공공연하게 떠들고 다녔다. 자신의 행동을 정당화하기 위한 명분이었다. '종사가 회복되기는 이미 글렀다'라는 체념이 퍼지면서 많은 신료들이 다시 흩어졌다. 6월 21일의 《선조실록》 기록은 "선조를 따라가는 문무관은 모두 합쳐야 수십 명, 분조를 수행하는 신료들은 겨우 십여 명에 불과하다"라고 적고 있다. 선조가 요동으로 건너가겠다고 고집하면서 신료들 사이에 각자도생(各自圖生)의 분위기가 번져가고 있었다.

분조를 이끌도록 명을 받은 첫날, 광해군은 운산(雲山)에서 잤다. 6월 17일, 희천(熙川)에 머물고 있을 때 애초 중전과 빈궁을 모시고 함흥으로 가던 최황(崔滉)이 빈궁을 모시고 왔다. 광해군 부부가 다시 상봉한 날이었다. 18일에는 우의정 유홍(俞泓)도 분조에 합류했다. 그는 왕세자를 따라가라는 선조의 명이 없었음에도 자청하여 광해군을 따라왔다. 그가 분조를 따라가겠다고 선조에게 하직 인사를 할 때 선조는 가타부타 말이 없었다. 여러 차례 아뢰어도 선조는 침묵을 지켰다. 그것은 노여움의 표현이었는지도 모른다. 유홍은 왜 자청하여 광해군을 따르려 했을까? 최악의 경우에 나라 밖 요동으로 갈지도 모르는 '현재 권력'보다 국내에 머물 '미래 권력'을 택하는 것이 낫다고 여긴 것은 아니었을까? 실제로 이때 광해군을 선택한 유홍의 아들 유대조(俞大造)는 뒤에 광해군에게 총애를 받게 된다.

6월 19일, 분조가 향할 행선지를 놓고 신료들이 논란을 벌였다. 애초 선조가 지시한 대로 강계로 갈 것인지, 아니면 춘천(春川)이나 원주(原州)로 갈 것인지가 논란의 핵심이었다. 이미 적이 관북(關北, 함경도)으로 들어와 버린 상황에서 강계에 머물거나 더 북쪽으로 가는 것이 위험하기 때문이었다. 분조는 결국 황해도 방향으로 길을 잡는다.

광해군의 분조는 이후 영변, 운산, 희천, 곡산(谷山), 이천(伊川), 성천(成川), 용강(龍岡), 강서(江西) 등 평안도와 황해도, 강원도의 여러 고을을 옮겨 다녔다. 이동하는 길은 그야말로 고난의 연속이었다. 신료들은 물론 동궁도 민가에서 자는 경우가 많았다. 때로는 들판에서 노숙도 해야 했다. 7월 8일, 곡산에서 이천으로 향할 때는 높은 산을 넘고 물을 건너야 했다. '산길이 험해 열 걸음을 뗄 때마다 아홉 번 넘어지는' 상황이 빚어졌다.

　서서히 분조의 효과가 나타났다. 왕이 어디 있는지 모르던 신료나 백성들이 분조를 찾아오는 경우가 잦아졌다. 성혼(成渾)의 경우가 대표적인 사례였다. 성혼의 집은 파주였는데, 그는 임진강을 건너던 선조를 호종하지 못했다. 나루터에서 15리밖에 안 되는 지척에 있었음에도 곤경에 처한 임금을 문안하지 못한 것은 엄청난 마음의 짐이 될 수밖에 없었다. 그런 그에게 광해군이 직무를 주었다. 연안 부사 이정형(李廷馨)의 군중으로 달려가 군사를 맡으라는 것이었다. 본래 문관이던 성혼은 어렵사리 이정형의 군중으로 찾아갔고, 그런 그를 광해군이 다시 부르자 성혼은 광해군에게 행재소로 가겠다고 요청한다. 광해군이 허락하자 그는 선조를 다시 뵐 수 있었다. 말하자면 분조를 매개 고리로 하여 행재소에 낯을 들고 찾아갈 수 있는 상황이 마련된 셈이었다.

　분조에서 벌인 활동은 다양했다. 공석이 된 고을의 수령(守令)을 임명하고, 지방관들이 올린 상소나 보고서 등을 처리하고, 무장들 사이의 갈등과 다툼을 조정하고, 공을 세운 관민들을 시상하고, 명군을 위해 군량을 조달하는 등 사실상 전시의 정부 노릇을 수행했다. 이 같은 활동을 통해 나라가 망했다고 체념하던 사람들은 희망을 가질 수 있었다.

　평양이 함락된 뒤부터 온 나라의 신민들은 대가의 소재를 알지 못하여 슬프고 간절한 마음이 넘쳐흘렀습니다. 그런데 동궁께서 나타나시면서 인심이 환호하고 기뻐하여 마치 다시 살아난 것 같았습니다. 도망친 수령이 점차 자리를 다시 잡아 호령이 행해지고, 나라를 회복할 가능성이 조금씩 커져 갔습니다.

_정탁, 《약포집(藥圃集)》 권4, 〈피난행록(避難行錄)〉

광해군을 수행하던 정탁이 분조에 대해 내린 평가다. 무엇보다 광해군과 분조의 존재를 통해 조정이 아직 건재하다는 사실을 과시한 것이 결정적인 공로였다. 광해군이 노숙까지 불사하면서 서북 지역을 주유하면서부터 사람들은 그를 사실상 '국왕'으로 인식했다. 분조 활동을 한 뒤로는 '첩자(妾子)'이자 '차자(次子)'라는 광해군의 정통성의 한계를 언급하는 사람들은 없었다. 분조 활동은 분명 광해군에게 날개를 달아주는 계기가 되었다.

분조를 이끌고 이동하면서도 광해군의 마음은 늘 의주 쪽을 향하고 있었다. 평화로울 때 같으면 왕세자가 분조를 이끄는 일은 당연히 없을 터였다. 광해군은 우선 사람을 보내 강계로 가라는 어명을 어기고 황해도 방향으로 길을 잡은 일을 해명했다. 그리고 그가 이동 중에 시행한 인사 조처 등 세세한 내역에 대해서도 수시로 사람을 대조(大朝, 부왕 선조의 조정)에 파견하여 보고했다. 부왕에 대한 조심성이 드러나는 대목이었다. 실제로 광해군이 부왕 선조를 지나치게 의식하고 있다고 여긴 신료들이 "너무 세세하게 보고하고 재가를 받으려 하면 사기(事機)를 놓칠 수 있다"라며 반대할 정도였다.

분조를 이끌던 초반, 선조의 광해군에 대한 마음 또한 애틋했다. 아들의 안위를 걱정했기 때문이었다. 분조가 어느 쪽으로 가야 할지 갈팡질팡하고 있다는 보고를 듣고는 "적병을 피하여 안전을 확보할 수 있는 곳으로 가라"라고 하고, 아들과 아들을 따르는 호종 신료들에게 겨울옷을 챙겨주라는 전교를 내리기도 했다. 또 자신과 멀리 떨어져 있는 아들의 소식이 궁금했기 때문이었을까? 분조에서 이런저런 소식을 갖고 파견된 신료들에게는 반드시 벼슬의 직급을 올려주라고 지시했다. 먼길을 달려와 아들의 소식을 알려준 것을 가상하게 여긴 듯하다.

부자간 균열이
시작되다

분조를 이끌던 초기에 아들은 아버지의 안위를 걱정하고 아버지는 아들의 안전을 우려하면서, 서로 상대방의 안부를 학수고대하는 애틋한 분위기가 연출되었다. 하지만 시간이 흐르면서 상황은 조금씩 변화의 조짐을 보인다.

1592년 11월 7일에 행재소에서 심상찮은 일이 벌어졌다. 유학(幼學) 남이순(南以順)과 송희록(宋希祿)이 선조에게 상소를 올려 "백성들 뜻에 따라 동궁에게 왕위를 넘겨주라" 하고 요청했다. 엄청난 내용이었다. 신하가 왕에게 물러나라고 직접 운운하는 것은 불충 가운데서도 가장 심각한 것이다. 죽음을 각오하지 않으면 도무지 입에 올릴 수 없는 내용이었다. 그런데 선조의 반응이 의외였다.

나는 평소 고질이 있어 날로 심해지는데, 나이 사십이 되도록 죽지 않을 줄은 생각조차 못했다. 근래 두 눈이 침침하여 곧 장님이 될 상황이라 그대로 왕위에 있고자 해도 형세가 어쩔 수 없으니, 마땅히 근신(近臣)을 보내 내 뜻을 (동궁에게) 유시하여 크고 작은 모든 일들을 먼저 결단한 뒤에 아뢰게 하라. 이곳에서는 다만 사대(事大)와 청병(請兵)하는 일만을 조치할 것이니, 이 역시 적을 토벌하는 일이다. 내선(內禪, 왕위를 넘기는 것)하는 일 또한 나의 평소 뜻으로, 즉시 행하고 싶지 않은 것은 아니다. 다만 이곳이 중국과의 경계여서 처리하기 어려운 일이 있을까 염려할 뿐이지, 감히 욕심 때문에 무릅쓰고 있는 것은 아니다. 이 일은 마땅히 적

《임진전란도(壬辰戰亂圖)》, 이시눌(李時訥) 그림, 141×85.8cm, 1834, 규장각한국학연구원 소장. 임진왜란 당시의 부산진과 다대포진의 전투 장면과 주변 지리 환경을 묘사한 족자 그림이다.

《북관유적도첩(北關遺蹟圖帖)》 중 북관대첩을 그린 《창의토왜도(倡義討倭圖)》, 41.2×31cm, 17~18세기, 고려대박물관 소장. 북관(지금의 함경도)에서 용맹을 떨친 장수들의 업적을 그렸다.

1592년 4월 13일, 부산에 상륙한 일본군은 파죽지세로 북상했다. 200년 가까운 평화 속에서 사실상 전쟁을 모르던 조선군이 초전에 그들의 상대가 되기는 어려웠다. 12월이 되자 이여송이 거느린 명의 대군이 조선에 들어왔고, 이듬해 1월에 이여송이 평양 전투에서 승리를 거두면서 선조는 한숨 돌릴 수 있었다. 그러나 1593년 1월에 승승장구하던 이여송은 파주의 벽제관 부근에서 벌어진 전투에서 일본군의 역습에 휘말려 참패하고 일본과 강화 협상을 맺는다. 조선군은 이미 독자적인 작전권을 상실했다. 명군은 이제 '구원군'이 아닌 '점령군'이 되었다.

을 섬멸하기를 기다려 시행해야 하니 이런 뜻을 아울러 알라.

_(선조실록) 권32, 선조 25년(1592) 11월 7일

선조는 남이순 등의 요청에 역정을 내지 않았다. 과거 영의정 정철(鄭澈)이 선조에게 건저(建儲, 후계자를 세우는 것) 문제를 거론하자, 그를 하루아침에 정치적으로 몰락시킨 전례를 고려하면 전혀 뜻밖이었다. 당분간 명군을 불러오는 문제에 집중한 뒤에 왕위를 넘겨주겠다고 했다. 과연 본심이었을까? 이때까지만 해도 본심이라고 볼 수도 있을 듯하다.

선조는 11월 13일에도 신료들에게 같은 말을 되풀이했다. "병이 깊어 나라 일을 하루도 감당할 수 없다"라며, 동궁에게 전섭(專攝, 왕을 대신하여 정무를 전적으로 처리하는 것)하라는 명을 내렸다. 당황하여 어쩔 줄 몰라 하는 신료들에게 선조는 11월 23일에도 계속 채근한다. 자신은 병든 데다 눈마저 침침해서 기무를 감당할 수 없다며, 모든 소장(疏狀)을 동궁에게 보내 결제하도록 지시했다. 신료들에 대한 상벌과 군대의 지휘 문제 또한 전적으로 동궁에게 담당하게 했다.

인사권 등 권한의 일부를 이양받았지만 '바짝 엎드리고 있던' 광해군의 입장에서, 선조의 거듭된 전섭 명령은 몹시 부담스러운 것이었다. 선조의 말을 액면 그대로 받아들였다가 자칫하면 '불충'으로 몰릴 수 있었기 때문이다.

1592년 12월이 되자 상황이 달라졌다. 이여송(李如松)이 거느린 명의 대군이 조선에 들어왔다. 이듬해 1월, 이여송이 평양 전투에서 승리를 거두면서 선조는 한숨 돌릴 수 있게 되었다. 평양에 머물며 의주를 위협하던 고니시 유키나가(小西行長) 휘하의 일본군은 남쪽으로 퇴각했고, 함경도까

아비로부터 버림받지 않기 위하여 : 선조와 광해군

지 밀고 올라온 가토 기요마사(加藤清正)의 병력도 고립을 우려하여 한양 방향으로 후퇴했다. 일단 조선 전체가 일본군에게 넘어갈 위협이 사라졌고, 선조가 압록강을 건너야 할 필요도 없어졌다. 상황이 바뀌자 선조를 모시던 신료들이 광해군의 분조 명령을 거두라고 요청한다. 1593년 2월, 신료들은 "명군의 승리로 말미암아 절체절명의 위기 상황은 넘겼으니 세자는 감국과 무군(撫軍, 군사 업무를 통제하는 것)이 아니라 부왕을 기쁘게 해드리고 문안 올리는 일을 중하게 여겨야 한다"라고 강조했다. 모든 권력을 다시 선조에게 넘기고 왕세자 본연의 위치로 돌아오라는 주문이었다.

부왕의 거듭된 전섭 고집 때문에 마음고생이 심하던 광해군의 입장에서는 기꺼운 상황 변화였다. 하지만 문제는 간단치 않았다. 후퇴하는 일본군을 쫓아 명군이 남하하기 시작하자 그들에게 군량과 군수 물자를 공급하는 것이 초미의 현안으로 떠올랐다. 명군 지휘부는 조선 조정이 자신들에게 군량과 마초(馬草)를 제대로 공급하지 못한다고 계속 문제를 제기했다. 당장 평양 전투 무렵부터 명군 지휘부는 조선 조정을 볶아대기 시작했다. "명군이 고생하여 망해가던 나라를 다시 세워주었는데 조선 신료들은 안일에 빠져 있다"라며 질책했다. 그들은 명군에 대한 접대와 군량 공급을 제대로 하라고 닦달하면서 "계속 그럴 경우 병력을 요동으로 철수시켜 조선이 망하도록 방치할 것"이라는 협박도 서슴지 않았다.

명군 지휘부의 불만과 질책은 궁극적으로 선조를 향할 수밖에 없었다. 1593년 4월에 명군의 경략(經略, 총사령관) 송응창(宋應昌)은 선조를 노골적으로 무시하는 언동을 보였다. 선조가 그를 만나 명군의 노고를 찬양하고 인사를 하려 했지만, 송응창은 만남을 고의로 회피했다. 그러면서 주변 부하들에게 선조를 모욕하는 말을 늘어놓았다. "조선 국왕은 일부 소인배들이 권력을 제멋대로 농단하고 있음에도 깨닫지 못하여 장차 나라가 망하기에 이르렀는데 어쩔 것이냐?"라며 비아냥거렸다. 그뿐만이 아니었다. "조선 군신들은 산에 올라 시나 읊고 술이나 마시면서 기생을 끼고 노는 데 빠져 명군이 적을 물리치더라도 나라를 유지하기가 어려울 것"이라는 등의 모욕적인 이야기까지 흘렸다.

선조의 심기를 뒤집어놓는 명의 압박은 계속되었다. 1593년 1월, 벽제 전투 패전이 결정적인 계기가 되었다. 이여송이 이끄는 명군은 평양 전투에서 승리한 뒤로 일본군을 얕보았다. 그들을 추격하면서 승승장구하던 이여송은 같은 달, 파주의 벽제관 부근에서 벌어진 전투에서 일본군의 역습에 휘말려 참패했다. 이후 명군 지휘부는 일본군과 싸우겠다는 의지를 사실상 접었다. 그들은 이제 싸움이 아니라 강화(講和) 협상을 통해 전쟁을 끝내겠다고 선언했다. 그들은 심유경(沈惟敬)이라는 인물을 일본군 진영에 보내 협상에 돌입했다. 협상 과정에서 조선은 철저히 배제되었다. 평양 전투에서 승리한 것을 계기로 곧 일본군을 모두 몰아내고 나라를 수복할 것으로 기대하던 조선은 순간 당혹감에 빠질 수밖에 없었다.

명군 지휘부는 왜 갑자기 방향을 틀었을까? 우선 전쟁이 길어지면서 명이 부담해야 할 전비(戰費)가 눈덩이처럼 불어난 점을 들 수 있다. 당시 명은 전쟁 비용을 주로 강남 등지에서 증세(增稅)를 통해 조달했는데, 전쟁이 장기화되면서 민원(民怨)이 날로 커졌다. 다음으로 그들은 일본군을 한양 부근까지 밀어낸 것만으로도 자신들의 참전 목표가 이미 달성되었다고 생각했다. 또 그들이 보기에 조선이나 일본은 모두 똑같은 '오랑캐'일 뿐이었다. "무엇 때문에 우리들이 '오랑캐' 싸움에 끝까지 끼어들어 피를 흘려야 한단 말인가?" 명은 사실상 이런 속내를 갖고 있었다.

급기야 1593년 4월, 심유경은 고니시 유키나가와 협상하여 몇 가지 합의를 이끌어냈다. 일단 일본군이 한양에서 철수하고, 궁극에는 명의 책봉을 받고 조선에서 철수한다는 내용이었다. 일본군이 한양에서 철수할 때 펼쳐진 '장면'은 가관이었다. 일본군이 한강을 건널 때 조선군이 요격하는 것을 막기 위해 명군이 한강변에서 그들을 '에스코트'했다. 일본군을 공격하려던 조선군 장수들이 명군에게 얻어맞는 수모까지 겪었다. 명군 지휘부는 한양으로 입성한 뒤로 조선 장졸들에게 일본군을 추격하거나 공격하지 말라고 누차 요구했다. 조선군은 이미 독자적인 작전권을 상실했다. 명군을 '구원군'으로 여기던 조선 사람들의 생각이 흔들리는 대목이었다. 일본군을 보호하고 감싸는 명군의 자세는 분명 '구원군'이 아닌 '점령군'의 모습이었기 때문이다.

일본군은 한양에서 물러났지만, 나라 밖으로 나갈 생각은 없었다. 그들은 부산과 경상도 일원에 성을 쌓고 장기 주둔에 돌입했다. 선조는 속이 터질 수밖에 없었다. 신료들을 송응창과 이여송에게 보내 강화를 접고 결전을 벌여달라고 요구했지만, 명군 지휘부는 꿈쩍도 하지 않았다. 오히려 자신들의 강화 구상에 반발하는 선조에 대해 깊은 반감을 품게 된다.

일본군이 영남 일대로 물러나자 명군도 그들을 따라 남하했다. 하지만 대구(大邱), 상주(尙州), 남원(南原) 등 요충지에 각각 수천 명의 군대를 배치하여 그저 대치하기만 할 뿐이고 싸우겠다는 의지는 전혀 없었다. 전쟁은 이제 소강 상태로 접어들고 시간만 흐르고 있었다. 그런데 문제는 이들 '그저 주둔만 하고 있는' 명군에게 군량과 군수 물자를 계속 대주어야 한다는 점이었다. '놀고 있는 군대'이지만 먹일 수밖에 없었던 것이다.

1593년 4월, 송응창은 광해군을 가르치고 싶다고 했다. 광해군을 제대로 강학시켜 조선을 자강(自强)시키는 방도를 알려주고 싶다는 것이다. 강화에 반대하면서 신료들을 계속 보내 자신들을 성가시게 하는 선조 대신 광해군을 상대하겠다는 깜냥이었다. 급기야 같은 해 8월, 송응창은 조선 조정에 자문(咨文)을 보낸다. 송응창은, 유정(劉綖)이 지휘하는 명군의 군량이 떨어졌다는 사실을 들어 조정을 질책한 뒤에 광해군을 삼남(三南) 지역으로 내려보내라고 요구했다. 그러면서 광해군이 삼남에서 모든 업무, 특히 명군의 접반과 관련된 사안을 전부 전결하여 처리하게 할 것을 요구했다. 또 군량 운반을 비롯하여 군병 선발, 성과 요새 수리, 군기(軍器) 제조 등도 책임지고 담당하라고 촉구했다.

그것은 다름 아닌 '선조는 믿을 수 없으니 왕세자가 직접 일선으로 나아가 전쟁을 지휘하라'는 요구였다. 선조의 입장에서는 모욕적인 상황이 아닐 수 없었다. 그래서였을까? 선조는 8월 30일에 광해군에게 다시 왕위를 넘기겠다고 나선다. 겉으로는 "병이 깊어 정무를 감당할 수 없다"라고 했지만, 명군 지휘부의 요구가 영향을 미친 것은 분명해 보인다.

선조는 이어서 9월 2일에도 광해군에게 왕위를 넘기겠다고 배수진을 쳤다. 아버지의 '공세'에 광해군의 당혹감이 다시 커질 수밖에 없었다. 그는 9월 초부터 매일 새벽 선조의 처소 앞에 나아가 선위(禪位) 선언을 거두어달라고 호소하면서 엎드렸다.

저의 민망하고 절박한 심정을 매일같이 땅에 엎드려 전하게 슬피 호소했지만 윤허하신다는 말씀을 받지 못했을 뿐 아니라 누차 엄한 하교를 내리시니, 물러나 생각건대 두렵고 겁이 나서 어쩔 줄을 모르겠습니다. ……선위의 명을 받은 이후 밤낮없이 걱정이 쌓여 음식이 목에 넘어가지 않은 지가 이미 닷새가 되어 정신이 가물거리고 기력이 탈진되었는데, 오늘에 이르러는 목에 담종(痰腫)과 여러 증세가 다시 발작해서 쑤시고 아픕니다. 지금 이런 때에 제 몸이 병들어 아픈 것쯤이야 염려할 것이 못 되므로 억지로라도 부축받으며 대궐에 나아가려 결심했으나 도저히 움직일 수가 없어 저의 뜻을 이룰 수 없으니, 더욱 더 몸 둘 바를 몰라 민망하고 눈물이 흐르는 지극한 심정을 견딜 수 없습니다. 그래도 천지(天地) 같은 부모의 은혜를 힘입어 한 번만이라도 윤허의 말씀이 계시면 죽어도 여한이 없겠습니다. 삼가 바라건대 성상께서는 위로는 종사를 생각하시고 아래로는 저의 심정을 살피시어 속히 성은(聖恩)을 내려주소서.

_《선조실록》 권42, 선조 26년(1593) 9월 3일

분조 시절부터 부왕의 뜻을 거스르지 않으려고 노심초사하던 광해군의 입장에서 부왕의 선위 고집은 스트레스와 각종 질병을 유발하는 원인이 되었던 것으로 보인다.

하지만 여기서 그치지 않았다. 명은 다시 선조에게 '카운터펀치'를 날린다. 1593년 11월에 경략 송응창이 윤근수(尹根壽)에게 조선 군신들의 '개과천선'을 역설한다. 그러면서 그는 "왜군은 스스로 온 것이 아니라 조선 군신들이 스스로 불러들인 것"이라며 "현명한 신료들을 가까이 하고 간사한 신료들을 내치는 것이 개과천선할 수 있는 급선무"라고 일갈한다. 그 다음 이야기는 더욱 충격적이었다. "향후 국왕이 이를 제대로 못하면 내가 개입하겠다." 이 말은 사실상 내정(內政)에 간섭하겠다는 선언이었다. 이어 윤11월, 신종(神宗) 황제는 조선에 보낸 칙서에서 '왕이 오락에 빠지고 소인배들에게 농락당해 전란을 불렀다'라고 하며 '앞으로는 주색에 빠지지 말고 인사를 제대로 하고 민원(民怨)을 없애라' 하고 유시했다.

선조로서는 최악의 상황이었다. 그러자 윤두수(尹斗壽)로부터 송응창의 발언 내용을 보고받자마자 예의 '양위 카드'를 다시 빼든다. 이어 황제의 칙서를 받은 뒤에는 "광해군이 남하하기 전에 빨리 왕위를 넘겨주라"라고 지시했다. 그러면서 며칠 안에 거행하지 않으면 자결하겠다고까지 선언 했다. 광해군의 당혹감도 최고조에 달하는 순간이었다.

광해군은 1593년 윤11월, 부왕 선조가 선위를 고집하면서 벌어진 논란 을 뒤로 하고 남행길에 올랐다. 윤11월 19일에 길을 떠나 과천(果川), 직산 (稷山), 온양(溫陽) 등을 거쳐 12월 1일, 공주에 도착했다. 7일에 한양에서 윤 두수가 내려와 합류했다. 이제 광해군이 거느리는 '미니 조정'의 명칭 또 한 분조가 아니라 '무군사(撫軍司)'라고 했다. '군대를 어루만지는 사령부' 라는 뜻이었다. 무군사의 임무 가운데 무엇보다도 중요한 것은 명군에 대 한 접반(接伴)이었다. 12월 13일에 명의 총병 유정이 광해군에게 속히 전주 로 나아가라고 요구했다. 선조는 '무능하므로' 그 대신 왕세자 광해군을 보내 자신들을 지원하라는 것이 명군의 의도였다.

무군사의 업무 또한 다양했다. 각 고을에 넘쳐나는 굶주린 사람들을 구 휼하고 민간질고(民間疾苦)에 대해 물었다. 지역의 민심을 수습하고 적과의 싸움에 나아가는 것을 격려하기 위해 과거를 주관하기도 하고 병력을 모 집하여 영남으로 들여보내기 위한 준비에도 착수했다.

그런데 흥미로운 것은 무군사에 대한 선조의 태도였다. 선조는 12월 초, 비망기(備忘記)를 내렸다. 문관 1인을 광해군에게 보내 무군사의 명령 출납과 책응(策應)에 대한 제반 사항을 날마다 기록하여 보고하라는 지시를 담고 있 었다. 광해군이 떠나던 무렵, 왕위에서 물러나겠다고 고집한 선조가 아니던 가? 물러난다는 것은 결국 모든 권력을 다 넘겨주겠다는 것을 뜻할진대, 무군사의 활동에 대한 여러 사항을 매일 기록하여 보고하라는 지시는 무엇을 의미하는 것일까? 결국 광해군을 견제한다는 것이다. 선조의 양위 파동이 결국 자신의 권력을 지키기 위한 '꼼수'였을 가능성을 보여주는 대목이다.

광해군이 삼남에서 명군 접반과 민심 수습에 열중하던 1594년 1월, 부자 관계를 뒤흔드는 사건이 또 일어났다. 송유진(宋儒眞) 등이 역모를 꾀하다가 발각되어 체포된 사건이었다. 그들을 심문하는 과정에서 '엄청난 내용'들이 드러났다. 송유진 등은 '군사를 거느리고 상경하여 대궐을 포위한 채 3일간 통곡하면서 임금에게 허물을 고치라고 호소하려 했다', '중국 황제가 보낸 칙서에서도 우리나라를 그르다고 한다', '동궁에게 왕 자리를 넘겨주면 백성들에게 이로울 것이고 시사(時事)가 절로 좋아질 것이다' 등의 진술을 쏟아냈다. 이들은 명 조정이 선조에게 보낸 칙서의 내용까지 파악하고 있었다. '명 조정에서도 선조를 시원찮다고 여기고 있으니 이번 기회에 한양을 점령하여 선조를 물러나게 하고 대신 광해군을 왕위에 오르도록 하겠다'는 것이었다.

선조는 기가 막힐 수밖에 없었다. 송유진 등을 심문한 신료들은 그 진술 내용을 기록하면서 '동궁에게 왕 자리를 넘겨주면 백성들에게 이로울 것이고……' 운운하는 대목은 초사(招辭, 심문 내용에 대한 기록)에 남기지 않았다. 선조가 보면 충격을 받을 수도 있기 때문이었을 것이다. 선조는 기록을 담당한 최관(崔瓘)과 신흠(申欽) 등에게 그 대목을 왜 뺐냐고 질책했다. 선조는 필시 속이 부글부글 끓었을 것이다. 명군 지휘부가 자신을 조롱하고 무시하려드는 것도 기분 나쁜데 역모를 꾀하는 자들까지 '왕위에서 물러나라'는 말을 공공연히 하고 있으니 말이다. 자신의 권위는 이미 땅에 떨어지고 아들의 권위는 오르고 있었다. 선위 문제를 놓고 벌어진 논란이

가라앉는가 싶었는데 다시 상처에 소금을 뿌린 격이 되고 말았다.

1594년 4월에 선조는 신료들에게 다시 물러나겠다고 선언한 뒤, 동궁을 불러들이고 명나라에도 통보하라고 지시했다.

나의 답답하고 절박한 심정은 전에 이미 다 일렀는데, 경들은 그것을 내가 하루라도 잊고 있으리라고 여겼는가? 나는 바늘방석에 앉아 있는 것 같고 숯불 위에 앉아 있는 것도 같은데, 어찌 발자국 한 번 떼는 순간인들 잊을 수 있겠는가. 세자가 남쪽으로 내려가면서 옥새를 받들고 가지 못했으니 돌아오게 하여 왕위를 전하고 싶다. ……죄인이 어떻게 잠시라도 백성 위에 있을 수 있겠는가. 근래에는 병세까지 점점 고질이 되어 밤새도록 못 자고 온종일 먹지도 못하여 정신이 허탈하고 팔다리가 나른하여 움직일 수 없으니, 오직 땅속에 들어가기만 기다리며 이 심정을 하늘에 호소할 뿐이다. 경들은 깊이 생각하여 서둘러 거행하고 지체하지 말라.

_《선조실록》 권50, 선조 27년(1594) 4월 4일

선조가 왕위에서 물러나겠다며 토로한 언사의 내용은 처절하다. 자신을 '바늘방석과 숯불 위에 앉아 있는 죄인'이라고 했다. 여하튼 선조가 양위 문제를 다시 꺼내자 신료들은 바짝 엎드릴 수밖에 없었다. "지금은 전하께서 국토를 수복하고 국맥(國脈)을 이어가야 할 때"라고 하며, "하늘이나 인심이 모두 그렇게 생각하고 있다"라는 말로 다시 충성을 다짐했다.

광해군은 1594년 8월 25일에 도성으로 귀환한다. 무군사 활동은 광해군에게 매우 중요한 경험이 되었다. 우선 명군을 접반하는 업무를 주관하면서 명군 지휘부와 직접 접촉할 수 있었던 것은 물론이고, 장차 시정(施政)

할 때 도움이 될 만한 다양한 경험들을 쌓았다. 삼남 지방의 피폐한 상황과 백성들의 질고를 돌아볼 수 있었던 것, 각 병영(兵營)과 수영(水營)의 방어 태세를 살필 수 있었던 것, 과거 등을 실시하여 백성들의 민심을 다독이고 그들과 직접 접촉하여 여론을 청취할 수 있었던 것 등은 생생한 경험이자 '치자(治者)로서의 공부'가 아닐 수 없었다. 이미 분조 활동을 통해 평안도를 비롯한 북부 지방의 현실을 파악한 그는 무군사 활동을 통해 삼남 지방의 상황까지 돌아보는 '기회'를 갖게 되었다. 이처럼 조선 팔도의 대부분을 직접 주유하면서 민간의 질고를 살핀 경험을 고려할 때 광해군은 '준비된 왕세자'라고 해도 과언이 아닌 셈이었다.

도성으로 귀환한 뒤에는 왕세자 본연의 자리로 돌아가 선조에게 문안하고 강학하는 것이 훨씬 중요한 일과가 되었다. 당장 사헌부 신료들은 "이제 동궁을 보양(輔養)하는 것이 국가의 급무이니 보좌하는 신료들을 최상의 인재로 구성해야 한다"라고 강조했다. 하지만 상황은 녹록하지 않았다. 1595년 3월, 명 황제는 직접 광해군에게 칙서를 보냈다. 칙서는 광해군이 전라도와 경상도의 군무(軍務)를 전관하라고 요구하는 내용이었다. 칙서에는 "그대는 분발하여 부왕의 실패를 만회하도록 하라"라는 구절이 들어 있었다. 광해군과 함께 칙서를 맞는 영조례(迎詔禮)에 직접 참여한 선조는 견디기 힘든 모욕감을 느낄 수밖에 없었다. 선조는 대궐로 돌아오자마자 향후 모든 군무를 광해군이 전담하여 처리하라고 지시한다.

선조는 임진왜란 시기에 자신에게 불리한 상황이 전개될 때마다 '양위카드'를 빼들었다. 모두 합하면 열다섯 번이나 되었다. 남발하면 진정성이 떨어지기 마련이지만, 그럴 때마다 그는 광해군과 신료들로부터 충성 서약을 받아낼 수 있었다. 엄청난 전란을 초래한 책임으로부터 자유로울 수 없는 데다 명의 군사력에 의지해 전쟁을 치르는 상황에서, 명군 지휘부의 견책으로부터 벗어나면서 동시에 신료들로부터 재신임을 얻어내기 위해 사용한 절묘한 수단이었다. 하지만 그 과정에서 아들 광해군은 마음의 상처를 깊이 받게 되었다. 부왕의 심기를 살피면서 잘 보이기 위해 더욱 전전긍긍할 수밖에 없는 상황으로 내몰리게 되었다.

분조와 무군사를 이끌면서 안팎으로 크게 신망을 얻었지만, 광해군의 정치적 앞날은 영 만만치 않았다. 무엇보다 명 조정이 그를 왕세자로 승인하는 것을 회피했기 때문이다. 송응창 등 지휘부는 그를 선조와 비교하여 '진정한 왕재(王才)'라고 찬양했지만, 명 조정은 막상 그를 왕세자로 승인해달라는 조선의 요청을 차일피일 시간을 끌며 거부했다. 명군에게 필요한 접반을 위해 그를 활용하면서도, 정작 광해군이 즉위하는 과정에서는 발목을 잡은 것이다. 1594년 11월에 조선이 사신을 보내 광해군을 왕세자로 책봉해달라고 최초로 요청했을 때, 명 조정은 그가 '둘째아들'이라는 점을 내세워 반대했다. '윤서(倫序)를 어지럽힐 염려가 있다는 것'이 반대명분이었다.

조선은 1595년 8월에도 명 조정에 광해군의 책봉을 주청(奏請)했다. 이번에 주청하면서 내세운 명분은 전년보다 훨씬 구체적이었다. 선조는 "맏아들 임해군이 적에게 포로로 잡혔었기 때문에 만성적인 놀람병이 생겨 왕위를 계승할 수 없다"라고 했다. 그러면서 "광해군은 민심을 수습하고 황제의 칙유를 받들어 전라도와 경상도에서 방어 문제를 총괄하고 있다"라는 점을 들어 책봉해달라고 간청했다. 명 예부(禮部)는 "장유(長幼)의 명분을 어그러뜨릴 수 없다"라고 하며 다시 반대했다. 조선 사신들이 '광해군을 원하는 것은 조선 신민들 전체의 여론'이고 '과거 태종이 양녕대군에서 충녕대군으로 왕세자를 교체했을 때에도 영락제가 흔쾌히 수용한' 전례를 들어 다시 간청한다. 그러자 명의 예부는 "전란 중이라는 이유로 경솔히 차자를 세울 수는 없다"라고 반대하면서, '광해군이 세운 공로'가 구체적으로 어떤 것인지를 살핀 다음에 결정해야 한다고 반박한다.

광해군이 '차자'이기 때문에 안 된다는 명 조정의 거부는 이후에도 계속되었다. 1603년의 경우, 명 예부는 "신민(臣民)들이 거국적으로 광해군을 추대하고 있다"라는 조선의 주장을 믿을 수 없다며 역시 퇴짜를 놓았다. 그러면서 조선의 주청사(奏請使)들이 가져온 방물(方物)도 받지 않고 돌려보냈다. 1604년에는 명의 일부 신료들이 '맏아들 임해군이 멀쩡하게 살아 있음에도 광해군을 왕세자로 승인해달라고 하는 것은 강상질서(綱常秩序)를 무너뜨리는 난신적자(亂臣賊子)들의 행위'라고 극력 매도하기도 했다.

조선 조정이 1592년부터 1604년까지 모두 다섯 차례나 주청사를 보내 광해군을 왕세자로 승인해달라고 요청했지만, 명은 이를 거부했다. 그런데 명 예부가 시종일관 광해군 책봉을 거부한 것은 내부 사정이 있기 때문이었다. 당시 명의 신종 또한 맏아들이 아닌 둘째아들을 황태자로 세울 의향을 갖고 있었다. 그러한 현실에서 번국(藩國) 조선의 왕세자를 '둘째'로 세우는 것을 승인할 경우, 신종의 고집을 꺾을 수 없게 되는 상황을 우려했기 때문이었다.

여하튼 명 조정이 광해군을 왕세자로 승인하기를 계속 거부하자, 광해군은 심각한 정치적 위기를 맞을 수밖에 없었다. 당장 선조의 태도가 조금씩 바뀌고 있었다. 선조는 1599년까지만 해도 왕세자 책봉 주청을 소홀히 한다며 신료들을 질책했다. 그는 '세자가 책봉을 받지 못했으니 세자가 없는 것이나 마찬가지'라며 신료들에게 좀 더 적극적으로 외교적 노력에 나서라고 촉구했다. 그러면서 당시 조선에 와 있던 명군의 경리(經理, 총사령관)를 찾아가 호소하는 것도 한 가지 방법이라고 훈수하기까지 했다.

1601년에 선조의 태도는 확연히 달라졌다. 이해에 예조가 명에 왕세자 책봉을 요청하는 주청사를 다시 보내자고 하자, 선조는 퉁명스럽게 대꾸했다. "왕비의 자리는 비어 있는데 그대들은 왜 왕비를 책봉해야 한다는 주장은 하지 않으면서, 왕세자를 책봉해달라는 요청만 하라고 하느냐?"라고 반문했다. 1년 전 정비 의인왕후 박씨가 세상을 떠나 중전 자리가 비어 있는 상황이었다. 신료들은 당황할 수밖에 없었다.

선조는 1602년에 인목왕후(仁穆王后)와 재혼한다. 광해군보다 아홉 살이 어린 처녀였다. 중전을 새로 맞아들이는 것이야 탓할 것이 없지만, 이 혼인은 결과적으로 비극을 잉태하는 사건이 되고 말았다. 이듬해 1월, 명 조정은 계비(繼妃) 김씨를 왕비로 책봉하고 칙명과 관복을 내렸다. 왕비의 책봉은 별다른 이의 없이 받아들여 준 것이다. 이윽고 1606년에 인목왕후가 아들을 낳았다. 영창대군(永昌大君)이 그였다. 그는 분명 정비 소생의 적자였다. 왕세자 광해군이 아직 정식으로 책봉을 받지 못한 상황에서 적자가 태어난 것은 분명 미묘한 파장을 몰고 왔다. 대군이 태어난 직후 영의정 유영경(柳永慶)은 백관들을 이끌고 달려가 선조에게 하례(賀禮)를 올렸다. 왕자 탄생을 축하하는 것이야 당연한 일이지만, 광해군 입장에서는 영 씁쓸한 장면이었다. 아직 명으로부터 승인을 받지 못한 상태에서 혹시라도 선조가 변심하여 왕세자를 교체할 수도 있다는 우려가 떠오를 수밖에 없었다. 더욱이 영의정 유영경의 태도로 볼 때 어떤 상황이 전개될지 예상할 수 없었다.

실제 유영경은 계속 '문제'를 일으켰다. 1607년에 선조는 병으로 드러

누웠다. 이번에는 중증이었다. 회복을 장담할 수 없는 상황에서 선조는 그동안 해온 것처럼 광해군에게 섭정하라는 명을 다시 내렸다. 그런데 유영경의 태도가 영 이상했다. 그는 선조의 지시 내용을 조보(朝報)에 올려 공포하는 것을 차일피일 미루었다. 누가 봐도 분명한 메시지였다. '나는 광해군이 전섭하는 것을 보기 싫다'라는 뜻이었다.

이윽고 광해군의 후원자들이 들고 일어섰다. 1608년 1월, 합천(陝川)에 머물고 있던 정인홍(鄭仁弘)이 유영경을 극렬하게 탄핵하는 내용의 상소를 올렸다. '흉악한 유영경 때문에 부자 사이가 이간되어 멀어지고 왕세자가 위기에 처하게 되었다'라며 그를 처벌하라고 촉구했다. 선조는 격노했다. 정인홍을 '반역을 꾀하는 무리'라고 매도하고 유배에 처했다.

심각한 파장이 몰려왔다. 정인홍이 날린 '직격탄'은 통쾌했지만 선조의 노여움은 광해군을 향했다. 정인홍이 상소를 올린 다음부터 선조는 광해군의 문안을 거부했다. 문안드리러 온 그를 문전에서 박대하는가 하면 "명의 승인을 받지 못했으니 '왕세자의 문안'을 운운하지 말라" 하며 면박까지 주었다. 선조가 광해군을 그처럼 냉랭하게 대한 적은 일찍이 없었다. 광해군은 이제 벼랑 끝으로 몰리고 있었다.

아들에게 드리운
아버지의 빛과 그림자

1608년 2월, 선조가 세상을 떠났다. 그는 눈을 감기 직전에 영창대군을 잘 부탁한다는 유서를 광해군에게 남겼다. 이윽고 그 다음날 광해군은 정릉동 행궁에서 보위에 올랐다. 물경 16년 동안이나 이어진 간난신고와 파란의 세월이었다. 하지만 그의 즉위와 함께 새로운 시대가 열렸다.

즉위와 함께 펼쳐진 광해군의 '시대'는 참으로 엄중한 과제를 안고 있었다. 안으로는 임진왜란이 남긴 상처와 후유증을 치유해야 했다. 전쟁 때문에 무너진 민생과 국가의 기반을 회복하는 것이 화급했다. 밖으로는 열강의 외압 속에서 살아남아야 했다. 일본군이 물러갔지만 그들의 재침 가능성은 상존했고, 왜란 때 원조한 명의 위세는 조선이 감당하기에는 버거웠다. 또한 조선과 명을 위협할 정도로 굴기(崛起)하고 있던 누르하치의 건주여진(建州女眞), 즉 후금을 상대하는 것은 특히 어려운 과제였다.

광해군은 전쟁으로 피폐해진 내정을 어루만지고 명청 교체라는 국제 질서의 전환기를 맞아 악전고투한 군주였다. 전란의 피해를 복구하고 건주여진과의 관계를 원만히 유지하여 국가의 안정을 다지는 데 수완을 발휘했다. 하지만 그는 1623년에 인조반정을 만나 폐위되고 만다. 그런데 광해군이 남긴 업적과 실책에 대해서는 비교적 잘 알려져 있지만, 그가 즉위한 뒤의 행적 속에도 아버지 선조의 '그림자'가 드리워져 있었음은 잘 알려져 있지 않다. 이에 남은 지면에서는 광해군 즉위 이후의 행적을 개관하면서 새로운 시각을 제시해 보고자 한다.

우선 임진왜란 당시 분조를 이끌고 일선에서 전쟁을 체험한 것과 무군사를 이끌고 일선으로 내려가 명군을 접반한 경험이, 광해군이 왕이 되었을 때 펼친 외교 정책의 바탕이 된 것으로 보인다. 잘 알려져 있듯이 광해군은 당시 본격화되던 명청 교체를 맞아 명과 청(후금) 사이에서 양단을 걸치며 전란이 일어나는 것을 막으려고 고투한 군주이다. 그는 '오랑캐' 후금과 원한을 사지 않으려 시도하고, 버거운 '은인' 명의 이이제이(以夷制夷) 시도에 맞서 조선의 국익을 지키려고 나름대로 수완을 발휘했다. 그것은 어떻게 가능했을까? 광해군의 능력이 탁월한 측면도 있지만, 그 배후에는 부왕 선조의 영향이 자리 잡고 있었던 것으로 보인다.

일본군의 침략을 맞아 한양을 버리고 의주까지 쫓겨감으로써 국왕으로서 체면을 구겼지만, 실록에 나타난 모습을 보면 선조는 분명 상당한 수준의 전략가였다. 어쩌면 7년이라는 긴 시간 동안 전쟁을 지휘하면서 선조의 외교 감각과 전략적 수완이 갈수록 향상된 것으로도 보인다. 한양을 떠나 국경 도시 의주에 1년 가까이 머무른 일, 수시로 문무 신료들을 불러 모아 전쟁 극복 방안을 논의한 일, 명군 지휘관들과 자주 만나 명과 여진의 정세에 대해 의견을 나눈 일 등이 그의 식견과 수완을 높이는 배경이 되었다. 승평(昇平)의 시대였다면 국왕이 국경까지 가야 할 일이 없다. 역설적이지만 선조가 의주에 오래 머물게 되면서 서북 변방의 사정은 물론 압록강 너머 여진족들의 동향에 대해서도 상당히 잘 알게 된 것으로 보인다. 1596년(선조 29) 3월, 선조는 경연 석상에서 "열 사람이 멀리서 헤아리는 것이 한 사람이 직접 본 것만 같지 못하다"라고 한 뒤, 평안도 지역의 형세는 자신이 서행(西幸)할 때 직접 보았기 때문에 명료하게 알고 있다고 말한 바 있다. 직접 겪은 체험에 기반을 둔 자신감이었다.

실제 선조는 임진왜란 무렵 날로 세력이 커지고 있던 누르하치의 건주여진에 유연하게 대응했다. 그들의 동향을 제대로 알기 위해 정탐의 중요성을 강조하고 간첩을 적절히 활용하자고 했다. 또 당시 조선 영내로 넘어와서 산삼을 캐 가는 건주여진인들과 조우할 경우, 그들을 죽이지 말라고 지시했다. 1595년에는 남부(南部) 주부(主簿) 신충일(申忠一)을 명군 장수 편에 건주여진의 수도인 흥경노성(興京老城)으로 들여보내 그들의 내부 사정을 정탐해오도록 조처했다. 훗날 광해군이 후금에 대해 취한 유연한 외교 정책과 유사한 것이었다.

주목되는 것은 대외 정책과 관련하여 선조가 한 발언 가운데 광해군이 훗날 발언한 내용과 거의 똑같은 것이 많았다는 점이다. 1596년에 도성을 지켜야 한다고 주장하는 신료들의 소차(疏箚)가 쇄도하자, 선조는 다음과 같은 내용으로 비망기를 내려 반박한 바 있다.

비망기로써 정원(政院)에 전하여 말하기를, ……사람들은 도성을 지킬 수 있다고 말한다. 담력과 용기, 지략이 기특하다. 이것은 진실로 상하 모두의 지극한 바람이다. 다만 왜적의 일은 담봉(談鋒)과 필한(筆翰), 공언(空言)으로써 공격하거나 부딪히거나 막아내기 어렵다. 비변사(備邊司)는 마땅히 사람들을 불러모아 수어(守禦) 절차와 방략을 강구하는 것이 어떻겠는가?

_《선조실록》 권82, 선조 29년(1596) 11월 20일

담봉(말 몽둥이)과 필한(문장) 그리고 공언(빈말)만으로 일본군을 막을 수 없다는 일갈이다. 이처럼 호언장담과 필봉만으로는 적을 막아낼 수 없다는 발언은, 광해군이 1619년에 명의 압력에 밀려 후금을 치는 군사들을 보냈다가 패한 직후 비변사에 내린 교서의 내용과 유사하다. 당시 광해군은 "투항하더라도 후금이 조선 군병을 어찌 다 죽일 수 있겠는가? 고론담봉(高論談鋒)이 국사에 무슨 도움이 되겠는가? 너희들은 번거롭게 아뢰지 말라"라고 하여, 선조의 발언과 몹시 비슷한 이야기를 했다.

1596년에 선조는 일본군 장수 고니시 유키나가에게 서신을 보내라고

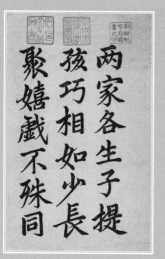

《선묘어필(宣廟御筆)》의 선조 글씨, 목판본, 49.4×31.6cm, 1630, 규장각한국학연구원 소장. 이 필첩은 선조가 중국 문인들의 한시를 써서 공빈 김씨 소생의 의창군에게 내린 것을, 1630년에 의창군이 목판으로 찍어낸 것이다.

両家各生子提
孩巧相如少長
聚嬉戲不殊同

〈기복수직교서(起復受職敎書)〉(1597년 7월 23일). 선조가 1597년 7월 16일 원균이 이끈 함대가 칠천량 해전에서 패배하자 이순신을 삼도수군통제사로 재임명하는 교지로, 수군 패전에 대한 선조의 후회와 사과의 내용이 담겨 있다.

선조는 자신에게 불리한 상황이 전개될 때마다 '양위 카드'를 열다섯 번이나 남발하면서 광해군에게 어두운 그림자를 드리웠다. 그러나 선조는 임진왜란 후 국가 재건과 문화 중흥을 이끈 왕이었으며, 특히 광해군의 외교 정책에 아버지로서 강한 영향을 남겼다. 일례로 선조는 임진왜란 무렵 날로 세력이 커지고 있던 누르하치의 건주여진에 유연하게 대응했다. 그들의 동향을 제대로 알기 위해 정탐의 중요성을 강조하고 간첩을 적절히 활용하도록 했다. 또한 1600년 7월에 요동에서 한인(漢人) 반군들의 봉기가 발생했을 때 선조는 반란군과 명군 사이에서 시종 일관 주도면밀하게 대응했다. 이러한 전후 사실들을 고려하면, 광해군이 명과 후금에 대해 취한 정책과 대응 방식은 부왕 선조를 통해 보고 배웠을 개연성이 높다.

지시하면서 "옛날에는 두 진(陣)이 전쟁을 벌여도 그 사이에 사신이 왕래했다"라고 말한 뒤, 정탐과 간첩 활용의 중요성을 강조한 바 있다. 광해군이 훗날 후금 내부의 동향을 파악하기 위한 정탐 활동의 필요성을 제기하면서 "옛날에는 전쟁이 벌어져도 사신이 그 사이에 있었다. 병사(兵事)는 사술(詐術)을 피하지 않는다"라고 말한 것과 사실상 똑같은 내용이다.

1600년(선조 33) 7월, 요동에서 한인(漢人) 반군(叛軍)들의 봉기가 발생했을 때 선조가 취한 대응책 또한 훗날 광해군이 후금에 대해 펼친 대응책과 흡사했다. 당시 요동에서는 태감(太監) 고회(高淮) 등이 자행한 무절제한 징세 수탈에 반발하여 김득시(金得時)라는 인물이 5만 명에 가까운 요동 주민들을 규합하여 봉기했다. 이른바 광세지폐(礦稅之弊)가 불러온 파장이었다. 주문사(奏聞使) 남이신(南以信)의 보고를 통해 소식을 접한 선조는, 김득시 일당의 봉기가 혹시라도 조선에 영향을 미칠까 봐 우려하면서 사태의 추이를 예의 주시했다. 선조는 우선 명의 요동도사(遼東都司) 등이 반란군을 진압하기 위해 조선에 원병을 요청하는 상황을 가장 우려했다. 또 김득시의 반란군이 누르하치 등과 연합하여 조선 국경에 와서 분탕질을 하거나 명군의 진압을 피해 조선 영내로 들어오는 상황 등을 가상하고 대책을 마련하느라 부심했다. 선조는 평안도 관찰사를 시켜 지략 있는 군관과 중국어에 능한 사람을 중국인으로 위장시켜 들여보내 김득시 일당의 강약과 허실 등 내부 사정을 정탐해오도록 했다. 같은 해 10월, 반란이 진압됨으로써 선조가 우려한 상황은 일어나지 않았다. 그런데 이 사건을 처음 인지했을 때부터 끝날 때까지 선조가 취한 대응책의 주도면밀함은 뒤에 광해군이 후금에 대처한 방식을 그대로 연상시키는 것이었다. 간첩을 활용하여 명과 후금의 내정을 탐지하고, 아국(我國)의 정보가 명과 후금으로 누설되는 것을 막고, 명이 원병을 요청하는 상황을 회피하고자 하고, 어쩔 수 없이 후금을 치는 원병을 보낼 때 그 사령관으로 중국어에 가장 능통한 강홍립(姜弘立)을 사령관으로 임명한 광해군의 정책과 사실상 거의 똑같다. 1619년 이후 명의 재징병 요구를 거부하는 한편, 누르하치와 '비선', '핫라인'을 유지하면서 관계를 원만히 하려고 시도한 점, 그 과정에서 때로 명을 기만하는 전술도 서슴지 않은 점, "외교에는 때로 사술도 필요하다"라고 강조한 점도 마찬가지다.

전후 사실들을 고려하면, 광해군이 명과 후금에 대해 취한 정책과 대응 방식은 부왕 선조를 통해 보고 배웠을 개연성이 높다. 물론 광해군 자신이 본래부터 뛰어난 외교 감각을 갖고 있었다고도 할 수 있지만, 그가 즉위한 뒤로 취한 대외 정책에는 선조의 영향력이 작용했다고 보는 편이 자연스럽다. 광해군의 외교에 아버지의 영향이 '빛'으로 작용한 것이다.

광해군이 외교에서 수완을 발휘하고 전란의 후유증을 치유하는 데 치적을 남긴 것은 사실이다. 하지만 그는 끝내 폐위되고 말았다. 그리하여 혼군(昏君), 즉 '어두운 임금'이라고 낙인찍히고 말았다. 왜 그랬을까? 실정을 자행하여 결국 폐위된 책임은 온전히 그가 질 수밖에 없다. 하지만 그 과정에는 아버지 선조와의 긴장 관계에서 배태된 부정적 영향의 그림자가 드리워져 있음을 부인할 수 없다.

광해군이 즉위한 뒤에도 내부의 정치 환경은 만만치 않았다. 즉위 직후부터 역모 사건이 줄을 이었다. 광해군은 일단 자신의 '즉위 정당성'을 환기시키는 작업부터 벌인다. 이를 주도한 측근들은 일단 과거에 대한 기억부터 바꾸자고 촉구했다. 그 '기억'의 출발은 임진왜란이었다. 임진왜란을 어떻게 볼 것인가? 측근들은 1612년(광해군 4)에 임진왜란을 극복할 수 있었던 원동력을 광해군의 공적을 중심으로 재해석하자고 촉구했다.

전하께서는 우리나라가 재조(再造)된 공로를 명 황제가 소국을 사랑한 은혜와 우리 선왕 및 여러 신하들이 청병한 정성 때문으로 돌리시면서, 스스로 "명령을 받들고 왕래했지만 특별한 공로가 없다"라고 하셨습니다. 선왕의 빛나는 공적이 참으로 전하의 하교와 같지만, 전하의 공로가 어찌 선왕만 못하겠습니까? 임진년에 파천할 때 국사가 긴급하여 팔도의 백성이 모두 놀라 흩어지며 다시는 조정의 명령이 있음을 생각하지 못했습니다. 그러니 전하께서 큰 계책을 세워 서울 가까이에 나아가지 않았다면, 영호남의 도로가 어떻게 통하며, 원근의 의병이 어떻게 일어나며, 군량과 무기를 어떻게 조치하며, 명군의 기세를 어떻게 도왔겠습니까? 비유하면 마치 명의(名醫)가 먼저 그 혈기(血氣)를 치료한 후에 약석(藥石)을 시행하는 것과 같습니다. 전하께서 종묘사직의 신주를 받들고 험난한 길을 전전하신 것이 곧 혈기를 치료한 것이요, 명나라 장수들이 백만 대군을 이끌고 적을 소탕한 것이 곧 약석을 시행한 것입니다. 선왕께서 이미 이 일로 힘써 여러 신하들의 요청에 따랐는데, 전하께서는 어찌 이 일에 대하여 겸손함만을 고집하십니까?

_《광해군일기》권54, 광해군 4년(1612) 6월 1일

임진왜란이 끝난 뒤 선조는 '전쟁을 극복할 수 있었던 것은 자신이 의주로 가서 명군을 불러왔기 때문'이라며 모든 공로를 명군에게 돌린 바 있다. 임진왜란을 치르면서 선조는 권위가 심하게 실추된 반면에 이순신 같은 신료들의 위상과 존재감은 크게 높아졌다. 그런데 선조의 발언처럼 전쟁을 극복한 공로를 모두 명군에게 돌릴 경우, 이순신 같은 명장들의 공로

는 왜소해지고 선조의 권위 또한 어느 정도 만회될 수 있었다. '전쟁 극복의 원훈(元勳)'인 명군을 불러왔기 때문이다.

그런데 광해군의 측근들은 "광해군의 분조 활동이 없었으면 선조가 명군을 끌어들인 공도, 명군이 일본군을 소탕한 공도 모두 소용이 없었을 것"이라고 강조하여 왜란 극복의 최종적인 동력을 광해군 덕분으로 바꾼 것이다. 그것은 광해군이 왜란을 극복하는 데 가장 큰 공을 세웠다고 강조함으로써 '차자'이자 '첩자'이던 광해군의 정치적 한계를 상쇄하는 효과를 노린 것이기도 했다.

하지만 여전히 역모 사건이 빈발하는 가운데, 16년 동안 왕세자로서 전전긍긍한 경험과 '첩자'이자 '차자'라는 원초적 '콤플렉스' 속에서 자꾸 배다른 동생이자 '적자'인 영창대군에게 눈길이 갔다. 급기야 1613년, 이이첨(李爾瞻) 등은 문경(聞慶) 새재에서 일어난 은상(銀商) 살해 사건을 계기로 벌어진 역모사건의 수사를 맡는다. 그리고 수사 과정에서 이름이 언급된 영창대군을 죽이자고 나선다. '후환'을 없애자는 주장이었다. 광해군은 찬성도 거부도 단호하게 하지 못했다. 결국 영창대군은 강화도로 유배되어 죽는다. 영창의 생모이자 광해군의 계모인 인목대비의 원한이 하늘을 찌를 듯 깊어졌다. 그러자 이이첨 등은 아예 인목대비까지 '처리하자고' 나선다. 대비 자리에서 끌어내리자고 했다. 광해군은 반대했지만, 결국 그녀를 서궁(西宮, 덕수궁)에 유폐하고 모후 대접을 제대로 하지 않았다. 그의 가장 큰 실정으로 꼽히는 '폐모살제(廢母殺弟)'가 빚어진 것이다.

광해군이 빈발하는 역모 때문에 전전긍긍하고 소심한 모습을 보이자 술사(術士)들이 주변에 꾀기 시작한다. 수도를 교하(交河)로 옮기자고 하더니, 신하들이 반발하자 새 궁궐을 건설해야 한다는 주장이 나온다. '왕기가

서려 있는 곳에 먼저 궁궐을 지어 역모의 싹을 자르자'는 것이었다. 결국
경덕궁(慶德宮), 인경궁(仁慶宮), 자수궁(慈壽宮) 등 거대한 궁궐들을 짓는 공사
가 시작된다. 동시 다발로 진행하는 토목 공사는 재정을 갉아먹었다. 또
민심도 갉아먹었다. 민가를 헐고, 건축 자재를 모으고 수송하는 과정에서
민심이 급격히 이반되었다. 광해군은 '토목 공사를 자제하라'는 충고에
귀를 닫았다. 대동법을 최초로 실시한 것과 달리 토목 공사에 집착한 것은
'폭군'의 모습일 수밖에 없었다. 그럴 듯한 궁궐로 번듯하게 왕권을 세우
고 어딘가에서 자랄지도 모르는 역모의 싹도 자르겠다는 심산이었다. 하
지만 그는 이 과정에서 사대부들의 마음도, 민심도 모두 잃었다. '폐모살
제' 과정에서 그에 반대하던 남인(南人)과 서인(西人)은 조정에서 모두 쫓겨
났다. 북인(北人), 그 가운데서도 대북파(大北派)만이 조정에 남아 권력을 좌
지우지했다. 그 과정에서 광해군 정권의 지지 기반은 협소해지고 만다.
'서인이 이를 갈고, 남인이 원망을 품으며, 소북(小北)이 비웃는 상황'이 만
들어졌다. 왕권을 세워 국왕으로서 자신의 위상을 굳건히 세워야 한다는
강박관념과 조바심이 부른 결과였다. 그 배경에는 왕세자 시절에 부왕의
변심을 걱정하면서 '전전긍긍'하던 트라우마가 자리잡고 있지 않았을까?
　광해군은 1623년에 폐위되었다. 그를 쫓아낸 인조와 서인들 그리고 서
인에 동조한 남인들은 '모후 인목대비를 폐하고 아우 영창대군을 죽인
것', '부모의 나라 명을 배신하고 오랑캐 후금과 화친한 것', '토목 공사
를 잇달아 벌여 민생을 피폐하게 한 것' 등을 폐위의 명분으로 들이댔다.
'폐위 명분'이 과연 합당한지는 논란의 여지가 있다. 하지만 분명한 것이
하나 있다. 광해군은 재위 중반 이후로 신료들을 통합하고 내정을 추스르
는 데 실패했다는 점이다.

권력은 비정한 것이다. 아버지와 아들 사이에도 공유될 수 없다. 동서고금을 막론하고 '현재 권력'인 왕과 '미래 권력'인 왕세자 사이에는 늘 미묘한 견제 심리가 존재할 수밖에 없었다. 더욱이 전란을 맞아 외세까지 개입하여 양자를 흔들어대면 상황은 더 심각해진다. '첩의 몸에서 난 둘째' 광해군은 임진왜란이라는 전쟁을 만나 위기에 처한 아버지로부터 낙점을 받는 행운을 누린다. 하지만 임진왜란을 사실상 주도한 외세 명은 사실상 '갑'의 위치에서 '을'의 처지인 선조와 조선 조정을 뒤흔들었다. 그리고 그 과정에서 선조와 광해군을 흔들어 자신들에게 충성 경쟁을 시켰다. 곤경에 처한 아버지는 살아남기 위해 '양위 파동'을 남발했고, 본래 소심하고 효심이 깊던 아들은 그런 아버지로부터 버림받지 않기 위해 노심초사했다. 그리고 천신만고 끝에 왕위에 올랐을 때, 광해군은 오로지 자신의 왕권을 지키기 위해 집착했다. 그런데 그 과정에도 아버지의 빛과 그림자는 여전했다. 아버지에게 '배우고 학습한' 것이 외교에서 '빛'으로 나타났지만, 아버지에게 '버림받지 않으려 했던' 조바심은 내정의 '그림자'가 되어 드리워졌다. 선조와 광해군의 관계는 그런 모습이었다.

선조는 '차자'이자 '첩자'인 광해군을 왕세자로 세움으로써 그에게 자신감을 키워주었다. 하지만 선조가 명군 지휘부에 치이고 돌아서버린 민심의 동향에 위협을 느끼면서 '양위 파동'을 남발하거나 새 장가를 들고 영창대군을 낳으면서 광해군에게 냉랭하게 대함으로써, 광해군의 소심함과 권력 보전에 대한 조바심을 더욱 크게 만든 것으로 보인다.

광해군은 아버지에게 '감사해 하고' '배우기도' 했지만, 아버지 때문에 '상처 받고' 거기서 벗어나기 위해 무엇인가를 '반드시 해야 한다'는 강박관념을 가졌던 것으로 보인다. 아버지에게 '배운' 것은 분조와 무군사를 이끈 그의 경험과 맞물려 외교 정책에서의 '빛'으로 펼쳐졌지만, 아버지에게 '상처받고' 그 때문에 전전긍긍하던 경험은 내정에 '그림자'를 드리웠다.

4장

상처 입은 아버지와
새 세상을 본 아들 _한명기

인조와 소현세자

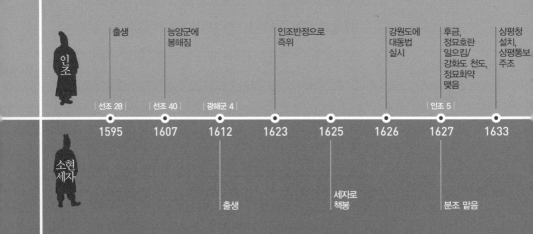

인조

	출생	능양군에 봉해짐		인조반정으로 즉위		강원도에 대동법 실시	후금, 정묘호란 일으킴/ 강화도 천도, 정묘화약 맺음	상평청 설치, 상평통보 주조
	선조 28	선조 40	광해군 4				인조 5	
	1595	1607	1612	1623	1625	1626	1627	1633

소현세자

| | | | 출생 | | 세자로 책봉 | | 분조 맡음 | |

청,
병자호란
일으킴

1월
남한산성을
나와
삼전도에서
항복

세자빈에게
사약
내림

사망

| 인조 23 |

| 인조 27 |

1636　　1637　　1640　　1641　　1644　　1645　　1646　　1649

2월
청에
항복하고
인질로
선양으로 감

일시 귀국

청 황제의
원정에
동행

1월
일시 귀국
12월
북경에서
아담 샬
만남

2월
귀국
4월
급사

—— 소현이 왕세자가 된 것은, 광해군이 왕세자가 된 사실 만큼이나 극적이었다. 임진왜란이 일어나지 않았더라면? 또 일본군이 승승장구하면서 한양으로 그렇게 빨리 북상해 오지 않았더라면? 첩의 자식이자 그나마 둘째인 광해군이 왕이 될 가능성은 별로 없었다. 인조반정이 실패하거나 광해군이 계속 집권했더라면? 거사가 만약 실패했더라면? 소현은 필경 '난신적자의 피붙이'로서 아버지 인조와 함께 비참한 최후를 맞았을 것이다. 임진왜란이라는 전쟁이 광해군의 운명을 바꾼 것처럼, 인조반정이라는 정변이 소현의 운명을 바꾼 것이다.

1623년 3월 13일 새벽, 창의문(彰義門)을 돌파한 반정군은 창덕궁(昌德宮)으로 들이닥쳤다. 장단(長湍) 부사 이서(李曙)와 이괄(李适) 등이 이끄는 반정군의 공격 앞에 창덕궁은 속절없이 점령되었다. 아니 점령되었다기보다 스스로 무너졌다고 하는 편이 더 정확했다. 1천 4백여 명 남짓한 반정군이 순식간에 창덕궁 안팎을 장악할 수 있었던 것은 훈련대장 이흥립(李興立)이 반정군 지휘부에게 매수되었기 때문이었다.

반정군이 궁궐의 각 전각을 장악하고 자신의 행방을 쫓고 있을 무렵, 광해군은 후원으로 피신했다. 그가 내시의 도움을 받아 담을 넘는 순간, 그는 더 이상 조선의 왕이 아니었다.

광해군이 도망치고 있을 때, 그의 조카 능양군(綾陽君)은 인정전(仁政殿)으로 들어가 호상(胡床)에 걸터앉는다. 이른바 인조반정이 성공하는 순간이었다. 또 숙부와의 오랜 악연이 능양군의 승리로 매듭지어지는 순간이기도 했다. 이제 능양군이 궁궐의 새 주인이 되었다. 광해군은 공빈 김씨의 몸에서 난 선조의 둘째아들이다. 능양군은 정원군(定遠君)의 아들이다. 정원군 또한 인빈 김씨의 몸에서 난 선조의 아들이니, 능양군은 선조의 손자다.

광해군 말년, 능양군 집안은 살얼음판을 걸어야 했다. '정원군의 집터에 왕기가 서려 있다'라는 풍문 속에 감시가 강화되었다. 급기야 광해군은 그곳에 궁궐을 지었다. 능양군의 동생 능창군은 역모 혐의에 연루되어 비명에 세상을 뜬다. 이러한 가족사를 바탕으로 모반의 움직임이 싹텄다. 그뿐만 아니라 폐모 논의가 대두되어 정치판을 흔들었고, 잇따른 궁궐 공사로 민심은 악화되고 있었다. 광해군 정권에서 '찬밥' 신세이던 구굉(具宏), 구인후(具仁垕) 등 능양군의 인척들과 김류(金瑬), 이귀(李貴), 이서 등 서인계 신료들이 오랫동안 정변을 준비해왔다.

날이 밝자 상황이 끝났다. 숨어 있던 광해군이 잡혀왔다. 능양군은 광해군을 이끌고 서궁으로 향했다. 선조의 계비 인목대비가 유폐되어 있던 곳이었다. 거사가 성공하여 광해군이 권좌에서 쫓겨난 상황에서 인목대비는 왕실의 최고 어른이자 새 국왕을 지명할 권한을 지닌 막강한 권력자였다. 능양군은 인목대비에게 두 번 절하고 통곡했다. 인목대비는 한참 동안 뜸을 들이다가 발을 드리우고 능양군을 안으로 불러들였다. 그녀는 이윽고 능양군에게 옥새를 넘겨주었다. 능양군이 주도한 '쿠데타'가 '반정'이 되는 순간이었다. 능양군은 옥새를 넘겨받은 직후 경운궁(慶運宮) 별당에서 즉위했다. 임진왜란 당시 의주까지 파천했다가 돌아온 뒤로 선조가 집무하던 곳이었다.

왕이 된 아버지,
왕세자가 된 아들

능양군이 왕이 되자 맏아들 소현(昭顯)의 운명도 같이 바뀌었다. 열세 살의 소현은 이제 왕세자가 될 순간을 맞게 되었다. 동생 봉림(鳳林)과 인평(麟坪) 또한 모두 '대군(大君)'이라는 칭호를 받게 되었다. 극적인 순간이었다.

하지만 왕이 된 아버지와 왕세자가 될 아들은 또 한 고비를 넘겨야 했다. 인조반정이 성공한 지 채 1년도 되지 않은 1624년 1월, 공신 이괄이 반란을 일으켰다. 반정 당시에 군사들을 지휘하여 정변을 성공시키는 데 결정적 공을 세운 사람이 이괄이었다. 하지만 이후 단행된 논공행상의 결과가 이괄은 도무지 성에 차지 않았다. 거사 당일, 성공 여부를 확신하지 못한 대장 김류는 미적거리며 약속 장소인 연서역(延曙驛)에 제 시간에 나타나지 않았다. 장단 부사 이서의 병력을 빼면 대부분 오합지졸에 불과하던 군중에서 동요가 일어났다. 거사의 성공 여부가 한치 앞을 내다볼 수 없는 상황으로 빠져들고 있었다. 병력을 지휘해본 경험자가 필요하던 그때, 이괄이 능력을 유감없이 발휘했다. 대장이 오지 않아 동요하고 자칫 흩어져버릴 수도 있던 병력들을 다잡아 거사를 실행시키는 데 결정적인 역할을 했다. 그런데 논공행상에서 김류는 1등 공신이자 원훈이 되었고,

이괄은 겨우 2등 공신이 되었다. 그뿐만 아니라 부원수라는 벼슬을 받고 최전방인 평안도 영변으로 내려가야만 했다. 이괄이 내려간 직후 한양에서 그의 행적을 의심하고 역모 혐의를 내사하고 있다는 소문이 들려왔다.

1624년 1월 17일, 문회(文晦) 등이 고변했다. "이괄이 반정에 참가한 것을 후회하면서 역심(逆心)을 품고 있다"라는 것이다. 이귀 등은 당장 이괄을 잡아들이자고 촉구했다. 인조는 처음에는 이괄을 비호하다가 결국 금부도사(禁府都事)를 파견한다. 금부도사가 자신을 잡으러 영변으로 들이닥치자 이괄은 군대를 일으킨다. 반란군의 초반 기세는 무서웠다. 순식간에 서울을 향해 치달려 내려왔다. 인조와 소현은 한양을 버리고 공주까지 피신해야 했다. 어렵사리 잡은 정권을 허망하게 내놓게 될 수도 있는 위기의 순간이었다. 이괄은 장만(張晚)이 이끄는 진압군에게 패주한 뒤 자중지란 끝에 피살되었지만, 인조는 놀란 가슴을 쓸어내렸다.

이괄의 난이 진압되고 1년 뒤 소현은 왕세자에 책립된다. 그의 나이 열다섯이었다. 1625년 1월 27일, 인조가 소현을 왕세자로 세우면서 예조판서 이정구(李廷龜)를 시켜 지은 교명문(敎名文)의 내용은 절절하기 그지없다.

아, 너 원자 이조(李洭)는 규장(圭璋, 예식 때 장식으로 쓰는 귀한 옥)처럼 품성이 빼어나고 기억(岐嶷, 높고 무성한 형상)처럼 천성이 특출하다. 선천적으로 자질이 아름다워 효도와 우애가 마음에서 우러나오고, 날로 온화하고 문아(文雅)해져 밝은 견식을 스스로 터득했다. 오래전부터 영특하다고 이름이 나서 상사(上嗣, 후계자)로 점지되었는데 어질다는 소문이 퍼졌으니, 실로 원량에 합당하다.

국운이 새롭게 되어 내가 이미 대업(大業)을 이었는데, 인심을 매어두어야 하니, 네가 소양(少陽, 세자)의 자리에 올라서야 마땅하다. 세자를 세우는 통규(通規)를

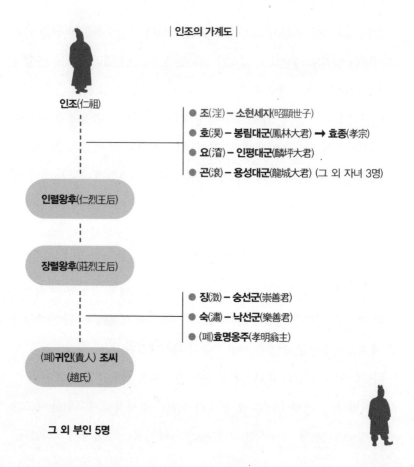

| 인조의 가계도 |

인조(仁祖)

- 조(淐) – 소현세자(昭顯世子)
- **호(淏) – 봉림대군(鳳林大君) ➔ 효종(孝宗)**
- 요(㴭) – 인평대군(麟坪大君)
- 곤(滾) – 용성대군(龍城大君) (그 외 자녀 3명)

인렬왕후(仁烈王后)

장렬왕후(莊烈王后)

- 징(澂) – 숭선군(崇善君)
- 숙(潚) – 낙선군(樂善君)
- (폐)효명옹주(孝明翁主)

(폐)귀인(貴人) 조씨(趙氏)

그 외 부인 5명

살피건대 위태로운 상황일수록 더욱 중요한 일이니, 이는 진실로 종사를 위하는 막중한 계책에서 나온 것이고 부자간에 감히 사사로이 할 수 있는 것이 아니다. 이에 너를 명하여 왕세자로 삼노니, 너는 열성(列聖)들이 쌓아온 국기(國基)를 염두에 두고 오늘날에 부탁하는 의리를 생각하라. 오직 공경으로써 일을 처리하고 검소한 자세로 몸을 단속하며, 언제나 두터운 덕으로 현인을 높이고, 총애하다가 모욕당하는 일이 없도록 하라. 시종 학문에 종사하여 교훈에 어긋나지 않게 하고 밤낮으로 참된 마음을 지녀 반드시 예법대로 준행하라. 아, 장자로서 밝은 덕을 지녀 길게 이어서 온 아름다운 국조(國祚, 나라의 복)를 크게 드러내고, 바닷물처럼 윤택해지고 별빛처럼 빛을 발휘하여 영화롭게 이어받은 경사가 더욱 퍼지게 하라.

_《인조실록》 권8, 인조 3년(1625) 1월 27일

교명문은 '품성이 뛰어나고 자질이 아름답다'라고 소현을 찬양한다. 이어 반정을 통해 새롭게 대업을 이룬 아버지 인조를 이어 '인심을 붙잡아 두어야' 하는 막중한 임무가 소현에게 있다고 커다란 기대감을 표시했다.

소현을 왕세자로 책립한 다음날, 인조는 융정전(隆政殿)에 나아가 신하들로부터 하례를 받았다. 동시에 전국에 사면령을 내리고 소현을 가르친 사부(師傅)들의 벼슬 자급(資級)을 올려주었다. 오윤겸(吳允謙), 이정구, 정엽(鄭曄), 정경세(鄭經世) 등이 그들인데, 모두 당대의 석학이자 명망가들이었다.

1625년 2월 21일에 소현은 왕세자로서 공식 일정을 시작했다. 먼저 종묘에서 역대 국왕의 신위(神位)에 인사를 올렸다. 자신이 새로 왕세자가 되었음을 고하는 자리였다. 환궁할 때는 할아버지 정원군의 묘에 참배했다.

소현이 왕세자가 된 것은, 광해군이 왕세자가 된 사실 만큼이나 극적이었다. 임진왜란이 일어나지 않았더라면? 또 일본군이 승승장구하면서 서울로 그렇게 빨리 북상해오지 않았더라면? 첩의 자식이자 그나마 둘째인 광해군이 왕이 될 가능성은 별로 없었다. 인조반정이 실패하거나 광해군이 계속 집권했더라면? 거사가 만약 실패했더라면? 소현은 필경 '난신적자의 피붙이'로서 아버지 인조와 함께 비참한 최후를 맞았을 것이다. 임진왜란이라는 전쟁이 광해군의 운명을 바꾼 것처럼, 인조반정이라는 정변

이 소현의 운명을 바꾼 것이다.

왕세자로 책립된 뒤 소현에게는 또 다른 절차상의 과제가 남아 있었다. 바로 명나라로부터 승인을 받아내는 문제였다. 그러려면 세자를 책봉해 달라고 명에 주청해야 했다. 신료들은 소현의 책립례(冊立禮)를 마친 뒤에 속히 명나라에 주청사를 파견하자고 채근했다. 하지만 인조의 생각은 달랐다. 때가 아니라는 것이었다. 왕세자 책립을 주관하기 위해 명에서 오는 사신을 접대하는 데 드는 경제적 부담 때문이었다. 사신으로 오는 자는 십중팔구 환관 출신일 것이고, 그들의 탐욕을 채워주려면 엄청난 양의 은과 인삼이 필요했다. 하지만 당시의 경제 형편으로 그것들을 준비할 여유가 없었다. 실제로 인조는 소현을 세자로 책봉해달라는 주청사를 1633년 5월에야 파견했다. 그리고 명나라 사신 노유녕(盧維寧)이 와서 소현을 왕세자로 인정하는 의식을 거행한 것은, 1634년(인조 12)의 일이었다. 소현은 왕세자가 된 지 물경 10년이 더 지나서야 명의 승인을 받은 셈이다. 당시 조선의 제반 사정이 그만큼 어려웠음을 보여주는 대목이다.

동궁이 된 뒤에 소현의 일상은 여느 왕세자와 크게 다르지 않았다. 조정이나 왕실의 행사가 있으면 부왕 인조를 수행하여 참여하고, 평상시에는 사부들에게 지도를 받으며 학문을 닦거나 서연에 나아가 경전을 강론하는 것이 주된 일과였다.

하지만 왕세자 소현의 평온한 일상은 오래가지 못했다. 나라 안팎의 환경이 엄혹했기 때문이다. 안으로는 정변으로 흐트러진 민심을 수습하고 안정시키는 것이 시급했다. 밖으로는 조선의 동향을 예의주시하는 명 그리고 후금과 관계를 원만하게 풀어가는 것이 중요했다. 명과 후금이 군사적으로 맞서고 있던 당시 상황에서 조선의 처지는 불안했다. 명은 조선을 끌어들여 후금과 싸움을 붙이려 시도했고, 후금은 조선이 자국 편을 들거나 최소한 중립을 지켜주기를 원했다. 광해군은 이러한 곤경을 맞아 명과 후금 사이에서 양단을 걸치며 후금을 자극하지 않으려고 노력했다. 명의 이이제이 술책에 휘말려 후금과 적대하게 되고 끝내 후금으로부터 침략받는 상황을 우려했기 때문이다.

분조를 이끌며 정치를 배우다

인조반정이 성공하자 분위기가 바뀌었다. 인조와 반정공신들은 광해군을 몰아내면서 그의 중립적인 대외정책을 문제삼았다. 1623년 3월 14일, 광해군 폐위를 선포하면서 내린 교서에서 인목대비는 다음과 같이 언급했다. "선조는 임진왜란 당시에 명나라가 도와준 '재조지은(再造之恩)'을 잊지 못해 죽을 때까지 명나라가 있는 서쪽을 등지고 앉은 적이 없었다. 광해는 배은망덕하여 천명을 두려워하지 않고 오랑캐에게 성의를 베풀었으며, 심하(深河) 전투 때에는 전군을 오랑캐에 투항시켰고, 황제가 칙서를 내려도 구원병을 파견하지 않아 예의의 나라 조선을 금수(禽獸)로 전락시켰다"라고 성토했다.

그것은 새 정권이 향후 명에 대해 충성을 다하겠다는 메시지를 담고 있는 것이기도 했다. 반정 직후에 인조 정권은 '아쉬운 소리'를 하면서 명에 매달려야 하는 처지에 있었다. 당시 명 조정에는 조선의 정변을 '찬탈'로 규정하고 인조를 응징하고 광해군을 복위시키라고 주장하는 신료들이 적지 않았다. 또 새 정권이 명에 충성을 다하리라는 확실한 보장이 없으면 인조를 책봉하지 말아야 한다는 목소리도 넘쳐나고 있었다. 명의 승인이 절실하던 인조와 반정공신들은 가슴을 졸였다. 따라서 새 정권은 '명을 배신한 광해군을 응징하기 위해 거사했다', 향후 '명에 대해 충성을 다하겠다'라는 뜻을 의식적으로 강조했다. 친명(親明)의 자세를 명백히 하여 명으로부터 '반정'의 정당성을 인정받아 통치 기반을 다지려는 포석이었다.

하지만 '친명'을 노골적으로 표방할 경우 후금과의 관계는 긴장으로 치달을 수밖에 없다. 후금과 관계가 틀어져 전쟁이 터진다면 어렵게 잡은 정권이 날아갈 수도 있었다. 그 때문에 집권 이후의 외교 정책은 살얼음 판 위에서 전개될 수밖에 없었다. 명을 배려해야 했고 후금을 자극해서도 곤란했다. 그러나 결국 전쟁이 터지고 말았다.

인조반정 무렵 후금의 기세는 날로 높아졌다. 후금은 1619년 사르후 전투에서 명을 대패시키더니, 1625년(인조 3) 요동 전체를 장악했다. 이해에 누르하치는 수도를 성경(盛京, 심양)으로 옮기고 요동 시대를 열었다. 요동 전체가 후금의 수중에 떨어지면서 당장 조선과 명을 연결하는 육로가 사라졌다. 이제 위험한 해로를 통해서만 사신들이 오고갈 수 있었다.

누르하치는 여세를 몰아 1627년에 산해관(山海關)의 관문인 영원성(寧遠城)을 공격했다. 하지만 순무(巡撫) 원숭환(袁崇煥)은 마카오에서 도입한 홍이포(紅夷砲)를 이용하여 후금군을 차단했고, 누르하치는 부상의 후유증 때문에 죽고 말았다. 누르하치가 죽자 여덟째아들 홍타이지(皇太極)가 칸(汗) 자리에 올랐다. 홍타이지의 등극은 조선에는 비보(悲報)였다. 그는 본래 조선에 대해 강경론자였다. 등극 직후 홍타이지는 자신을 둘러싼 불리한 정치 상황을 타개하기 위해 '조선 카드'를 만지작거렸다. 홍타이지는 당시 자신의 형들인 다이샨(代善), 아민(阿敏), 망굴타이(莽古爾泰) 등으로부터 견제를 받고 있었다. 명목상으로는 홍타이지가 칸이었지만, 사실상 공동 정권이나 마찬가지였다. 특히 사촌형 아민은 홍타이지의 등극에 불만이 많았다. 형들의 견제 속에 지도력을 시험받고 있던 홍타이지는 권력을 다지기 위해 돌파구가 필요했다. 1627년 후금군의 조선 침략은 이러한 배경에서 불거졌다.

홍타이지가 조선 침략에 나선 까닭은 또 있었다. 당시 철산(鐵山) 앞바다 가도(假島)에 주둔하고 있던 명 장수 모문룡(毛文龍)을 제거하기 위해서였다. 모문룡은 "후금의 배후를 견제한다"라며 청천강(淸川江) 이북에 수시로 나타나 후금을 자극했다. 무엇보다 후금을 격앙시킨 것은 모문룡 때문에 요동의 한인(漢人)들이 동요한다는 점이었다. 한인들은 요동을 탈출하여 조선으로 들어오거나, 일부는 가도로 들어가거나, 요동 반도 연해의 도서 지역으로 이주했다. 후금에게 모문룡은 '목에 걸린 가시' 같은 존재였다.

인조반정 직후에 조선은 모문룡에게 '코가 꿰인 상태'였다. 명 조정은 인조를 책봉하는 대가로 조선에 모문룡을 원조하라고 요구했다. 모문룡 또한 자신이 인조가 빨리 승인받을 수 있도록 명 조정에 힘을 쓰고 있음을 내세워 보답하라고 요구했다. 조선은 결국 막대한 양의 군량을 가도로 보냈다. 그뿐만 아니라 모문룡의 부하들은 청천강 이북에 둔전(屯田)을 설치하고, 수시로 이 지역에 출몰했다. 모문룡은 후금의 조선 침략을 부르는 '인계 철선(引繼鐵線)'이었다.

홍타이지는 1627년 1월, 조선 침략에 나설 원정군의 사령관으로 사촌형 아민을 임명했다. 다목적 포석이었다. 자신의 즉위에 불만이 많던 아민을 사령관에 임명하여 충성심을 시험하는 한편, 원정이 실패할 경우 책임을 물을 수도 있었다. 조선 침략은 홍타이지 체제의 순항 여부를 가름하는 중요한 정치적 사안이었던 셈이다.

1627년(인조 5) 1월, 정묘호란(丁卯胡亂)이 일어났다. 후금군의 침략이 시작된 것이다. 후금군은 질풍같이 남하했다. 조선군은 변변하게 저항조차 하지 못하고 무너졌다.

연이은 패전 소식에 조정은 다급해졌다. 인조는 강화도로 파천하기로 결정했다. 모든 대책은 인조와 조정에 대한 호위에 맞춰졌다. 1월 18일, 사태가 더 급박해지자 이귀가 처음으로 분조 이야기를 꺼냈다. 인조는 조정을 이끌고 강화도로 들어가고 소현세자에게 분조를 이끌고 남하하여 인심을 수습토록 하자고 촉구했다. 임진왜란이 일어난 직후, 선조가 파천할 때 광해군에게 분조를 이끌게 한 것과 유사한 상황이 벌어졌다.

인조는 이귀의 주장에 부정적인 반응을 보였다. "왕세자가 아직 어리므로 멀리 보낼 수 없다"라며 반대했다. 정변을 통해 어렵사리 권력을 잡은 상황에서 갑자기 전란이 터지고 향후 전망조차 불투명한 상황에서 어린 아들과 떨어지기 싫은 것은 인지상정이었을 것이다. 신료들은 분조가 불가피하다고 계속 채근했다. 1월 19일에 사헌부와 사간원은 분조가 예전부터 시행되던 관례임을 상기시키며 "조정이 궁벽한 강화도로 들어가면 명령이 통하지 않고 조운(漕運)도 끊길 우려가 있다"라며 속히 분조를 실시하여 그 같은 사태를 막아야 한다고 강조했다. 소현세자가 이끄는 분조로 하여금 육지 지역을 통치하여 사실상 전쟁을 수행하는 역할을 맡게 해야 한다고 주장했다. 인조가 계속 반대하자, 1월 21일에는 가장 연로한 원로인 이원익(李元翼)까지 나서서 분조를 시행하라고 촉구했다. 영의정 이원익은

"오로지 강화도만 지키고 있다가 명령이 통하지 않으면 남한산성도 믿을 수 없고 지방의 감사(監司)나 수령도 지탱하는 것이 불가능하다"라고 분조의 절박성을 역설했다. 인조는 결국 신료들의 요청을 받아들였다.

1월 21일 인조는 분조가 담당해야 할 임무를 하달했다. 먼저 당시 호패법(號牌法)을 실시하는 문제 때문에 동요하던 삼남 지방의 민심을 다독이라고 지시했다. 또 전란의 상황이 급박해질 경우에는 감사, 병사, 수령 등의 임명을 알아서 하라고 지시했다. 비록 급박해질 경우라는 단서를 달기는 했지만, 인사권 일부를 넘겨준 셈이다. 인조는 또 소현을 배종(陪從)하는 신료들과 시강원 관원들에게 어린 세자를 잘 보도(輔導)하라고 신신당부했다. 그러면서 "옛날에는 배 안에서도《대학(大學)》을 강한 사람이 있었다"라며 세자의 학문을 진작시키기 위해 서연을 소홀히 하지 말라고 당부했다. 소현을 훌륭한 왕재로 키우려는 의지가 충만했던 셈이다.

1월 23일, 소현은 분조를 이끌고 한양을 출발했다. 분조가 출발한 직후에 안주가 무너지고 평양 등이 잇따라 함락되었다. 분조는 일단 전주를 목적지로 삼고 있었다. 1월 26일, 생원 유문서(柳文瑞) 등이 계를 올려 "대조(부왕 인조의 조정)에 요청하여 최명길(崔鳴吉) 등 주화파 신료들을 효시하라"라고 청했다.

소현 일행이 전주로 남하하는 동안 가장 신경을 쓴 것은 부왕이 있는 강화도와 원활한 통신망을 확보하고, 식량 등을 운송하는 수송로를 챙기는 문제였다. 소현은 부왕 인조가 강화도로 피신한 상태에서 믿을 것은 수군(水軍)뿐이라는 판단 아래 남쪽의 군선들을 강화 부근으로 모으라고 지시했다. 나아가 아산창(牙山倉)의 곡식을 속히 강화도로 운송하라는 지시를 내린다. 이와 관련하여 소현의 분조는 애초 전주를 떠나 통영(統營)으로 가려고 계획했었다. 통영에 있는 배들이 견고하고 수사(水使) 이수일(李守一)이 인심을 얻어 믿을 만한 데다가 강화도와 수로로 연결되는 사정을 고려했기 때문이다. 비록 분조를 이끌고 있지만, 소현의 모든 신경은 강화도 쪽을 향하고 있었다. 이동하는 도중에도 수시로 신료들을 보내 부친 인조에게 문안드리는 일 또한 거르지 않았다.

후금과 강화가 합의되면서 전쟁이 끝났다. 소현은 3월 23일에 서울로 돌아온다. 비록 분조를 이끈 시간은 2개월 정도밖에 되지 않지만, 소현은 그동안 국정을 직접 챙기고 현장의 백성들을 만나 민심을 파악할 수 있는 기회를 가질 수 있었다.

무릎 꿇은 아버지, 인질이 된 아들

|

1627년 12월 27일, 소현은 장가를 들었다. 배필은 병조참지 강석기(姜碩期)의 둘째딸이었다. 흔히 강빈(姜嬪)이라 부르는 바로 그 여인이다. 인조는 소현의 가례(嘉禮)를 마친 직후 관례대로 팔도에 교서를 반포했다.

왕의 아름다운 덕화(德化)는 지어미의 유순함에 힘입어 이루어지는 법이다.
……나는 태자를 세움에 먼저 배필 구하는 것을 급하게 여겼다. 선인의 교훈대로 덕을 기준으로 유순한 이를 힘써 구하였고, 조정에서 세신(世臣)에게 물어서 명문가의 출신을 얻었다. 드디어 지난달 4일에 병조참지 강석기의 둘째딸을 세

자빈으로 책봉하였고, 27일 경신에 세자에게 초계(醮戒)하고 친영(親迎)을 마쳤다. 육례(六禮)를 이미 갖춤은 만복의 근원이며, 이것은 종사의 큰 복이니, 신민과 함께 경하하기를 원한다. 아, 가정을 바로하고 나라를 다스리는 데 어찌 감히 나의 몸 닦기를 게을리 하겠는가. 복을 거두어 백성에게 펴노니 내가 종사를 보존하게 해주기를 바란다.

_〈인조실록〉 권17, 인조 5년(1627) 12월 27일

'왕의 교화가 지어미의 유순함에 달려 있으므로, 덕이 있고 유순한 이를 힘써 구한' 인조는 소현의 결혼을 '종사의 큰 복'이라고 축원했다. 그런데 이 간택은 결과적으로 악연이 되고 만다. 18년이 지난 1645년, 인조 스스로 이 '유순한 며느리'에게 사약을 내렸으니 말이다.

상황은 순조로워 보였다. 시간이 흘러 1636년 3월, 소현 부부에게서 첫 아들이 태어났다. 원손(元孫)이었다. 혼례를 올린 지 9년 만에 생긴 막중한 경사였다. 하지만 경하하고 있을 시간이 없었다. 후금과의 관계가 파국으로 치닫고 있었기 때문이다.

1627년에 정묘호란을 끝내며 조선과 후금은 화약을 맺었다. 후금군이 조선에서 철수하는 대가로 조선은 후금에게 무역을 허용하고 생필품을 공급하기로 약속했다. 후금이 '형'이 되고 조선이 '아우'가 되는 형제관계를 맺었다. 일단 평화가 찾아왔다. 하지만 불안했다. 후금을 '오랑캐'로 멸시하고 있던 조선은 후금을 진정한 '형'으로 대접할 생각이 없었다. 후금 또한 '조선을 완전히 정복할 수 있었는데, 자신들이 조선을 봐주었다'라고 생각했다. 동상이몽이었다.

정묘호란이 끝난 뒤에도 명과 후금의 대결은 계속되었다. 조선은 명과

〈호병도(胡兵圖)〉, 김윤겸 그림, 18세기, 국립중앙박물관 소장. 병자호란 당시 청 태종은 직접 병사들을 이끌고 서울에 침입하여 삼전도에서 진을 치고 남한산성으로 피신한 인조를 포위 공격하여 항복을 받아냈다.

〈삼전도비(三田渡碑)〉, 사적 제101호, 높이 395cm, 너비 140cm, 1639, 서울 송파구 석촌동 소재. 한강의 상류 삼전도에 세웠다 하여 붙은 별칭으로, 본래 이름은 '대청황제공덕비(大淸皇帝功德碑)'이다.

임진왜란이라는 전쟁이 광해군의 운명을 바꾼 것처럼, 인조반정이라는 정변이 소현의 운명을 바꾼 것이다. 하지만 왕세자 소현의 평온한 일상은 오래가지 못했다. 1636년 12월 9일, 청군은 압록강을 건넜다. 인조와 소현세자는 1636년 12월 14일, 남한산성으로 들어갔다. 청군은 산성을 포위한 채 주변에 목책까지 설치하여 성 안팎을 차단했다. 포위된 조선 조정은 결단을 내려야만 했다. 1637년 1월 30일, 인조와 소현세자는 남한산성의 서문을 나왔다. 청 태종에게 무릎을 꿇고 절을 올렸다. 항례를 마치고 인조와 세자는 청군 장졸들이 벌이는 축하 잔치를 지켜봐야만 했다. 저녁 어스름이 밀려올 무렵에야 인조는 도성으로 돌아가는 것이 허락되었다. 소현은 봉림대군 등과 함께 청군 진영에 그대로 남았다. 볼모가 되어 심양으로 가야 했기 때문이다.

후금 양국 모두와 우호적인 관계를 유지하려 했지만 쉽지 않았다. 명과 후금이 계속 싸우고 적대적인 관계가 지속되면서 '끼여 있는' 조선의 처지는 난감해질 수밖에 없었기 때문이다.

1629년에 후금군은 몽골 부족들의 도움을 받아 만리장성 외곽의 희봉구(喜峰口)를 통해 북경(北京) 부근으로 침입했다. 후금군은 황성(皇城)까지 위협하고, 북경 주변의 여러 도시들을 초략(剿掠)하여 엄청난 수의 사람과 물자를 획득했다. 동시에 절묘한 공작을 통해 숭정제(崇禎帝)로 하여금 명의 명장 원숭환을 스스로 처형하게 하는 성과까지 거두었다.

명은 자멸의 길로 들어서고 있었다. 황제 숭정제는 대국(大局)을 볼 줄 몰랐고, 당쟁이 극심했다. 동림당(東林黨), 엄당(奄黨), 절당(折黨)의 신료들은 내정 현안은 물론 요동 방어를 둘러싼 방책을 두고도 격렬하게 대립했다. 내정이 요동치는데 변방 방어가 제대로 될 리 없었다. 적지 않은 지휘관들이 후금으로 귀순하거나 투항했다. 귀순자와 투항자가 가져간 신무기와 군사 기밀들이 부메랑이 되어 다시 명의 목줄을 조이고 있었다.

반면 홍타이지는 명에서 귀순한 이신(貳臣, 두 조정을 섬긴 신하라는 뜻)들을 우대하고, 그들을 기용하여 자신의 정치적 입지를 넓히고 국가의 역량을 증강하는 데 활용했다. 원숭환을 제거하는 계책을 제시한 인물도 이신이었다. 1631년 후금은 명 출신 기술자들의 도움으로 홍이포를 자체 제작하는 데도 성공했다. 홍타이지는 같은 해에 홍이포를 활용하여 대릉하성(大凌河城)을 함락시키고 성을 지키던 조대수(祖大壽)에게 항복을 받아냈다.

시간이 지나면서 조선은 명과 후금 사이에서 완전히 '샌드위치' 신세가 되고 말았다. 정묘호란 이후에도 가도의 한인들은 여전히 조선과 후금의 갈등을 유발했다. 한인들이 청북(清北, 청천강 이북) 일대에 끊임없이 출몰했고, 때로는 조선을 왕래하는 후금 사신들을 습격했다. 명과 군신관계를 맺고 있는 조선은 가도와의 관계를 단절하지 못했고 그들에게 계속 끌려다녔다. 자연히 조선과 후금 관계는 파열음을 낼 수밖에 없었다.

후금은 1633년에 명에서 귀순한 이신들을 통해 수군과 전함까지 확보했다. 당연히 군사적 역량이 한층 커졌다. 실제로 후금은 그 뒤부터 명과 몽골을 자유자재로 공략했다. 1634년에 차하르(察哈爾) 몽골 공략에 나서 내몽골 지역을 장악했고, 그 과정에서 릭단 칸(林丹汗)이 갖고 있던 대원제국(大元帝國) 전래의 옥새를 얻었다. 칭기즈 칸의 것으로 알려진 옥새를 얻자 홍타이지는 천명이 자신에게 돌아온 것으로 여긴다. 이윽고 1636년에 홍타이지는 만(滿) · 몽(蒙) · 한(漢) 출신의 신료들이 모인 자리에서 제위에 올랐다. 국호를 대청(大淸), 연호를 숭덕(崇德)으로 고치고 스스로 관온인성황제(寬溫仁聖皇帝)라고 칭했다.

청이 칭제건원(稱帝建元)했다는 사실을 통보하자 '아우' 조선은 격렬하게 반발했다. 김상헌(金尙憲)과 홍익한(洪翼漢) 등 척화파(斥和派)는 정묘년에 후금과 맺은 형제관계를 파기하고 청과 전쟁도 불사해야 한다고 강조했다. 척화파의 근본주의적 주장 앞에서 '현실'을 돌아보고 대안을 마련해야 한다는 주화파(主和派)의 주장은 잦아들 수밖에 없었다. 인조는 결국 척화파들의 주장을 받아들인다. 후금과 맺은 화약을 파기하고 전쟁을 선택하겠다고 선포했다. 조선의 '본심'을 확인한 청은 조선을 침략하기로 결정한다. 명과의 결전을 앞둔 상황에서 배후의 위협을 제거하려면 조선을 그냥둘 수 없는 것이 청의 입장이었다. 1636년 12월 9일, 청군은 압록강을 건넜다. 청군 철기(鐵騎)들의 돌격 앞에 조선군은 변변한 저항조차 하지 못한 채 무너졌다.

인조와 소현세자는 1636년 12월 14일, 남한산성으로 들어갔다. 남한산성은 춥고 배고픈 곳이었다. 인조와 조정은 애초부터 청군의 침략이 있을 경우, 강화도로 피난하는 것을 기정사실로 삼고 있었다. 하지만 청군의 돌격이 워낙 빨랐던 데다 조선군의 저항이 변변치 못하여 강화도로 들어갈 수 없었다.

남한산성에 배치된 병력은 보잘것없었고, 식량 또한 바닥이 빤하게 보였다. 반면 추위는 매서웠다. 입성한 지 얼마 되지 않아 얼어 죽는 병사가 생겨났다. 청군은 산성을 포위한 채 주변에 목책까지 설치하여 성의 안팎을 차단했다. 삼남과 이북 지역에서 근왕병(勤王兵)이 산성을 향해 다가왔지만, 오는 족족 매복하고 있던 청군에게 섬멸되고 말았다. 해가 바뀌어 1637년이 되자 남한산성은 그야말로 고립무원의 상태로 빠져들었다.

포위된 조선 조정은 결단을 내려야만 했다. 최후의 결전을 벌여 옥쇄(玉碎)를 선택할 것인가? 산성에서 나와 청에게 항복할 것인가? 쉽지 않은 선택이었다. 하지만 시간은 청군 편이었다. 청은 처음에는 대신을 인질로 보내라고 했다가, 다시 왕세자를 내보내라고 했다. 마지막에는 청에 맞서자고 주장한 척화신들을 묶어 보내고 인조가 성에서 나와야만 항복을 받아줄 수 있다고 했다. 사실상 무조건 항복을 요구한 것이다.

안팎의 분위기가 절망적인 상황으로 몰리는 와중에 소현세자도 가만히 있을 수 없었다. 1637년 1월 22일, 소현은 비변사 신료들에게 봉서(封書)를 한 통 내린다. 자신이 성을 나가 청군 진영에 인질로 가겠다고 했다.

태산이 이미 새알 위에 드리워졌는데, 국가의 운명을 누가 경돌(磬石)처럼 군건하게 하겠는가. 일이 너무도 급박해졌다. 내게는 일단 동생이 있고 아들도 하나 있으니, 역시 종사를 받들 수 있다. 내가 적에게 죽는다 하더라도 무슨 유감이 있겠는가. 내가 성에서 나가겠다는 뜻을 말하라.

_《인조실록》 권34, 인조 15년(1637) 1월 22일

왕세자로서 부왕 인조와 종사를 위하는 충정이 담긴 내용이었다. 하지만 그가 출성(出城)한다고 해서 해결될 상황이 아니었다. 청군 측은 인조가 직접 나와야만 항복을 받아주겠다고 계속 협박했다.

1637년 1월 30일, 인조와 소현세자는 남한산성의 서문을 나왔다. 부자는 모두 남빛 융의(戎衣) 차림이었다. 이윽고 삼전도(三田渡)에 도착했다. 그곳에는 높다란 수항단(受降壇)이 마련되어 있었다. 인조와 소현은 청 태종에게 무릎을 꿇고 절을 올렸다. 세 번 큰절을 올리고 아홉 번 머리를 조아리는 치욕적인 항례(降禮)였다. 항례를 마치고 인조와 세자는 청군 장졸들이 벌이는 축하 잔치를 지켜봐야만 했다. 저녁 어스름이 밀려올 무렵에야 인조는 도성으로 돌아가는 것이 허락되었다. 소현은 봉림대군 등과 함께 청군 진영에 그대로 남았다. 볼모가 되어 심양으로 가야 했기 때문이다.

곧이어 시작된 볼모 생활과 이동 상황은 신산했다. 2월 3일에 청군 장수 도르곤(多爾袞)이 군영을 용산창(龍山倉) 근처로 옮기면서 세자 일행도 그를 따라 서강창(西江倉) 뒤편의 산비탈로 옮겨갔다. 땔나무와 물조차 없는 상황에서 한밤중에야 식사를 하는 형편이었다.

2월 5일, 소현은 부왕을 뵙기 위해 창경궁으로 들어갔다. 심양으로 출발하기 전 하직 인사를 올리기 위해서였다. 짧은 방문을 마치고 궁을 나서자 신료들이 통곡하며 절했다. 신료 한 사람이 재갈을 잡은 채 울부짖자 소현은 말을 멈추고 한참 동안 그대로 있었다. 그러자 청역(淸譯) 정명수(鄭命壽)

가 채찍을 휘두르며 모욕적인 말로 재촉해댔다. 서글픈 장면이었다.

이윽고 2월 8일, 소현세자 일행이 심양으로 출발하는 날이었다. 소현과 봉림, 그리고 인평대군을 인솔해가는 인물은 도르곤이었다. 인조는 아들을 전송하기 위해 창릉(昌陵) 서쪽까지 거둥했다. 인조는 도르곤과 서로 읍했다. 도르곤은 수십 세나 연하였지만 인조는 그에게 아들을 잘 부탁한다며 자세를 낮췄다. "가르치지 못한 자식이 지금 따라가니, 잘 가르쳐주시기 바랍니다." 인조는 도르곤에게 또 다른 특별한 부탁을 했다. 소현세자 일행을 온돌에서 재워달라는 내용이었다. 당시 소현세자는 출성 이후 여러 날을 노숙했기 때문에 이미 병을 얻은 상태였다.

자식을 이역으로 떠나보내는 인조의 마음을 이해할 수 있는 대목이다. 이미 그들에게 항복한 이상 소현 일행의 생사여탈권은 도르곤이 쥐고 있었다. 도르곤은 짐짓 인조를 위로하고 안심시켰다. "삼가 가르침을 받들겠습니다. 국왕께서 건강을 해칠까 두렵습니다. 세자는 틀림없이 머지않아 돌아올 것이니 너무 염려하지 마십시오"라고. 소현세자와 봉림대군이 하직의 절을 올리자 인조는 눈물을 뿌린다. 그리고 당부의 말을 잊지 않았다. "힘쓰도록 하라. 지나치게 화를 내지도 말고 가볍게 보이지도 말라." 늘어선 신하들은 출발을 앞둔 소현의 옷자락을 당기며 통곡했다. 소현세자가 오히려 신하들을 만류했다. 그리고 말에 올라 길을 떠났다. 항복하던 당일만큼이나 처참하고 애틋한 장면이었다.

심양으로 가는 길은 멀고도 험했다. 도르곤은 소현세자 일행을 엄중하게 감시했다. 조금이라도 틈을 보이지 않았다. 도르곤은 소현세자 일행을 대체로 주요 도시의 들판이나 여염집에서 재웠다. 혹시라도 관사에서 재우면 탈출을 시도하거나 그 지역 관민들과 합세하여 저항을 시도할 것을 우려했기 때문이다.

볼모로 끌려가는 도중에도, 소현은 왕세자로서의 임무를 충실히 수행했다. 청군들이 길가 백성들에게 민폐를 자행할 것을 우려하여 지방관들에게 일러 백성들을 미리 안전한 곳으로 피신시키기도 했다. 한편으로 가슴 아픈 수많은 장면들을 목도하기도 했다. 당시 청군 지휘부는 일반 포로들도 연행해가고 있었다. 포로들 가운데 혹시라도 의심스런 행동을 하는 자들이 있을 경우 청군은 가차 없이 처벌했다. 탈출을 시도하는 것은 물론, 지나는 주변의 사람들과 접촉하는 것도 엄격히 금지되었다. 포로들은 극심한 추위와 배고픔 속에 끊임없이 걸어야 했다. 옷을 입은 채 자야만 했기에 온몸에는 이가 들끓었다. 소현세자 일행이야 특수 신분이라 좀 나은 대접을 받았겠지만, 그들의 고통 또한 만만치 않았음을 짐작할 수 있다. 소현은 조선의 왕세자였지만 기본적으로는 패전국의 볼모이자 포로였기 때문이다.

서울의 아비와
심양의 아들

소현세자 일행은 1637년 4월 10일 심양에 도착했다. 세자 일행은 처음에는 '동관(東館)'이라는 곳에 거처했다. 과거 조선 사신들이 머물던 숙소였다. 5월 7일, 청은 동관에서 북쪽으로 7리쯤 떨어진 곳에 새로 지은 건물로 세자 일행을 이주시켰다. 이곳이 바로 보통 '심관(瀋館)'이라 불리는 '세자관(世子館)'이었다.

심관에는 세자와 봉림대군의 숙소와 집무 공간을 비롯하여, 세자를 수행한 신료들과 시강원의 인원들 그리고 역관들의 사무실과 거처가 마련되었다. 시강원은 같은 건물에 각각 남북으로 두 개의 방을 설치했다. 그리고 세자를 보좌하기 위해 각각 호방(戶房), 예방(禮房), 병방(兵房), 공방(工房) 등의 관서를 두어 업무를 분장했다. 호방은 심관에서 사용하는 은과 식량 등의 관리와 출납을, 예방은 물선(物膳)과 의약을, 병방은 사람과 마필을 규찰하는 역할을, 공방은 공장(工匠)과 영선(營繕) 등을 각각 담당했다. 인사권과 형벌권을 맡은 이방(吏房)과 형방(刑房)이 없던 것을 빼면 심관은 사실상 하나의 독립된 소정부나 마찬가지였다. 어떻게 보면 소현이 심관을 이끈 것은 과거 정묘호란 당시 그가 분조를 이끈 것의 변형된 재현이라고 할 수 있다. 정묘호란 당시 분조를 이끈 것이 후금의 침략을 맞아 민심과 내정을 수습하기 위한 목적이었다고 한다면, 병자호란 항복 이후 심관을 이끈 것은 청의 조선에 대한 의심과 반감을 완화시키기 위한 목적이었다고 할 수 있다.

청이 소현세자 일행을 심양으로 데려가 유치시킨 것은, 무엇보다 이들을 볼모로 잡아 조선의 변심을 방지하기 위해서였다. 하지만 시간이 지남에 따라 소현세자와 심관은 단순히 볼모와 볼모의 거처를 넘어 조선과 청의 외교 업무를 담당하는 창구로 변모해갔다. 청 조정은 조선에 대해 요구하거나 전달할 사항이 있을 경우 일단 심관을 찾았다. 심관에 머무는 제신(諸臣)들은 세자의 건강 상태와 동정, 심관 안팎에서 일어난 일, 청의 관원들이 심관에 와서 전달한 사항 등을 기록한 장계를 서울의 승정원(承政院)으로 보냈다. 그것을 모아놓은 것이 오늘날 전하는 《심양장계(瀋陽狀啓)》이다. 조선 또한 세자에게 전하는 인조의 명령이나 조정의 지시 사항을 심관으로 내려보냈다. 요컨대 시간이 지남에 따라 심관은 사실상 '심양 주재 조선 대사관'이자 조선 조정의 '심양 출장소', '심양 대표부'의 성격을 지니는 기관으로 변모했다.

청은 소현세자를 통해 조선과의 관계를 원만히 유지하고 나아가 견제하려고 시도했다. 또 이 과정에서 청의 황제뿐 아니라 대소 신료들도 심관의 세자와 빈번하게 접촉하게 되었다. 소현세자는 청 조정의 제사는 물론, 매달 5일, 15일, 20일에 정기적으로 열리는 조회(朝會)와 각종 연회에 참석해야 했다. 청은 이들 행사에 세자를 참석시킴으로써 조선이 자신의 제후국이라는 사실을 계속 환기시키려 했다. 소현세자는 때로 몽골이나 명에서 귀순한 인물들을 환영하는 자리에 참석하기도 했다. 또 도르곤을 비롯한 각 버일러(貝勒, 각 기旗를 맡고 있는 왕족)들이 때때로 세자를 초청하여 개인적으로 연회를 베풀거나 환담하는 경우도 있었다.

청과 조선 조정 모두 세자와 심관에 대한 기대가 높았다. 청은 세자를 통해 조선에 대한 자신들의 요구를 관철시키고 나아가 조선을 길들이고자 했다. 반면 인조와 조선 조정은 세자가 청측의 무리한 요구와 압박에 맞서는 역할을 제대로 해주기를 기대했다. 하지만 중간에 낀 세자의 역할에 한계가 있을 수밖에 없는 상황에서 자칫 세자는 양측에 치여 '샌드위치'가될 가능성이 높았다.

병자호란 이후 조선과 청 사이에는 해결해야 할 현안이 적지 않았다. 그가운데 가장 중요한 문제는 두 가지였다. 하나는 조선에서 병력과 물자를동원하여 명을 치는 데 활용하는 문제이고, 다른 하나는 병자호란 당시 끌고 간 조선인 포로와 관련된 문제였다. 특히 만주로 잡혀온 포로들 가운데조선으로 도망친 사람들을 쇄환(刷還, 도망친 포로들을 도로 청으로 데려옴)하는 문제는 그야말로 '뜨거운 감자'였다. 청은 이 두 문제를 해결하는 과정에서 소현세자와 심관을 통로로 활용하려 했다.

1638년 1월, 청은 명의 금주(錦州)를 공격하기로 하면서 조선에 대해서도 병력을 동원해 원정에 동참하라고 요구했다. 용골대(龍骨大) 등이 심관에 나타나 군병 5천 명을 보내라고 촉구하자 소현세자는 조선의 형편으로는 무리라며 난색을 표했다. 그러자 용골대 등은 "조선의 어린 군주[少君]가 이곳에 있고 여러 제신들이 배종하고 있으니, 우리는 세자가 조정에 말하는 것이 우리가 차관(差官)을 보내는 것보다 나을 것이라고 생각한다"라고 말했다. 소현세자가 주도적으로 나서서 조선 조정에 조병(助兵)을 청하라는 요구였다.

소현세자가 난색을 보이자, 청은 심양에 온 사은사(謝恩使) 신경진(申景禛)에게 병력 5천을 동원하여 안주 등지에서 기다리다가 명령을 내리면 심양으로 들어오라는 요구사항을 전달했다. 홍타이지는 국서를 조선에 보내 "인질을 심양에 두고 있다는 사실을 잊었느냐?"라고 협박했다. 하지만 조선 내에서는 논란이 비등하였다. 성균관 유생들까지 들고일어나 "신종 황제가 임진왜란 때 나라를 다시 살려주는 은혜를 베풀었는데, 배은망덕하게 명을 공격할 수는 없다"라고 반대를 외쳤다.

청의 서슬이 아직 퍼렇던 상황에서 조선은 조병 요구를 거부하기 곤란했다. 조선은 유림(柳琳)을 지휘관으로 삼아 병력을 동원했다. 하지만 조선군은 청이 요구한 날짜까지 약속된 장소에 도착하지 못했다. 중간에 도망치는 군사도 적지 않았고, 강물이 불어나 제때 행군할 수 없었기 때문이었다. 8월 27일, 명을 공격하기 위한 청군 선발대는 이미 출발했다. 9월 3일에 후속 부대가 떠날 예정이었는데, 조선군 병력은 9월 8일에야 봉황성(鳳

鳳城에 도착했다. 격노한 청은 용골대 등을 보내 소현세자를 힐문했다. 그는 소현세자에게 "과거 명을 도울 때는 밤낮을 가리지 않고 달려가더니 우리의 명령은 업신여긴다"라고 노골적으로 불만을 토로했다. 그들은 봉황성에 도착한 조선 군병들을 도로 쫓아 보냈다.

9월 18일, 소현세자는 조선군이 늦게 도착한 것을 사죄하기 위해 황제에게 달려갔다. 그리고 1638년에 금주에 대한 친정(親政)에 나선 홍타이지를 배행(陪行)해야만 했다. 청은 이후에도 계속 조선에서 병력을 동원하려고 시도했거니와, 소현세자는 그때마다 중간에 끼여 전전긍긍해야 하는 처지로 내몰리곤 했다.

청은 1640년에 대릉하성을 공격할 때에도 조선에 수군과 선박을 동원하여 군량을 운송하라고 강요했다. 그런데 당시 임경업(林慶業) 등은 115척의 선박으로 미곡 1만 포를 수송하면서 고의적으로 시간을 지연시키거나 배를 침몰시켜 양곡을 물에 젖게 만들었다. 이 사실이 알려지자 청은 다시 소현세자에게 달려들었다. 그러면서 "세자가 매사를 책임지지 않으려 한다"라며 불만을 터뜨렸다. 같은 해 10월 15일에 용골대 등은 소현세자에게 조선에 대한 불만 열두 가지를 들이대면서 빨리 본국에 전달하라고 채근했다. '전에 군사를 징발할 때 기한을 어긴 것', '수송선단이 침몰했다는 핑계로 일부러 늦게 들어온 것', '도망친 포로들을 즉시 찾아서 돌려보내지 않은 것', '약속을 어기고 마음대로 남한산성을 수리한 것', '육경(六卿)의 질자(質子)들을 가짜로 보낸 것', '강을 건너와 산삼을 캐는 조선 사람들을 통제하지 않는 것' 등이 주요 내용이었다.

이윽고 청은 "사신을 조선에 보내 청에 군병을 파견하는 데 반대 의견을 내세운 인물들을 색출하겠다"라며 길길이 뛰었다. 그 화살은 당장 소현세자에게 날아올 수밖에 없었다. 용골대는 심관에 나타나 소현세자를 협박했다. 그는 소현세자에게 군병 동원에 반대한 신료가 누구냐고 다그치면서 위협적인 언사로 협박했다. 소현도 만만치 않았다. 소현세자는 용골대에게 화를 내면서 반박했다. "내가 비록 이역에 와 있지만 한 나라의 세자다. 네가 어찌 감히 이토록 협박하는가? 죽고 사는 것은 천명에 달려 있는 것이니 그 따위로 나를 협박하지 마라" 하고 응수했다. 용골대는 머쓱해졌는지 웃으면서 사과했다. 소현이 나름대로 강골의 기질을 가지고 있었음을 엿볼 수 있는 대목이다.

하지만 청이 곧이어 반대 논의를 주도한 조선 중신들을 소환하여 힐책하고 반청론자(反淸論者)의 대표 격인 김상헌 등을 심양으로 연행함으로써, 이른바 '제1차 심옥(瀋獄)'이 발생한다. 청이 김상헌 등을 연행하고 사문관(査問官)을 보내면서 소현까지 다그치자 세자는 원론적인 답변을 할 수밖에 없었다. "감히 전결할 수 없는 일은 본국에 통보하고, 할 수 있는 일은 있는 힘을 다해 노력하겠다"라고 답했다. 부왕의 재가 없이 자신이 알아서 처리할 만한 안건이 거의 없는 상황에서 고육책을 쓸 수밖에 없었던 것이다. 본래 극도로 언행을 조심하고 있는 소현의 처지에서는 뾰족한 방법이 없었다. 이는 청과 부왕 인조 사이에서 점점 더 곤란한 지경으로 몰릴 수밖에 없는 소현세자의 난감한 처지를 보여주는 대목이었다.

입조론에
틀어지는 부자 관계

병자호란 이후에도 양국 사이에는 갈등을 야기할 사안들이 적지 않았다. 우선 조선 내부에서 여전히 반청적인 분위기가 만만치 않았다. 그뿐 아니라 명을 치는 데 필요한 군병을 보내라는 요구, 도망친 포로들을 쇄환하라는 요구에 조선이 미온적인 태도를 보이자 청의 불만이 갈수록 커져갔다.

청은 인조에 대한 압박의 강도를 높였다. 1637년(인조 15) 7월 청 조정에서 "조선이 여전히 명과 통교(通交)하고 있다"라는 풍문이 돌자, 용골대는 인조를 가리켜 '이미 죽은 임금[旣亡之君]'이라고 매도하고 "'기망지군'을 다시 살려주었음에도 맹약을 어긴다"라고 비난했다. 1639년 6월, 청나라 사신 마부대(馬夫大)는 "국왕이 직접 심양에 들어가 황제에게 약속을 어긴 사실을 인정해야 한다"라며 인조의 입조(入朝)를 거론했다. 이어 심양에서 돌아온 박황(朴潢)은, 한족 출신 책사(策士) 범문정(范文程)이 "조선의 항복을 받은 직후에 국왕을 교체하지 않은 것이 후회스럽다"라고 발언했다는 사실을 전했다. 한편에서는 자신을 입조시킨다고 하고 다른 한편에서는 퇴위시키려 했다는 소식에 인조는 당혹할 수밖에 없었다. 신료들도 바짝 긴장했다. 마부대가 입조론(入朝論)을 거론한 직후, 이성구(李聖求)는 "청이 칙사 파견을 명목으로 병력을 이끌고 와서 인조를 납치해갈지도 모른다"라며 우려했다. 또 일각에서는 몽골에 끌려간 고려 충혜왕(忠惠王)의 고사를 언급하면서 인조도 그렇게 될 가능성이 있다고 말하며 두려움에 떨었다. 7월 14일, 입조 요구에 대한 대책을 논의하기 위해 신료들을 소집한 자리에서 인조는 결국 오열했다. 좌우에 있던 신료들도 모두 통곡했다. 일부 신료들은 아예 인조의 입조를 기정사실로 여기고 그럴 바에야 차라리 청과 맺은 화약을 파기하고 다시 맞서 싸워야 한다는 강경한 주장을 펴기도 했다.

1640년(인조 18)에도 다시 입조론이 불거졌다. 역시 명을 치는 데 협조하라는 요구와 도망 포로 쇄환에 성의를 다하지 않는다는 불만에서 비롯된 것이었다. 앞서 언급한 대로 청은 조선에 대해 열두 가지 불만 사항을 제시하고, 용골대 등을 보내 반청에 앞장서거나 조병 요구 등에 비판적 태도를 보인 신료들을 직접 색출하겠고 나섰다. 용골대는 조선의 고위 신료들을 의주로 소환했다. 이때 최명길, 김상헌, 조한영(曹漢英), 채이항(蔡以恒) 등이 반청 논의를 주창한 장본인으로 지목되었고, 청은 김상헌 등을 심양으로 끌고 가서 구금했다. 이것이 곧 앞서 말한 제1차 심옥이다.

이때 의주로 소환되었다가 돌아온 영의정 홍서봉(洪瑞鳳)은 '정명수 등이 인조의 입조를 거론'했다는 사실을 보고했다. 즉 정명수가 "다른 나라 국왕들은 모두 조회를 오니 조선 국왕도 입조해야 한다"라고 했다는 것이다. 청이 조선 신료들을 심양까지 끌고 가는 상황에서 다시 전해진 입조론 때문에 인조는 더욱 움츠러들 수밖에 없었다. 그는 다시 대책회의를 소집했다. 신료들은 인조에게 "우리나라가 중국을 섬길 적에 본래 입조한 일은 없었다. 다만 고려 때 혹 있기는 했지만 어찌 그대로 따를 필요가 있겠는가. 더욱이 주상께서는 3년 동안이나 고질병을 앓아 문밖으로 나설 수 없으니, 입조를 시도하다가 필시 길에서 쓰러지시고 말 것이라고 무마하겠다"라고 아뢰었다. 그러자 인조는 병 때문에 결코 움직일 수 없다고 강조하되 고려의 고사는 언급하지 말라고 지시했다. 이때부터 인조는 자신이 병자(病者)라는 사실을 강조하면서 청의 입조 요구를 피해가려 한 것으로 보인다.

청이 입조론과 왕위교체론을 흘리면서 압박하자, 인조와 소현세자의 관계에 미묘한 파장이 미칠 수밖에 없었다. 생사여탈권을 쥐고 있는 청이 입조를 명목으로 자신을 심양으로 끌고 가고, 그 대신 소현세자를 왕위에 앉힌다면? 인조로서는 충분히 상상할 수 있는 시나리오였다. 그러면 어떻게 할 것인가? 인조는 이제 청이 소현세자를 어떻게 대하는지, 또 심양에 있는 세자가 어떤 언동을 하고 있는지에 대해 한층 더 주목할 수밖에 없었다. 이와 관련하여 흥미로운 사실은 인조가 1639년 3월 무렵부터 심양에 왕래하는 내관들이 올리는 장계를 뜯어보지 말라고 지시한 점이다. 당시 심양에 머무는 세자 시강원의 신료들이 올리는 장계는 일단 승정원에서 개탁(開坼, 편지를 뜯어 봄)한 뒤 왕에게 보고하는 것이 일반적이었다. 그런데 내관의 보고서를 뜯어보지 말라고 한 것은 인조가 내관을 보내 심관 안팎을 정탐하기 위한 감시망을 별도로 구축했다는 것, 또 내관이 자신에게 올리는 비밀 보고의 내용이 승정원에 알려지는 것을 피하려 했음을 암시한다.

하지만 적어도 1640년 무렵까지는 인조와 소현의 관계가 그렇게 심각한 상황은 아니었던 것으로 보인다. 그것은 같은 해 3월, 소현세자가 와병 중인 인조를 문병하기 위해 잠시 귀국했을 때의 정황을 통해 짐작할 수 있다. 1640년 3월 7일, 소현세자가 한양에 도착했다. 세자를 맞이하기 위해 조정 안팎의 신료들은 물론 백성들까지 거리로 몰려나왔다. 《인조실록》에는 '벽제에서부터 대궐 문에 이르기까지 사민들이 길을 가득 메운 채 흐느꼈다'라고 기록되어 있다. 인조는 창경궁 양화당(養和堂)에서 소현과 함께 온 청사(淸使) 오목도(梧木道)를 접견한 자리에서 황제의 은혜에 사례했다. "내가 병이 심해 세자를 다시 보지 못할까 염려했는데, 황제께서 돌려보내어 만나도록 하셨습니다. 대인들께서 주선해주신 덕분이니, 이 은혜를 어찌 잊을 수 있겠습니까"라고.

당시 인조와 소현의 상봉 장면은 여전히 애틋한 모습이었다. 《인조실록》은 다음과 같이 적고 있다.

세자가 들어와 왕 앞에 부복(俯伏)하고 눈물을 흘리니, 왕이 눈물을 흘리면서 어루만졌다. 시신(侍臣)들도 모두 눈물을 흘렸다. 오목도가 저지하려 하자, 왕이 말하기를, '다시 볼 줄은 생각도 못했으므로 저절로 슬퍼져 눈물이 나오는 것입니다'라고 했다.

_《인조실록》 권40, 인조 18년(1640) 3월 7일

3년 만에 재회한 부자의 정은 여전히 느껴웠다. 그저 눈물을 흘릴 수밖에 없는 상봉이었다. 하지만 애틋한 감정으로 이어진 두 사람의 재회는 오래가지 못했다. 3월 7일에 입경한 소현세자는 청사의 독촉 때문에 4월 2일 다시 귀환 길에 올라야 했다.

인조의 입조론과 퇴위론을 계기로 미묘해지기 시작한 부자 관계는 이후 악화 일로를 치닫는다. 그것은 기본적으로 조청(朝淸) 관계의 갈등과 긴장 때문에 비롯된 것이었다.

1642년(인조 20) 10월 6일, 청 관리들은 황제의 명령이라며 소현세자에게 봉황성으로 갈 것을 재촉했다. 한선(漢船)과 밀통한 혐의로 잡아온 조선 신료들을 심문하는 데 참여하라는 것이었다. 당시 청은 영의정 최명길, 대제학 이식(李植) 등 고위 신료들과 전 평안감사 심연(沈演), 전 병사 김응해(金應海), 전 선천(宣川) 부사 홍이성(洪頤性) 등을 잡아올 작정이었다. 청은 이들을

심문하여 용천(龍川)과 철산 등지에서 한선과 통상을 벌인 사람을 색출하고자 했다. 또 정주(定州)의 상인 고충원(高忠元)과 정이남(鄭二男) 두 사람을 한인들과 밀무역을 벌인 우두머리로 지목하여 잡아오라고 요구했다.

문제는 1642년 초에 명의 이부상서 홍승주(洪承疇)가 송산(松山) 전투에서 패한 뒤 청으로 투항한 데서 시작되었다. 홍승주의 부하 예씨(倪氏)는 자신과 조선의 밀통 사실을 청에 토설했다. "지난해 한선이 선천으로 갈 때 조선에서 잔치를 베풀어주고 대미(大米) 5백 곡(斛), 인삼 5백 근을 선물로 주고 문서도 있었다"라고 고백했다. 또 다른 한인 오난영(烏鸞營)이라는 자는 "임경업이 주사(舟師)를 거느리고 들어갔을 때 일부러 풍랑에 밀려가고 끝내 교전하지 않았으며, 이번에 한선이 왔을 때도 연해의 고을들이 배가 없다는 이유로 끝내 한인들을 사로잡지 않고 내버려 두었다"라고 했다.

청은 격분했다. 용골대는 소현세자에게 봉황성으로 가라고 재촉하면서 험한 말을 내뱉었다. "정축년 전쟁 때 제왕들이 '조선 팔도 가운데 세 도만 국왕이 다스리도록 하고 나머지는 청에서 장수를 정해 다스리자'라고 하자 황제께서 '언어가 통하지 않고 사리에 맞지 않는다'라며 반대하셨는데, 이제 조선의 일이 이와 같으니 황제도 매우 후회하고 있다'라는 것이었다.

소현의 답변이 중요한 순간이었다. 그는 "본조의 사정은 알지 못하지만 국왕께서 어찌 위로는 대국의 은덕을 저버리고 아래로는 골육의 정을 끊고서 이러한 무익한 일을 하셨겠는가. 세자의 직책은 임금의 수라를 살펴보고 학문을 강할 따름으로, 여러 사람들에게 벌을 주는 것은 내가 감히 간여할 일이 아니다"라고 했다. 그러자 용골대 등이 발끈했다. "만약 국왕이 병이 없다면 우리들이 나가서 면담하여 처단할 수 있으나 국왕이 병이 있기 때문에 세자를 나가게 하려고 한 것이다. 세자는 병이 없는 사람으로서 병이 있는 국왕에게 일을 떠넘기려고 하는가"라고 했다. 소현은 말문이 막힐 수밖에 없었다.

소현의 당시 발언은 청과 인조 양쪽 모두로부터 비난과 오해를 부를 수 있는 것이었다. 청은 인조가 병들었으니 후계자인 세자가 직접 나서서 인조 대신 과감하게 반청 주동자들을 처단해주기를 바랐다. 하지만 인조의 입장에서는 세자가 청의 압박에 당당히 맞서지 않고 그들의 요구대로 따르는 것은 인조를 제쳐두고 사실상 '왕 노릇'을 하려는 것으로 여길 수 있었다.

그런데 상황이 예기치 못한 방향으로 흘러갔다. 봉황성으로 가던 세자 일행이 통원보(通遠堡)에 도착했을 때, 청이 전 선천 부사 이계(李烓)를 체포했다. 이계는 한선과의 밀통을 현장에서 직접 지휘한 인물이다. 10월 13일, 심문 과정에서 이계는 사고를 쳤다. 밀통의 전말을 자백해버린 것이다. 용골대 일행은, 이계가 관련자로 언급한 이지룡(李之龍)과 전 평안 감사 정태화(鄭太和)를 체포해오라고 요구했다. 사건이 눈덩이처럼 커져갔다.

이계는 정태화의 천거로 선천 부사가 된 인물이다. 평안도 연안에 한선이 나타나자 정태화는 이지룡을 시켜 한선과 접촉하고, 이계에게 서찰을 보내 한인 승조원(乘組員)들에게 쌀과 음식을 구해주라고 지시했다. 하지만 사람 속은 알 수 없는 법! 이계가 나중에 발각될 경우 책임을 회피할 근거로 삼으려고 그 정태화의 서찰을 3년이나 간직한 것이다. 그는 용골대 일행에게 심문받는 과정에서 서찰을 증거물로 바쳤다. 정태화와 조선 조정은 꼼짝없이 당할 수밖에 없는 상황에 처했다. 이계가 청인들에게 건넨 진술서 쪽지 가운데는 '차마 들을 수 없고 차마 말할 수 없는 말'들이 많이

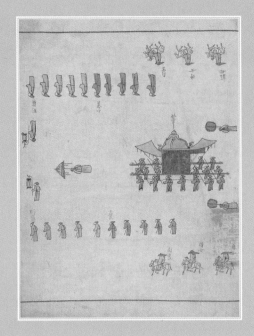

〈소현세자가례도감의궤(昭顯世子嘉禮都監儀軌)〉, 1책, 필사본, 44.5×35.5cm, 1628, 규장각한국학연구원 소장. 소현세자와 세자빈 강씨의 결혼식 장면을 정리한 의궤이다.

소현세자가 심양에서 머물렀던 세자관(심관). 현재는 심양시 소년아동도서관으로 사용되고 있다. 사진 제공 경향신문.

1627년 12월 27일, 소현세자는 장가를 들었다. 배필은 병조참지 강석기의 둘째딸이었다. 흔히 강빈(姜嬪)이라 부르는 바로 그 여인이다. 인조는 소현의 가례를 마친 직후 관례대로 팔도에 교서를 반포했다. 그러나 이 간택은 결과적으로 악연이 되고 만다. 1637년에 소현과 강빈은 패전국의 볼모이자 포로로 심양으로 끌려갔다. 8년이 지난 1645년에 오랜 포로 생활을 마치고 돌아온 왕세자는 온몸의 구멍에서 피를 쏟으며 죽고, 강빈은 이듬해 인조에게 사약을 받는다.

들어 있었던 것이다.

정주 상인 고씨와 정씨의 심문 과정에서도 엄청난 사실들이 쏟아져 나왔다. 고충원은 "작년(1641)에 한선이 선천 연해에 나타났을 때 최명길이 임경업과 상의하여 승려 독보(獨步)를 명으로 들여보냈는데 아직 돌아오지 않았다"라고 진술했다. 결국 최명길과 임경업이 주도한 독보 밀파 건까지 노출되고 만 것이다.

이계와 고충원 등이 명과의 밀통 전말을 다 실토했다는 소식을 접한 인조는 최명길의 처신을 우려하기 시작했다. 인조는 청이 심문하는 과정에서 최명길이 모든 것을 스스로 감당해주기를 바랐다. 혹시라도 독보 등을 명에 보낸 것과 평안도 연해 고을들이 한선과 밀통한 것을 계기로 청의 힐책이 자신에게 향할 것을 두려워한 것이다.

그런데 상황은 계속 꼬여만 갔다. 독보 밀파 건 때문에 소환된 임경업이 청으로 가던 도중에 도주하는 사건이 벌어진 것이다. 그의 형인 광주 중군(中軍) 임승업(林承業)과 희천 군수 임준업(林俊業)도 도주했다. 임경업 형제들의 도망으로 인조는 청의 힐문이 직접 자신에게 미치는 상황을 더 심각하게 우려하게 되었다. 최명길이 무슨 말을 하는지의 여부가 더 중요하게 부각될 수밖에 없었다. 11월 17일에 인조는 영의정 최명길의 관직을 삭탈하라고 지시한다. 최명길이 '자신에게 고하지도 않고 제멋대로 독보를 명에 보냈다'라는 것이 죄목이었다. 자신과 조정은 최명길이 주도한 독보 밀파 건과 관계가 없음을 드러내기 위한 수순이었다. 그러나 결국 한선과의 밀통에서 야기된 갈등의 파장이 인조에게 직접 미치지는 않았다. 청은 같은 해 12월, 이계가 반청 여론의 주동자로 지목한 신익성(申翊聖), 신익전(申翊全), 허계(許啓), 이명한(李明漢), 이경여(李敬輿) 오신(五臣)을 잡아가고 최명길을 심옥에 가두는 선에서 사건을 마무리했다. 이 사건을 보통 '제2차 심옥'이라 한다. 소현세자는 윤11월 21일에 심양으로 복귀했다.

하지만 이 사건을 계기로 인조는 청이 자신을 폐위시킬지도 모른다는 조바심이 더욱 커졌다. 그런데 인조를 전율케 하는 사건이 다시 일어난다. 1643년(인조 21) 10월에 순치제(順治帝)의 즉위 사실을 알리기 위해 조선에 온 청사 일행이, 청이 다시 소현세자를 귀국시킬 것이라는 소식을 전해온 것이다. 신료들은 대체로 귀환 소식을 환영하면서 청이 조선에게 호의를 베푸는 차원에서 그러는 것이라고 분석했다. 하지만 인조의 생각은 달랐다. 그는 소현을 귀환시킨다는 청의 의도를 자신의 입조 문제와 연결하여 분석했다.

청인이 나에게 입조하라고 요구한 것은 전한(前汗, 청 태종) 때부터 그랬지만, 내가 병이 들었기 때문에 강요하지 못했다. 그런데 이제 듣건대 도르곤은 나이가 젊고 강퍅하다고 하니 그 뜻을 어찌 헤아릴 수 있겠는가. 전일에는 세자에 대한 대우를 지나치게 박하게 하다가 이제는 오히려 지나치게 후하게 한다 하니, 나는 의심이 없을 수 없다. ……저들이 만약 좋은 뜻으로 내보낸다면 세자와 대군을 다 돌려보낼 것인데, 중한 것을 포기하고 가벼운 것을 취하는 것은 무슨 뜻인가?

_《인조실록》 권44, 인조 21년(1643) 10월 11일

인조는 특히 청이 소현세자를 내보낸다고 하면서도 봉림대군을 계속 억류한다는 사실에 신경을 곤두세웠다. '중한 것을 포기하고 가벼운 것을 취하는 것은 무슨 뜻인가'라는 말은 바로 그래서 나온 것이다.

신하들이 계속해서 청의 의도가 별것 아닌 것 같다고 아뢰어도 인조는

의심을 거두지 않았다. 그러면서 자신을 일러 '활에 한번 상처받은 새'라고 표현했다. 입조론 때문에 이미 몸을 떨었던 그로서는 급작스런 소현의 귀환 소식을 자신의 퇴위와 연관시켜 생각할 수밖에 없었다.

아무튼 시간이 흘러 1644년 1월 20일, 소현세자 일행이 서울로 다시 돌아왔다. 두 번째 귀환이었다. 첫 번째 귀환 때와 마찬가지로 도성의 관민들은 세자를 마중하기 위해 길을 메웠다. 홍제원(洪濟院) 너머로부터 궁궐에 이르기까지 인파가 넘쳐났고, 행렬에 절하면서 눈물을 흘리는 자들이 많았다.

하지만 인조의 태도는 이전과 사뭇 달랐다. 당시 강빈도 소현세자와 같이 귀국했는데, 그녀는 곧바로 친정을 방문하고 싶어 했다. 1643년 6월, 친정아버지 강석기가 세상을 떠났기 때문이었다. 그런데 인조가 강빈의 친정 방문을 허락하지 않았다. 신료들이 나서서 인정상 친정 방문과 문상을 허락해야 한다고 진언했지만, 인조는 요지부동이었다. '재변(災變)이 참혹하고 민심이 안정되지 않았기 때문에 위법적이고 외람된 거조는 허용할 수 없다'라는 것이 불허하는 이유였다. 인조는 강빈에게 무엇인가 심각한 불만을 품고 있었던 것이다. 나아가 소현세자와의 관계에도 이미 적신호가 켜졌음을 암시하는 전조였다.

1644년 2월 19일, 소현세자 일행은 다시 귀환길에 올랐다. 인조는 세자 일행에 환관 김언겸(金彦謙)을 동행시켰다. 그는 일찍이 소현을 모신 적이 있는 인물로 '소현이 잘못하는 일이 있으면 애써 간하여 아무리 매를 맞더라도 멈추지 않았던' 환관이었다. 그런 그를 동행시킨 것은, 소현이 심양에서 보내는 일상을 더 확실하게 챙기겠다는 인조의 의도가 드러나는 대목이다.

새 세상을 목격한 아들을
버린 아버지

앞서 1643년 10월 무렵 청이 다시 세자를 보내주는 문제를 놓고 인조가
청의 저의를 의심하느라 전전긍긍하고 있을 때, 인조를 격노케 하는 일이
또 일어났다. 1643년 12월, 세자가 자신이 거느리는 사람들에게 줄 망건,
백랍(白蠟) 등을 들여보내게 한 것이 인조에게 발각된 사건이다. 《인조실
록》에 다음과 같은 기록이 있다.

> 세자가 심양에 오래 머물러 있으면서 관우(館宇)를 많이 짓고 사사로이 재물을
> 늘려 청 장수들의 요구에 응하고 그 잉여분으로 잡혀간 우리나라의 남녀를 상
> 환한 것이 수백 인에 달했다. 그들을 혹은 관소에 머물러두기도 하고 혹은 야판
> (野坂, 농장)에 옮겨두어 사령(使令)에 충당하고 모두 본국으로 돌려보내는 것을 허
> 락하지 않아 상이 그 사실을 모르게 하려고 했다. 궁료(宮僚)들이 그렇게 하지 말
> 라고 간했지만 따르지 않고 마침내 백랍과 망건을 제주에서 구해오게 했는데,
> 이때 상이 비로소 알고 이 하교가 나온 것이다. 그리하여 빈객(賓客) 이소한(李昭
> 漢), 보덕 유경집(柳景緝), 문학(文學) 이진(李袗), 사서(司書) 이정영(李正英) 등이 모두
> 추감하라는 명을 받았고, 이듬해 세자가 귀국하자 모두 파직하라고 명했다.
>
> _《인조실록》 권44, 인조 21년(1643) 12월 22일

이 글을 통해 1643년 무렵 심관의 세자와 강빈이 집을 많이 짓고 재물
을 늘려 청인들을 접대하거나 몸값을 주고 조선 포로들을 사들여 관소나

야판에서 부리고 있었음을 알 수 있다. 애초에 청은 심관에 식량을 직접 공급하다가 나중에는 은을 주고 사먹거나 직접 경작해서 해결하라고 했다. 그러한 상황에 의해 소현이 직접 경작 등을 통해 식량 자급은 물론 '재물 축적'의 단계에까지 이르고 모은 재물을 바탕으로 청나라 인사들과 교제하거나 조선인 포로를 사들이는 자금으로까지 사용하게 된 것이다. 소현과 강빈은 볼모이자 인질로서의 수동적인 자세에서 벗어나, 심양의 '현실'에 적응하고 나아가 적극적으로 순응하는 모습을 보이고 있다.

이러한 모습은 인조에게 대단히 잘못되고 위험한 행동으로 비칠 개연성이 높았다. 이미 언급했듯이 인조는 소현이 심양에서 소무(蘇武)처럼 행동해주기를 바랐다. 소무는 한(漢)나라 무제(武帝) 때 흉노에 사신으로 갔다가 흉노의 추장이 위협하여 항복을 받아내려 했으나 끝까지 저항한 인물이다. 그는 음식마저 끊긴 상황에서도 끝내 항복하지 않고 19년 만에 귀환했다. 인조는 소현이 소무처럼 청의 압박에 맞서 자신과 본국의 방패막이가 되어주기를 기대한 것이다.

이처럼 인조의 바람과 세자의 현실 사이에 놓인 간극을 잘 아는 심관의 관리 가운데는 소현에게 충고를 하는 경우도 있었다. 대표적인 인물이 이경석(李景奭)이었다. 이경석은 1641년 소현세자에게 올린 서신에서 '완호를 끊을 것[絶玩好]', '백성의 원망을 그치게 할 것[息民怨]' 등을 촉구했다. 소현의 '완호'와 관련하여 이경석은, 심양으로 공장(工匠)들을 불러들이거나 빙고(氷庫, 얼음 창고)를 만드는 것을 중지하라고 요청했다. 당시 소현세자는 조선에서 기술자를 불러들여 이런저런 건물을 짓고 빙고 등을 만들었다. 이경석은 그 과정에서 평안도 백성들의 민원이 생기고, 사람들 사이에서 좋지 않은 말들이 나오는 것을 우려하여 자제를 촉구한 것이다. 나아가

'작은 일에 근신하지 않으면 허물이 커져 소문이 번져갈 것'이라고 경고했다. 아무튼 심관에서 소현이 벌인 이재(理財)와 공역(工役)은, 그가 '소무'가 되어주기를 바란 인조의 기대와는 동떨어진 '풀어진 모습'이었다.

소현이 '풀어진' 까닭은 무엇일까? 소현이 심양에서 겪은 체험 가운데 무엇보다 주목되는 것은, 귀순하거나 투항해온 한족 출신 고위 신료들을 직접 접촉한 대목이다. 대표적인 예가 1642년에 송산 전투에서 패한 뒤 투항한 명의 이부상서 홍승주와의 상봉이었다. 홍타이지는 홍승주에게서 항복을 받는 의식을 거행하면서 소현세자 일행도 식장에 참여하도록 강제했다. 식장에서는 놀라운 장면이 벌어진다. 홍승주가 치발(雉髮)을 하고 호복(胡服)을 입은 채 나타나 홍타이지에게 삼배구고두(三拜九叩頭, 세 번 큰절을 올리고 아홉 번 머리를 조아리는 것)를 올린 것이다. 조선이 '상국'이자 '중화국'으로 존숭하던 명의 최고위 신료 홍승주가 '오랑캐' 추장 홍타이지 앞에 엎드린 장면은 세자에게 어떻게 다가왔을까. 더욱이 홍타이지는 소현세자에게 "홍승주 등이 예를 행하는 것이 놀랍지 않느냐?"라고 질문했고, 의식을 마친 뒤에 두 사람이 만나는 자리까지 마련했다. 《심양장계》에는 홍타이지의 질문에 대해 '소현세자가 말을 만들어서 대답했다'라고만 되어 있어 두 사람 사이에 어떤 대화가 오고갔는지는 명확하지 않다. 하지만 홍승주의 항복 장면을 직접 보면서 명청 교체가 멀지 않았다는 것, 청이 참으로 대단한 나라라고 절감했을 개연성이 높다.

소현 일행이 조선에서 돌아온 직후인 1644년 4월 9일, 동아시아의 역사를 바꾸는 격변이 터졌다. 구왕(九王) 도르곤 등이 명을 치기 위한 군대를 이끌고 요서(遼西)로 진군한 것이다. 소현세자도 동행했다. 산해관까지 당도한 청군은 명나라 장수 오삼계(吳三桂)의 부탁과 항복을 받아들여 유적(流

賊) 이자성(李自成)의 군대를 토벌하기로 결정한다. 오삼계는 산해관의 문을 열어주었고 청군은 피 한 방울 흘리지 않고 이 철옹성에 진입한다. 심양에서 요동과 요서를 거쳐 산해관을 통과하는 소현세자의 북경 행은 고난의 연속이었다. 식량과 물도 부족했고 숙소 지척에 포탄이 떨어지는 아찔한 경험도 잇따랐다. 하지만 그 여정은 세상과 역사가 바뀌는 현장을 직접 목격하는 초유의 경험이었다. 이윽고 도르곤의 청군은 이자성을 쫓아버리고 북경으로 들어가 황궁(皇宮)까지 접수한다. 소현세자 또한 1644년 5월 2일에 북경으로 입성한다. 그는 22일간 북경에 머물다가 6월 18일에 심양으로 귀환했다.

청은 북경을 점령한 뒤 수도를 심양에서 북경으로 옮긴다. 1644년 9월 다시 청군을 따라 북경에 들어간 소현세자는 그곳에서 또 다른 역사적 경험과 마주한다. 예수회 선교사 아담 샬(탕약망湯若望)을 만난 것이다. 그와 관련된 짧은 기록 속에는 세자가 아담 샬에게 귀국 후 한역 서학(西學) 서적을 출판하기로 약속하고 "나와 나의 백성들을 가르칠 수 있는 동료 한 사람을 동행하게 한다면 좋겠다"라고 청했다고 한다. 아담 샬은 세자에게 천주상과 성화(聖畵)를 비롯하여 서학서와 지구의, 역서 등을 선물했다. 소현은 기쁜 마음으로 그것들을 받아들였지만 천주상과 성화는 정중히 돌려주었다. 조선에 가져갈 경우 예상되는 파문을 우려한 조처였다. 하지만 그는 아담 샬에게 배운 내용을 조선에서 적극 전파하겠노라고 약속했다고 한다. 일찍이 김용덕(金龍德)과 강재언(姜在彦) 등은 소현과 아담 샬의 만남을 '서구 문명과의 역사적 조우'라고 높이 평가했다. 또 '만약 소현세자가 즉위했다면 그것은 조선의 획기적인 대사건이 되었을 것'이라고 설파한 바 있다.

1644년 11월, 청은 소현세자를 영구히 귀국시키기로 결정했다. 이미 명은 멸망했고, 북경과 중원을 장악한 상황에서 조선을 견제할 필요성이 대폭 줄어들었기 때문이다. 하지만 이 경사스런 소식을 의구심에 가득 찬 눈초리로 바라보는 사람이 있었다. 바로 아버지 인조였다. 청이 소현세자를 영구히 돌려보낸다는 소식이 알려진 12월, 인조가 보인 첫 반응은 여전했다. 그는 신료들에게 말했다. "청국의 이번 조처가 과연 호의에서 나온 것인가? 다른 특별한 사정은 없는 것인가?"라고. '특별한 사정'이란 역시 자신을 퇴위시키고 소현세자를 대신 즉위시키지 않을까 하는 의구심의 표현이다.

소현세자 일행은 1645년 2월, 서울에 들어왔다. 인조는 쌀쌀맞은 반응을 보인다. 소현을 따라온 청 사신이 나와서 맞을 것을 요청했지만, 인조는 병을 핑계로 나가지 않았다. 여러 신하들이 세자에게 하례를 올리겠다는 건의도 거부했다. 부친의 태도가 심상치 않은 것에 스트레스를 받았던 것일까? 소현은 귀국한 지 얼마 되지 않아 병석에 눕는다. 학질이라는 진단이 나왔다. 그리고 어의로부터 침을 맞은 지 3일 만에 세자는 세상을 뜬다. 허망한 죽음이었다.

인조는 장례를 서둘렀다. 세자가 죽은 원인에 대해서 규명하려 하지 않고 입관을 재촉했다. 입관 의식에 참여하는 사람의 수도 극도로 제한했다. 당연히 소현세자의 죽음과 관련된 자료는 극히 적을 수밖에 없다. 하지만 입관 의식에 동참한 종실(宗室) 이세완(李世完)이 목격한 내용을 전한 《인조실록》의 기록은 섬뜩하다.

세자는 본국에 돌아온 지 얼마 안 되어 병을 얻었고 병이 난 지 며칠만에 죽었다.

온 몸이 전부 검은빛이었고 이목구비의 일곱 구멍에서는 모두 선혈이 흘러나오므로, 검은 멱목(幎目)으로 그 얼굴 반쪽만 덮어놓았는데 곁에 있는 사람도 그 얼굴빛을 분변할 수 없어서 마치 약물에 중독되어 죽은 사람과 같았다. 그런데 이 사실을 바깥 사람들은 아는 자가 없었고, 임금도 알지 못하였다. 당시 종실 진원군(珍原君) 이세완의 아내는 곧 인렬왕후(仁烈王后)의 서제(庶弟)였기 때문에, 세완이 내척(內戚)으로서 세자의 염습(斂襲)에 참여했다가 그 이상한 것을 보고 나와 사람들에게 말했던 것이다.

_〈인조실록〉 권46, 인조 23년(1645) 6월 27일

'온 몸이 전부 검은빛이었고 이목구비의 일곱 구멍에서는 모두 선혈이 흘러나왔다'는 기록을 토대로 소현의 죽음이 자연사가 아니라 '독살'에 의한 것이라고 주장하는 사람들이 많다. 하지만 추정은 가능할지 몰라도 단언하기는 어렵다. 전후의 맥락을 고려하면 소현세자가 독살되었을 가능성도 완전히 부인할 수는 없다.

하지만 분명한 것이 하나 있었다. 소현세자가 영구 귀국했지만, 인조의 마음은 이미 그에게서 떠나버렸다는 사실이다. 청이 흘린 입조론과 퇴위론에 치여 '활에 상처 받은 새'로 자조하던 인조는 이미 소현세자를 자신의 왕권을 위협하는 존재로 보고 있었다. 또 '청의 위세를 등에 업고 자신에게 도전하는 정적'으로 보일 수도 있었다. 그것은 소현세자가 죽은 뒤 인조가 소현의 세 아들을 제쳐두고 봉림대군을 왕세자로 세운 것, 곧이어 며느리 강빈에게 사약을 내려 죽인 것, 세 손자를 유배시킨 것에서도 명확히 드러난다. 인조는 이미 소현을 버린 것이다.

인조는 소현세자를 버렸을까? 그와 관련하여 《인조실록》에 '인조가 총애하는 조소용(趙昭容) 등이 강빈과 세자를 무함(誣陷) 한 것에서 비롯되었다'라는 이야기도 있다. 하지만 그것은 지엽적인 것이고 본질은 아니었다. 한마디로 소현세자가 청에 머무는 동안 '새로운 세상'을 목도했기 때문이었다. 소현은 명청 교체의 현장인 심양과 북경에서 새로운 세계가 열리는 것을 보았다. 그 과정에서 청이 결코 '오랑캐'가 아니라는 사실, 조선은 물론 조선이 그토록 숭앙해온 명조차 청보다 그리 나을 것이 없다는 사실을 생생하게 목격했다. 청이 '오랑캐'가 아니라면 어찌할 것인가? 당연히 그들의 장점을 배울 수밖에 없다. 달리 말하면 소현세자는 '적국의 소굴'에 머물면서 적국의 장점에 눈을 뜬 것이다. '청을 배우자'라는 것은 다름 아닌 북학(北學)을 하자는 자세였다.

인조는 이를 용납할 수 없었다. 더욱이 당시 조선은 '북학'을 운운할 수 없는 상황이었다. 청은 여전히 인간이 아닌 '오랑캐'였고, 조선이 복수해야 할 '원수'였다. 골수 반청론자들이 득실대는 조정에서 북벌(北伐)이 아닌 북학을 주장하는 세자가 어디에 몸을 붙일 것인가? 이미 항복을 통해 왕으로서 권위가 무너져버린 인조였다. 자신이 그토록 바란 대로 소무가 되기는커녕 청의 현실에 긍정의 눈길을 보내는 소현은 인조에게 위험했다. 소현이 죽은 뒤 그가 새로 택한 봉림대군(효종)이 북벌을 기치로 내걸고 청에 대해 복수할 것을 주창한 것은 결코 우연이 아니다.

요컨대 거듭되는 입조론에 몸을 떨어야 했던 아비는 새로운 세상을 목격한 아들을 용납할 수 없었다. 그것은 처참한 전쟁이 남긴 비극이었다.

5장

조선 왕실 최대 비극 _신병주

영조와 사도세자

	출생	왕세제로 책봉/ 신임사화 일어남	즉위	탕평책 펼침	노비종모법 확정	압록강변 진보에 목책과 토성 쌓음		
영조								
	숙종 20						영조 11	
	1694	1721	1724	1728	1731	1734	1735	1736
사도세자							출생	왕세자 책봉

강화외성
개축

국혼정례
편찬

균역법
실시

청계천
공사 실시

사도세자를
뒤주 속에
가둬
죽임

사망

영조 38

영조 52

1743 1744 1749 1751 1752 1760 1761 1762 1776

관례
치름

대리청정
시작

세자빈
홍씨가
아들
낳음(정조)

등창이
심해
온천에서
요양함

몰래
관서에
다녀옴

나경언,
세자의
비행을
상소/
사망

―――― 영조는 탕평책으로 정치적 안정을 꾀하고 균역법 실시와 청계천 공사 등을 통해서
백성을 따뜻하게 보살피는 서민 군주로서의 면모를 보여주었다. 특히 체계적인 건강 관리
를 통해 83세까지 집권한 조선의 최장수 왕이 되었다. 조선 왕 중에서 52년이라는 최장의
재위 기간에 정치, 경제, 사회, 문화 다방면에 걸쳐 많은 성과를 낸 왕이기도 했다. 정조와
함께 조선후기 정치, 문화의 중흥을 이룬 군주 영조, 그러나 그에게는 늘 아들을 죽인 아버
지라는 낙인이 꼬리표처럼 따라다니기도 한다. 탁월한 리더십을 보인 군주의 이면에 자리
한, 비열하고 잔인한 아버지 영조의 모습, 서민 군주를 지향하고 백성을 위한 정치를 편 영
조가 아들에게는 왜 그토록 잔인하고 비정했던 것일까?

왕이 세자에게 명하여 땅에 엎드려 관(冠)을 벗게 하고, 맨발로 머리를 땅에 조아리게 하고, 이어서 차마 들을 수 없는 전교를 내려 자결할 것을 재촉하니, 세자가 조아린 이마에서 피가 나왔다. ……세손이 들어와 관과 포(袍)를 벗고 세자의 뒤에 엎드리니, 왕이 안아다가 시강원으로 보내고 김성응(金聖應) 부자에게 수위(守衛)하여 다시는 들어오지 못하게 하라고 명하였다. 왕이 칼을 들고 연달아 차마 들을 수 없는 전교를 내려 동궁의 자결을 재촉하니, 세자가 자결하고자 하였는데 춘방(春坊, 왕세자에게 경사를 강의하고 도의를 가르치던 관청)의 여러 신하들이 말렸다. 왕이 이어서 폐하여 서인(庶人)을 삼는다는 명을 내렸다. ……마침내 세자를 깊이 가두라고 명하였는데, 세손이 황급히 들어왔다. 왕이 빈궁과 세손 및 여러 왕손을 좌의정 홍봉한(洪鳳漢)의 집으로 보내라고 명하였는데, 이때에 밤이 이미 반이 지났다.

_(영조실록) 권99, 영조 38년(1762) 윤5월 13일

아버지가 아들에게 자결할 것을 명하고, 어린 손자는 아버지의 죽음을 직감하고 할아버지에게 용서를 구한다. 며느리는 갈등하는 시아버지와 남편 사이에서 어찌할 바 모르고……. 1762년 윤5월 창경궁 문정전(文政殿) 앞마당에서는 조선 왕실 최대의 비극적인 사건으로 기억될 역사가 전개되고 있었다. 아버지가 아들에게 직접 뒤주에 들어갈 것을 명하고 결국 뒤주에 가두어 절명시킨 이 사건

은 훗날 '임오화변(壬午禍變)'으로 지칭되었다.

　영조(英祖)는 탕평책(蕩平策)으로 정치적 안정을 꾀하고 균역법(均役法) 실시와 청계천 공사 등을 통해서 백성을 따뜻하게 보살피는 서민 군주로서의 면모를 보여주었다. 특히 체계적인 건강 관리를 통해 83세까지 집권한 조선의 최장수 왕이 되었다. 조선 왕 중에서 52년이라는 최장의 재위 기간에 정치, 경제, 사회, 문화 다방면에 걸쳐 많은 성과를 낸 왕이기도 했다. 정조와 함께 조선후기 정치, 문화의 중흥을 이룬 군주 영조. 그러나 그에게는 늘 아들을 죽인 아버지라는 낙인이 꼬리표처럼 따라다니기도 한다. 탁월한 리더십을 보인 군주의 이면에 자리한, 비열하고 잔인한 아버지 영조의 모습. 서민 군주를 지향하고 백성을 위한 정치를 편 영조가 아들에게는 왜 그토록 잔인하고 비정했던 것일까?

마흔둘에 다시 얻은
귀한 아들

|

영조는 즉위 과정에서 무척이나 힘든 시간을 보낸 임금이었다. 어머니가 천한 신분 출신인 까닭에 주위로부터 무시를 받으며 성장하였고, 숙종의 후계자 계승을 둘러싸고 노론(老論)과 소론(少論)의 정쟁(政爭)에 휩쓸리는 바람에 왕위에 올라서도 경종을 독살했다는 따가운 시선을 받았다. 이 때문에 영조는 매사에 조심하였으며 정파의 대립에 대해 일종의 강박증을 갖고 있었다.

1724년 8월에 경종의 뒤를 이어 즉위한 영조는 한결같이 탕평(蕩平)을 외쳤지만, 근본적으로 노론의 지지 속에 즉위한 왕이라는 정치적인 부담이 있었다. 이러한 영조에게 첫아들 효장세자(孝章世子)를 잃고 42세라는 늦은 나이에 얻은 사도세자(思悼世子)는 더 없이 귀한 아들이었다. 1719년(숙종 45)에 왕세제로 있던 영조는 정빈(靖嬪) 이씨와의 사이에서 맏아들 효장세자를 낳았다. 효장세자는 1724년에 영조가 왕위에 즉위하자 이듬해에 왕세자에 책봉되었으나, 1728년에 열 살이라는 어린 나이로 사망하였다.

효장세자가 사망한 후 오랫동안 후계자가 없던 상황에서 1735년(영조 11)

1월 21일에 영빈(暎嬪) 이씨가 집복헌(集福軒)에서 사도세자를 출산하였다. 사도세자의 출생은 왕실의 큰 경사였다. 《영조실록》에서도, "그때 나라에서 오랫동안 저사(儲嗣, 왕위를 이을 왕자)가 없으니 사람들이 모두 근심하고 두려워하였는데, 이때에 이르러 온 나라에서 기뻐하고 즐거워하였다"라고 기록하고 있다. 영조 역시 "삼종(三宗, 효종, 현종, 숙종을 말함)의 혈맥이 장차 끊어지려 하다가 비로소 이어졌으니, 지금 다행히 돌아가서 열성조(列聖朝)를 찾아뵐 면목이 서게 되었다. 즐겁고 기뻐하는 마음이 지극하니, 그 감회 또한 깊다"라고 하면서 큰 기쁨을 표시하였다.

1735년 1월 25일에 영조는 인정전에 나아가 교문(敎文)을 선포하면서 원자의 탄생을 알렸다. 사도세자는 출생 직후인 4월 6일에 수두를 앓는 증세가 나타났으나, 다행히 4월 12일에 회복되었다. 영조는 세자가 수두에서 회복된 것을 기념하여 직접 창경궁 명정전(明政殿)에 나아가 하례(賀禮)를 받고 교서와 사유(赦宥, 죄를 용서하여 줌)를 반포하였다. 4월 28일에는 사도세자의 태(胎)를 풍기(豊基)에 안치하였다. 조선 왕실에서는 태를 중시하여 백자 항아리에 왕실 자녀의 태를 담은 뒤에 풍수지리에 따라 명당을 선정하여 봉안하였는데, 이러한 의례를 따른 것이다. 영조는 원자의 성장에 큰 기쁨을 느꼈다. 원자를 무릎에 앉히고 그의 성장을 보는 것은 커다란 낙이었다. 1735년 9월 11일에 영조는 원자가 처음 일어서자, 신하들과 함께 기뻐하였다고 한다. 1736년 1월 4일에는 세자의 이름을 의논하여 '훤(愃)'으로 결정하였다.

1736년 3월 15일에 창덕궁 인정전에서 세자의 책봉례(冊封禮)가 행해졌다. 책봉례는 관례(冠禮), 입학례, 가례와 더불어 세자가 성인이 되는 4대 의례 가운데 하나로서 왕실에서 필수적으로 거치는 의례이지만, 사도세

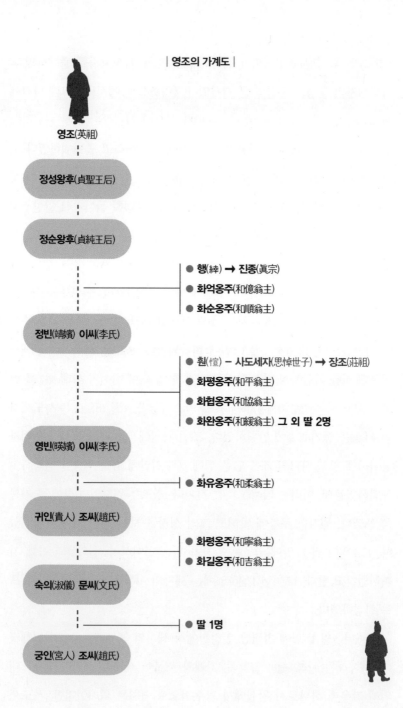

| 영조의 가계도 |

영조(英祖)

정성왕후(貞聖王后)

정순왕후(貞純王后)

정빈(靖嬪) **이씨**(李氏)
- ● **행**(緈) ➡ **진종**(眞宗)
- ● **화억옹주**(和億翁主)
- ● **화순옹주**(和順翁主)

영빈(暎嬪) **이씨**(李氏)
- ● **훤**(愃) – **사도세자**(思悼世子) ➡ **장조**(莊祖)
- ● **화평옹주**(和平翁主)
- ● **화협옹주**(和協翁主)
- ● **화완옹주**(和緩翁主) 그 외 딸 2명

귀인(貴人) **조씨**(趙氏)
- ● **화유옹주**(和柔翁主)

숙의(淑儀) **문씨**(文氏)
- ● **화령옹주**(和寧翁主)
- ● **화길옹주**(和吉翁主)

궁인(宮人) **조씨**(趙氏)
- ● 딸 1명

자가 태어난 지 1년 남짓인 시간을 고려하면 책봉례가 매우 이른 시기에 이루어진 것이었다. 그만큼 후계자에 대한 영조의 집착이 얼마나 컸는지를 보여주고 있다. 1743년 3월 17일에는 세자의 관례를 시민당(時敏堂)에서 거행하였고, 이해 9월 29일에는 영조가 직접 세자빈을 간택하였다. 홍봉한·최경흥·윤현동·윤상정·홍익빈·심성희·심악·정준일의 딸이 재간택에 들어갔고, 이해 11월 13일에 홍봉한의 딸을 세자빈으로 삼간택(三揀擇)하였다. 혜경궁(惠慶宮) 홍씨가 사도세자의 세자빈이 된 것이다.

혜경궁이 당시 간택을 받을 때의 정황과 심정에 대해서는 《한중록(閑中錄)》에 자세히 기록되어 있다. 혜경궁의 회고에 의하면, 당시 자신의 집이 간택 준비를 할 형편이 못 될 정도로 가난하여 부친 홍봉한이 단자(單子, 처녀단자, 곧 왕실의 간택에서 처녀임을 증명하여 올리는 서류) 올리기를 망설이다가 대대로 나라의 녹봉을 받은 후손으로 임금을 속일 수 없어 단자를 했다고 한다. 그리하여 초간택 준비를 할 때 일찍 죽은 언니의 결혼을 위해 준비해둔 천으로 어머니가 직접 만들어주신 옷을 입고 간택에 참여했다고 아래와 같이 기술하였다.

구월 이십팔일 초간택이 되니 임금님께서 못생기고 재주가 남보다도 못한 나를 과하게 칭찬하시며 귀여워하셨다. 정성왕후(貞聖王后, 영조의 정비)께서는 가즉이(가지런히) 보시고 선희궁(宣禧宮, 영빈 이씨, 사도세자의 생모)께서 직접 간택하는 자리에는 없으셨지만, 먼저 나를 불러 보시고 화기가 얼굴에 가득 차 사랑하셨다. 궁인들이 다투어 안거늘 내 심히 괴로워하였더니 사물(賜物, 하사하는 물건)을 내려주셨다. 선희궁께서와 화평옹주(和平翁主)께서 내가 예를 행하는 거동을 보시고 예모(禮貌)를 가르치시거늘 그대로 하고 나와 선비(先妣, 어머니) 품에서 자더니, 아침 일찍 아버님이 들어오셔서 어머님께 "이 아이 수망(首望, 1등)에 들었으니 이 어찐 일인고?" 하오시고 근심하시니, 어머님이 "한미한 선비의 자식이니 들이지 말았다면" 하시고 부모님이 근심하시는 말씀을 잠결에 듣고 자다가 깨어 마음이 동하여 자리에서 많이 울고, 궁중이 사랑하던 일이 생각이 나서 놀라워 즐기지 아니하니 부모 도리어 위로하시고, "아이가 무슨 일을 알리" 하시나, 내 초간택 후로 심히 슬퍼 즐거워하지 않으니라. 지금 그때 일을 생각하니 궁중에 들어와 억만 가지 사건을 겪을 것이기에 스스로 마음이 즐거워하지 않았던가 하니라. 그 일이 한편으로는 이상하면서도 한편으로는 내가 어린 나이였지만 세상보는 눈이 흐리지는 않았나 싶더라. 간택 후, 일가가 찾는 이도 많고 문하(門下) 하인(下人)이 끊어졌던 것도 오는 이가 많으니 인정과 세태를 가히 볼지라.

_《한중록》

위의 인용문에서 보듯이 영조와 정성왕후, 선희궁이 다른 처자들과 달리 혜경궁을 특별히 사랑하고 궁인들도 괴로울 정도로 서로 안으려 한 것을 보면 이미 내정되어 있었음을 알 수 있다. 이튿날 아침 잠결에 아버지와 어머니의 대화를 듣고 울었는데, 궁중에 들어와 수많은 고통을 겪을 것을 예견한 듯하다고 혜경궁은 회고한다.

초간택된 뒤에 찾아오는 사람들이 많았다. 할아버지(홍현보)가 돌아가신 후에 아버지가 벼슬길에 나가지 못하자 발걸음이 뜸하던 사람들까지 찾아오는 것을 보고 약삭빠른 세상인심을 볼 수 있었다고 한다. 세상인심이 예나 지금이나 같음을《한중록》의 기록을 통해서도 확인할 수 있는 것이다.

1744년 1월 11일에 사도세자와 혜경궁 홍씨의 가례가 행해졌다. 1736년의 책례를 시작으로 1744년 1월의 가례까지 사도세자는, 왕세자가 필연적으로 거쳐야 할 책례, 입학례, 관례, 가례의 4대 의례를 모두 치렀다. 4대 의례를 치르면서 사도세자는 영조의 뒤를 이을 차기 왕으로서의 면모를 확실히 굳혀갔다.

영조는 사도세자를 수시로 거느리고 다니면서 국정의 이모저모를 익히게 하였다. 1744년 9월 9일에 영조는 세자를 거느리고 창덕궁과 육상묘(毓祥廟), 기로소(耆老所)로 거둥하고 백성들의 상언(上言, 왕에게 억울한 상황을 아룀)을 받들게 하였다. 영조는 생모인 숙빈 최씨의 사당인 육상묘에서 "사묘(私廟)에 가서 배알하는 것은, 사묘를 영광스럽게 하는 예이다"라고 하면서, 숙빈에 대한 존숭을 표현하였다. 어가가 돌아올 때 영조는 광화문(光化門)에서 흥화문(興化門)에 이르는 곳에서 백성들의 상언을 받들게 하였다. 백성들의 상언을 수용하는 영조의 모습은 어린 사도세자에게 큰 영향을 주었을 것이다.

1744년 9월 11일에 영조는 친히 권학문(勸學文)을 지어서 세자 빈객 김약로(金若魯)로 하여금 세자의 앞에서 암송하여 설명하게 하였다. 또 세자에게 명하여 '고경중마방(古鏡重磨方)'이라는 제목의 어제(御製) 한 편을 읽게 하고, "어제 하례를 받고 오늘 경전을 강의하는 것은, 곧 몸소 원량(세자)을 가르치려는 뜻이다"라고 하였다. 영조가 세자의 교육에 깊은 관심을 기울였음을 알 수 있는 대목이다.

이처럼 영조는 세자에게 큰 기대를 걸고 있었지만, 불행하게도 세자는 영조의 마음에 차지 못했다. 실록의 기록에도 영조와 사도세자의 '코드'가 잘 맞지 않았음을 보여주는 내용이 자주 나타난다. 1744년 11월 4일에는 영조가 중서헌(重書軒)에 나아가서 세자가 읽은 《어제 권학문》을 듣고 독서에 대해 물었다. 사도세자에게 "글을 읽는 것이 좋으냐, 싫으냐?" 하

니, 사도세자는 한참 동안 있다가 "싫을 때가 많습니다"라고 하였다. 영조
는 "동궁의 이 말은 진실한 말이니, 내 마음이 기쁘다"라고 하였지만, 독
서에 대해 싫다고 분명히 말하는 세자에 대해 불안감을 가졌을 것으로 짐
작된다.

1748년(영조 24) 5월 19일, 영조는 소대(召對, 임금이 신하들에게 몸소 글을 강론
하는 일)를 행하고 왕세자를 불러 한나라 고조(高祖)와 무제 중에 누가 더 훌
륭한가라는 질문을 던졌다. 세자가 "고조의 기상이 훌륭합니다"라고 하
자, 영조는 다시 "한나라 문제(文帝)와 무제는 누가 더 훌륭한가?"라고 질
문했다. 세자가 "문제가 훌륭합니다"라고 하자, 영조는 "이는 나를 속이는
것이다. 너의 마음은 반드시 무제를 통쾌하게 여길 것이다. 너의 시 가운
데 '호랑이가 깊은 산에서 울부짖으니 큰 바람이 분다'라는 글귀가 있으
니, 기(氣)가 크게 승함을 알 수 있다"라고 하였다. 영조는 당시 기질이 강
한 세자의 모습에 대해 크게 경계하고 있었던 듯하다.

1749년,
세자의 대리청정을 명하다

영조는 어린 사도세자의 교육에 큰 관심을 기울였지만, 세자는 부왕의 기
대만큼 성장해주지 못하였다. 세자는 말이 없고 행동이 날래지 못하여, 성
격이 세심하고 민첩한 영조를 늘 답답하고 화나게 만들었다. 또 커가면서
공부에 별다른 관심이 없고 칼싸움이나 말타기 같은 놀이에만 열중하여

학문에 정진해주기를 바라는 영조의 기대를 저버리기도 했다. 영조는 자신의 기대와는 어긋나게 나가는 세자를 따뜻하게 타이르기보다 심하게 꾸짖는 경우가 많았다. 여러 사람이 보는 앞에서 꾸중하거나 흉을 보는 등 자신의 감정을 노골적으로 드러냈다.

그럼에도 1749년(영조 25) 1월 23일에 영조는 사도세자에게 대리기무(代理機務)를 명하였다. 영조의 나이가 56세이고, 사도세자가 15세 되던 해였다. 형인 경종을 독살하고 왕위에 올랐다는 혐의를 받기도 한 영조가, 자신이 왕위에 연연하지 않음을 보여주기 위해 일찌감치 세자에게 왕위를 물려주려는 정치적 제스처를 취한 것이다. 당시 왕이 60세를 넘기는 것이 어려운 실정이었음을 고려하면, 세자의 나이가 비록 어리지만 영조의 대리기무 명령은 시기적으로 적절한 감이 있었다. 당시 실록의 기록을 보자.

임금이 왕세자에게 대리기무를 명하였다. 이때에 시임(時任) 대신·원임(原任) 대신과 비변사의 여러 재신, 승지와 옥당(玉堂), 양사(兩司)에서 청대(請對)하여 환경전(歡慶殿)에 입시하고 봉서를 거둘 것을 청하니, 임금이 말하기를, "내가 반드시 본심을 이루고자 하는 것이 다섯 가지가 있다. ……셋째, 마음속의 병이 해가 갈수록 점점 심하여 온갖 정무를 보살필 수 없다. 넷째, 세자는 기품이 뛰어나지만 뒷날 과연 어떻게 행동할지 알지 못하는 까닭에 내가 살아 있을 때 보고자 한다. 다섯째, 비록 보통 사람도 부형이 있으면 타인이 그 자제를 업신여기지 못하는 것이다. 원량이 어찌 시국의 형편에 따른 편벽한 내용의 상소를 알 수 있겠는가? 오늘 기반을 세우고자 한다. 이 다섯 가지는 모두 내가 나라를 위해 마음 아파하는 것이나, 나이가 들고 병이 심한 것이 또한 제일 견딜 수 없는 것이다"라

〈영조어진(英祖御眞)〉, 보물 제932호, 110×68cm, 국립고궁박물관 소장. 영조 51세 때인 1744년에 장경주, 김두량이 그린 그림을 1900년에 당대 최고의 초상화가들이 보고 그린 것이다.

《영조어필(英祖御筆)》의 영조 글씨, 1책, 목판본, 52.5×37cm, 1776, 규장각한국학연구원 소장. 시구 중 '서설(瑞雪)' 두 글자이다.

즉위 후 탕평책법의 추진으로 정치적 안정을 꾀한 영조는 경제와 각종 문화, 학술사업과 경제개혁에도 온 힘을 쏟았다. 아들인 세자까지 자신의 손으로 죽이면서 왕위를 계속 유지한 영조! 성에 차지 않는 세자와의 인간적 갈등이 가장 큰 원인이었겠지만, 세자에게 왕위를 물려주고 은퇴하기에는 너무나 건강하고 의욕적이던 영조의 기질도 한몫을 했다. 왕위가 세습되는 왕조 국가에서 건강과 장수는 곧 장기 집권의 보증수표였고, 영조는 52년간 재위하면서 역대 왕의 평균 재임 기간의 두 배에 가깝게 재위했다. 결국 사도세자는 영조의 장기 집권을 위한 정치적 희생양이 된 것이다.

고 하였다.

_《영조실록》 권 69, 영조 25년(1749) 1월 23일

영조는 나이가 들고 병이 심함을 이유로 삼아 세자에게 대리기무를 명하였다. 영조의 갑작스러운 대리기무 명령은 조정의 대신들을 당황하게 했다. 영의정 김재로(金在魯)는 "동궁의 강학이 하루가 급한데, 어찌 차마 번거로운 국사를 맡겨 촌음을 아끼는 공력에 방해가 되도록 하십니까?"라면서 반대 의견을 피력하였고, 좌의정 조현명(趙顯命)은 "지금 전하께서 나이가 늙었다고 하여 짐을 벗으신다면 동조(東朝)의 마음이 과연 어떠하시겠습니까?" 하면서 세자의 학문이 정진되는 시점에 온갖 정무를 돌보게 하여 그 시간을 빼앗는 것은 무리한 조처임을 지적하였다.

사도세자는 영조의 명에 당황해하면서 안으로 들어와 울음을 터뜨렸다. 여러 신하가 거듭 대리기무의 철회를 요청하자, 영조는 "부득이하다면 대리청정(代理聽政)은 어떻겠는가?"라고 하였다. 대리기무 대신 대리청정의 방안을 제안한 것이다. 영의정 김재로가 "그것 역시 안 됩니다"라고 강력히 반대하자, 영조는 크게 화를 내면서, "크고 작은 공사(公事)를 모두 승정원에 머물러 두게 하라. 나는 결코 왕 노릇을 하지 않겠다"라고 선언하였다.

영조는 어린 세자로 하여금 아득히 국사를 모르는 상태에 두었다가 뒷날 만약 노론과 소론에 의해 그릇되게 할 수 없다면서, 자신의 조처가 뒷날에 반드시 효험이 있을 것이라며 의지를 굽히지 않았다.

1749년 1월 27일에 영조는 왕세자의 대리청정을 종묘에 고하고 팔도에 전교를 반포하였다. 영조는 이후에 보고하여 결정할 일이 있으면 세자에

게 아뢸 것을 지시하였다. 영조는 세자에게 대리청정을 명했지만, 실제로는 왕이 세자를 대동하고 정치의 현장에 나서는 경우가 많았다. 1749년 8월 15일에는 창경궁의 홍화문 누각에 나아가 왕세자를 거느리고 사민에게 진휼(賑恤)을 시행하였다. 대리청정 형식을 취했지만, 권력의 주체는 여전히 영조에게 있었다.

1750년에는 원손(의소세손懿昭世孫)이 태어나 영조와 사도세자를 잠시 기쁘게 했지만, 원손은 1752년에 3세의 어린 나이로 요절하였다. 대리청정 이후 부자 관계는 점점 멀어져갔다. 경륜이 부족한 세자가 국정 운영에 미숙한 것을 참지 못하고, 영조는 사사건건 세자를 꾸중하며 못마땅하게 여겼다.

계속되는
부자의 갈등

1752년에 정조가 경춘전(景春殿)에서 태어났다. 정조가 지은 〈경춘전기(景春殿記)〉에는 사도세자가 정조를 낳을 때 용꿈을 꾼 이야기가 기록되어 있다.

국조(國朝) 전례가 왕이 탄생한 전각이면 반드시 사실을 기록한 현판을 달게 되어 있으므로, 황조고(皇祖考, 영조)께서 늘 소자(小子, 정조)에게 하교하시기를 "이 일이 정령과는 관계가 없는 것 같아도 이 뒤에 자손들이 이 집에 와서 저 현판을 보게 되면 경건한 마음과 감회가 자연히 생기는 것이다" 라고 하시고, 또 이르시기를 "너도 나의 이 말을 꼭 잊지 마라"라고 하셨다. 아, 어려서 부모를 여의고 그 슬픔 그지없는 나로서 저것을 보았을 때 그 감회와 존경심이 과연 어떠하겠는가.

저번에 유사(有司, 담당 관리)가 두 궐을 수리해야 한다고 내게 청했을 때 내가 듣지 않은 것은 흉년이 들어 백성들 살기가 곤궁하기 때문이었지만, 저 궁전만은 수리를 않으면 금방 무너질 것이고 만약 무너진다면 이는 내가 그 집을 아끼고 돌보는 마음이 아니기에 유사를 명하여 수리하도록 한 것이다. 그러나 수리는 해도 그저 서까래 몇 개 갈고 주추 하나 바로하여 우선 기울지나 않고 비가 새지나 않게 한 것일 뿐, 칠이 낡고 뭉개지고 문창살이 삐뚤어지고 한 것들은 손을 대지 말게 하였다. 이유는 비용 절감도 절감이려니와, 되도록이면 옛 모습 그대로 보존하여 추모(追慕)의 뜻을 붙이려는 것이었다. 공사가 끝난 뒤에 '탄생전(誕生殿)' 세 글자를 써서 문지방 위에 걸고, 이어서 이처럼 기(記)를 쓴 것이다. 아, 《시경(詩經)》에도 말하지 않았던가, "슬프고, 슬프다, 부모님이여, 날 낳으시느라 힘드셨다"라고. 힘드신 그 은혜를 생각지 않은 자 누가 있으랴만, 그래도 나와 같은 자는 없을 것이다.

아, 궁전 동쪽 벽에 용이 그려져 있다. 그것은 내가 태어나기 전날 밤 선친 꿈에 용이 침실로 들어왔는데, 나를 낳고 보니 흡사 꿈속에 본 용처럼 생겨서 이를 손수 벽에다 그려 아들 낳은 기쁨을 나타내셨다는 것이다. 지금 보아도 먹물이 젖은 듯하고 용의 뿔과 비늘이 움직이는 것 같아, 내 그 필적을 볼 때마다 감회가 극에 달해 눈물이 쏟아지곤 한다. 아울러 이렇게 기록하여 후인들로 하여금 그 그림이 보배로운 것임을 알아 감히 더럽히지 말라는 뜻을 나타낸다.

_《홍재전서(弘齋全書)》 14권 〈경춘전기〉

위의 기문(記文)을 통해, 사도세자가 정조를 낳기 전에 용이 나오는 꿈을 꾸었고 그 꿈에 나온 용과 정조의 모습이 닮아 기쁜 마음에 이 그림을 그렸음을 알 수 있다. 그림을 그린 다음 날 정조가 탄생하였으니, 바로 임신년(1752) 가을 9월 22일이었다.

그러나 아들을 낳은 사도세자의 기쁨은 오래가지 못하였다. 여전히 사도세자에게는 아버지 영조의 무서운 질책이 계속되었기 때문이다.

1752년 10월 29일의 실록 기록에서 사도세자는 "내가 대리한 지가 4년이 되었으나, 성상의 마음을 우러러 본받지 못하여 약을 물리치시기에 이르렀으니 모두 나의 잘못이다. 나 역시 무슨 마음으로 약을 복용하겠는가?"라고 하여, 영조가 약을 물리친 것에 대하여 전전긍긍하고 있다.

1752년 12월 8일에는 대소 공무를 동궁으로 들여보내라는 명이 있어, 이 때문에 논란이 일어났다. 영조는 선화문(宣化門)에 나아가 대신·비국(備局) 당상 및 약방·정원·옥당의 관원을 부른 뒤에 "내가 할 일이 있다"라는 분부를 내리고, 또 대소 공무를 동궁에게로 들여보내라고 하였다. 영조는 "내가 이 문에 앉은 이유는, 희정당(熙政堂)은 정사당(政事堂)이므로, 왕세자에게 대리청청하게 한 뒤로 다시는 앉고 싶지 않아서이다. 송현궁(松峴宮)에 거둥한 것은 나의 큰 뜻이었는데, 자전(慈殿, 임금의 어머니)의 분부로 인하여 이루지 못하였다"라고 하면서 정사에 관여하지 않을 것을 선언하였다. 당시 날씨가 매우 쌀쌀하고 눈보라가 치는 것을 염려하여, 김상로(金尙魯)는 "혹독한 추위에 필시 몸에 손상이 올 것인데 이게 무슨 일이란 말입니까"라고 하면서 영조가 처분을 취소할 것을 건의하였다.

사도세자 역시 영조 앞에 나아가 엎드려 전교를 회수하기를 청하였다. 이에 영조는 "너는 지금 나의 마음을 모르고 있다. 태조께서는 정종에게 선위하였고, 영묘(英廟, 세종)께서도 이미 거행하신 전례이다. 그러므로 네가 너의 아비의 마음을 평안하게 하고자 한다면 이 옷을 항상 입도록 허용하여야 할 것이다. 오늘 청포(靑袍)를 입은 것은 사실 의도가 있는 것이다"라고 하였다. 여러 신하들이 하교를 회수할 것을 적극 요청했으나, 영조는 역대에 선위한 사례가 있음을 상기시키면서 큰소리로 화를 냈다.

영조는 "경종께서 대리를 하라고 명하실 때에 대소 공무를 모두 나에게 들여보냈는데, 이 때문에 헤아릴 수 없는 흉측한 말을 들었다. 지금 이렇게 하지 않는다면 어떻게 나의 괴로운 마음을 펼 수 있겠는가?" 하면서, 경종이 자신에게 대리청정을 시킨 사실을 떠올리며 뜻을 굽히지 않았다. 영조는 "이 뒤로는 사전(祀典)이나 순감군(巡監軍) 군호(軍號)의 일로 표신(標信)을 청하는 일 말고는 모두 동궁에 들여보내라"라고 하면서 완전히 정치 일선에서 물러날 것을 선언하였다. 영조는 대신들의 거듭된 반대에도 "임금 군(君) 자는 하나만으로 넉넉하다. 나는 지금 태상왕이 되었다"라고까지 하였다.

영조의 양위 소동은 계속 이어졌다. 1752년 12월 15일에 영조는 광화문 앞에 이르러 가마를 멈춘 다음 그곳 백성 가운데 부로(父老)들을 불러놓고 "임어(臨御)한 지 30년이 되었으나 너희들에게 온전한 혜택이나 온전한 정사를 베풀지 못하였는데, 이제부터 우리 백성들을 크게 저버리게 되었다"라고 하교한 뒤에 잠저(潛邸)인 창의궁(彰義宮)으로 갔다.

창의궁은 영조가 왕이 되기 전까지 머문 잠저로, 경복궁의 서문인 영추문(迎秋門)의 서남쪽에 자리하고 있는 곳이다. 창의궁은 후에 영조가 화순옹주(和順翁主)와 김한신(金漢藎) 부부에게 물려주었는데, 김한신은 추사(秋史) 김정희(金正喜)의 증조부가 된다. 김정희는 서울에 오면 이곳에 자주 들렀고, 지금에도 이 일대를 '추사로'라고 부르는 것은 김정희와의 인연이 있기 때문이다.

부친이 창의궁으로 갔다는 말을 전해들은 사도세자는 황급히 이곳을 찾았다. 영조는 왕세자가 온다는 말을 듣고 "지금 막 추운 뜰에 나와 앉아 있으니, 승지는 들어가서 이 뜻을 전유하라" 하면서 사도세자를 압박하였다. 영조의 조치에 사도세자는 합문(閤門) 밖에 나아가 죄를 빌었다. 문 밖에 나가 거적자리를 깔아놓고 엎드려 죽을죄를 지었다면서 영조가 내린 양위의 하교를 거두어줄 것을 청하였다. 영조는 "왜 이처럼 나를 괴롭힌단 말인가? 즉시 들어가라는 뜻으로 전유하라" 하며 역정을 냈다.

영조가 내린 양위의 뜻을 거두어달라는 사도세자와 신하들의 청은 12월 16일에도 이어졌지만, 영조의 의지는 확고하였다. 신하와 종친들의 요청이 거부를 당하자, 사도세자는 눈 쌓인 뜰의 거적자리에 엎드려 앉아 눈물로 영조에게 호소했다. 영조는 사도세자가 눈 쌓인 뜰에 나와 엎드려 있다는 소식을 듣고, "만약 그렇게 할 경우 앞으로 수라를 들지 않고 북한산 행궁으로 갈 것이다"라고 하면서 빨리 궐 안으로 돌아갈 것을 명하였다.

1752년의 겨울은 사도세자에게 육체적으로나 정신적으로 무척이나 추운 한 해였다. 세자가 멋대로 일을 처리하였다고 영조가 진노하자 홍역에 걸린 몸으로 세자는 3일 동안이나 눈 속에 꿇어앉아 죄를 빌어야 했고, 영조가 왕위를 넘기겠다며 창의궁으로 거처를 옮기자 또 이마에 피가 나도록 엎드려 사죄해야 했다. 세자에 대한 영조의 미움은 극에 달하였다. 심지어 날이 가물거나 천재지변이 있으면 모두 세자가 덕이 부족해서 그렇다고 푸념하는 바람에, 세자는 날이 흐리기만 해도 또 꾸중을 듣지 않을까 걱정할 정도였다.

1752년 양위 파동의 홍역을 치른 뒤로 영조와 사도세자의 관계는 표면적으로는 조용하게 보였다. 1755년 9월 10일에는 영조가 사도세자에게 대리하면서 정사에 부지런하지 못함이 있는가를 되돌아보아야 함을 강조하였다. 그리고 "오늘날 조정 신하들은 하나도 믿을 만한 이가 없으니, 나와 네가 국사를 하지 않는다면 조선은 어떻게 되겠는가?"라며 세자에게 신뢰를 보이는 듯한 발언을 하였다. 당나라 태종(太宗)이 고종(高宗)을 가르친 교재인 《정관정요(貞觀政要)》를 읽을 것을 권유하였고, 그날 이후로 매월 초1일부터 그믐날에 이르기까지 소대, 차대(次對), 서연의 상황과, 무슨 책무슨 편을 읽었는지 기록해두라고 했다. 자신이 직접 세자의 서연 참여 여부 등과 세자가 매일 읽어야 할 책을 확인하겠다는 뜻을 비친 것이다. 부왕에게 일거수일투족을 모두 감시받아야 하는 상황, 정상인이라도 쉽게 적응할 수 없는 상황에서 세자의 정신적인 피폐감은 날이 갈수록 그 도를 더해갔을 것이다.

영조는 사도세자가 경연에서 어떻게 공부를 하는지를 늘 점검했다. 서연에 참여한 신하들을 따로 만나 그들에게 세자의 학습 상태를 물어보곤 하였다. 매번 세자의 차대 뒤에 입대(入對, 궁중에 들어가 임금을 뵙고 자문에 응하는 일)한 여러 신하들을 불러들여 어떠한 일이 있었는지를 물었다. 사도세자는 일거수일투족이 모두 감시를 당하는 상태까지 몰린 것이다.

1756년 2월 16일, 영조는 사도세자가 비록 비답(批答, 국왕의 답변을 말함)을 내리더라도 바로 반포하지 말 것을 지시하였다. 대리청정을 명했으면서도 실제 주요한 안건은 자신이 직접 처리하겠다는 뜻이었다. 정신적으로 황폐해진 세자는 1756년 11월에 천연두 증세로 고생하기도 하였다. 다행히 병은 1주일 만에 회복되었다.

이렇듯 1749년에 15세의 나이로 대리청정을 하면서 형식적으로 사도세자는 영조의 후계자가 되었으나, 부자의 관계는 늘 좋지 않았다. 영조는 사도세자에 대해 신뢰를 보이지 않았고, 문제가 생기면 호되게 질책할 뿐, 세자의 권위와 위신을 세워주지 않았다. 궁궐 밖의 행차에도 영조는 사도세자를 데려가지 않았다. 사도세자는 이것이 큰 불만이었다. 영조와 함께 행차하면서 부자 관계도 우호적으로 증진시키고 후계자로서의 면모를 보이고 싶어 했다. 1756년 8월에 마침 기회가 왔다. 영조가 부친 숙종의 무덤인 명릉(明陵)을 행차하는 일정이 잡혀 있었다. 이에 앞서 7월에 예조에서 세자가 함께 수행할 것인가의 여부를 묻자 영조는 예전처럼 혼자 행차할 계획임을 밝혔다. 그러자 여러 대신들이 명릉이 지니는 상징성을 부각시키며 세자가 수행할 것을 건의하였고, 영조는 이례적으로 신하들의 건의를 받아들였다.

당시에 사도세자가 매우 기뻐한 상황과 더불어 자신의 누이인 화완옹주(和緩翁主)를 중재자로 활용했음이 《한중록》의 기록에 나타나 있다. 화완옹주는 첫째딸인 화평옹주가 사망한 뒤에 영조의 총애를 받던 딸이었다.

능행(陵幸) 수가(隨駕)를 20세가 되도록 못 하시오니, 봄과 가을로 가실까 마음을 졸이다 한 번도 못 가시니 그 일도 서럽고 울화가 되었다. 병자년(1756년) 8월 1일에 처음으로 명릉에 수가하시니, 시원하고 기꺼워하셔서 목욕하시고 정성을 다하시고 요행히 탈없이 돌아오셨다. 가신 사이에 인원왕후(仁元王后), 정성왕후 양 성모께와 선희궁께 글을 올리고 그 글의 자취가 지금 내게 있는데, 조금도 병환이 계신 분 같지 아니하고 순조롭게 돌아오심을 스스로 큰 경사같이 아셨다. 능행 후 한동안은 대단히 꾸중을 듣는 일이 없었으며, 보통 인정으로 생각하면,

그 여동생(화완옹주)은 그리 총애하시고 본인은 뜻을 얻지 못하시니 응당 어쩌하신 마음이 계실 듯도 한데, 그때까지 종시 불효하신 기색이 없으시고 화완옹주가 순산한 일을 기특하게 여기셨다. 처음으로 능행을 수가하게 된 것은, 선희궁께서 "지금 능행 수가 못하시는 일을 민심도 괴이하게 여기리다" 하시며 화완옹주께 "여쭈라" 하여 된 듯싶더라.

_(한중록)

위의 기록에서 나타나듯이 사도세자는 누이인 화완옹주의 도움으로, 영조를 따라 명릉을 참배하게 되었다. 명릉 참배는 일시적으로 부자 관계를 회복시킨 듯이 보인다. 영조의 질책도 사라졌고, 혜경궁이 수가 이후 사도세자에 대해 '조금도 병환이 계신 이 같지 아니하다'라고 표현한 것은 이러한 분위기를 반영해주고 있다.

그러나 두 사람의 좋은 관계는 그리 오래가지 못했다. 혜경궁은 《한중록》에서 1757년 11월에 사도세자가 영조의 전위(傳位) 파동으로 정신을 낙상한 이래로 마음의 병이 더욱 심해졌다고 기록하고 있다.

부왕에 대한 공포심과
사도세자의 병

《한중록》의 기록들은 영조와 사도세자의 갈등을 좀 더 구체적으로 전하고 있다. 1758년 2월 영조가 세자를 찾아 많이 꾸중을 한 날, 사도세자는 솔

직히 자신의 심정을 나타냈다. 사도세자는 "제 마음속에 울화가 나면 견디지 못하고 사람을 죽이거나 닭, 짐승을 죽여야만 마음이 낫습니다"라고 하였고, 영조가 "어찌하여 마음이 상하였느냐?"라고 묻자 "마마께서 사랑해주지 아니하시기에 서글프고, 꾸중하시기에 무서워 화(火)가 되었습니다"라고 솔직히 대답하였다고 한다. 영조의 분위기가 누그러지자, 세자는 자신의 말을 이어갔다. 어려서부터 사랑을 받지 못하여 한 번 놀라고 두 번 놀라 마음의 병이 되었다고 고백하면서 회한의 눈물을 흘렸다. 옆에 있던 혜경궁도 "은혜와 사랑을 주시면 그렇지 않을 것입니다"라고 하면서 서럽게 울었다고 한다.

영조가 돌아간 뒤에 혜경궁이 부자 사이가 나아지겠느냐고 묻자, 세자는 "자네가 아버님께서 사랑하는 며느리기에 그 말씀을 곧이 다 듣는가? 일부러 그리하신 말씀이니 믿을 것이 없네. 필경 내가 죽고 말 것이네"라고 하면서 부친에 대한 불신을 그대로 내보였다. 혜경궁은 '무릇 하늘이 부자 두 분 사이를 그토록 나쁘게 하여 아버님께서는 말아야지 하다가도 누가 시킨 듯이 도로 미운 마음이 나고, 아드님은 뵙는 때마다 속이는 일 없이 당신 과실을 숨기는 일이 없었다. ……하늘의 뜻이 어찌하여 조선국에 만고에도 없는 슬픔을 끼쳤는지 애통할 뿐이다'라면서 악화 일로의 부자 관계를 안타까워하였다.

이 무렵 사도세자에게는 의대병(衣襨病)이 있었다. 의대병은 보통 의대(왕실의 옷)를 입기 위해 열 벌이나 이삼십 벌을 갖다놓으면 갑자기 옷을 태우는 이상한 괴질이었다. 한 벌을 순하게 갈아입으면 천만다행이었고, 시중을 드는 이가 조금이라도 잘못하면 의대를 입지 못하였다. 《한중록》에는 "6, 7년간 그 병환이 있었는데, 극히 심한 때도 있었고, 조금은 진정할 때도 있었다"라고 적고 있어, 사도세자의 의대병이 상당한 기간 동안 지속되었음을 알 수 있다.

1757년 11월 11일에 영조는 밤에 신하들이 입시한 가운데 왕세자를 책망하고 왕위를 물려주겠다는 소동을 피웠다. 사도세자가 잘못에 대해 반성을 하지 않는다고 크게 꾸짖었다. 여러 신하들은 "세자께서 평일에 너무 엄하고 두려운 까닭에 말씀을 드리지 못한 것입니다"라고 변호하였지만, 영조의 의지는 단호했다. 영조는 효소전(孝昭殿)에 나아가 승지에게 전위한다는 교지를 쓰라고 명하였다. 결국 늘 그래 온 것처럼 사도세자가 나와 영조 앞에 꿇어 엎드려 눈물을 흘렸다. 당시 유척기(兪拓基)가 영조에게 건의한 발언을 보면, 사도세자가 얼마나 영조에게 위축이 되어 있고 심지어 이로 인하여 질병까지 생겼음을 알 수 있다.

자제를 가르치는 데에는 귀천에 차이가 없으므로, 시험 삼아 여항(閭巷)의 일을 가지고 말씀드리겠습니다. 부형이 만일 엄격함이 지나치면 자제가 두려워하고 위축되어 말하고 시봉(侍奉)하는 사이에 저절로 잘 맞지 않고 어긋남을 면치 못하거나 심지어 그것이 질병으로 발전되기까지 하는데, 만일 자애와 온화함을 위주로 하여 도리를 열어 깨우쳐준다면 은혜가 모두 온전하여지고 뜻이 서로 믿음을 줄 것입니다. 지금 전하께서는 엄위(嚴威)가 너무 지나치시기 때문에 동궁이 늘 두려움과 위축된 마음을 품고 있으니 응대하는 즈음에 머뭇거림을 면치 못합니다. 삼가 바라건대, 지금부터는 심기가 화평하도록 힘쓰시고 만일 지나친 잘못이 있으면 조용히 훈계하여 점점 젖어들도록 이끌어주신다면, 하루이틀 사이에 자연히 나아가는 효험이 있을 것입니다.

_《영조실록》 권90, 영조 33년(1757) 11월 11일

홍봉한 역시 "동궁께서 평상시에도 입시하라는 명령만 들으면 두려워서 벌벌 떨며 비록 쉽게 알고 있는 일이라도 즉시 대답하지 못한 것은, 대개 군부에게 기뻐함을 얻지 못하고 전하가 너무 엄격하여 두려워하는 데에 연유하여 그러한 것입니다"라고 하여, 영조의 엄격함이 세자를 궁지에 몰고 갔음을 언급하였다. 사도세자가 영조를 대할 때 얼마나 공포심을 가지고 있었는지 물러나와 뜰에 내려가다가 까무러쳐서 일어나지 못하기도 하였다. 급히 의관(醫官)을 불러 진맥하였지만 맥도(脈度)가 통하지 않아 약을 넘기지도 못하였다. 겨우 청심환을 복용하게 하였더니 한참 있다가 비로소 말을 통하였다.

영조와 사도세자의 긴장 관계는 계속 이어졌다. 사도세자는 영조에 대한 두려움으로 영조를 뵙는 의례를 빼먹는 일까지 생겼다. 1758년 7월 8일에 우의정 신만(申晩)이 사도세자에게 "저하께서 항상 전하를 진현(進見, 왕을 찾아 뵘)하려는 마음이야 어찌 간절하지 아니하겠습니까마는, 그러나 전하의 엄격함을 두려워하고 황송하게 여겨서 간혹 이를 행하지 아니하시므로, 신이 일찍이 이 때문에 여러 차례 보고하였던 것입니다. 저하께서 비록 엄격함을 두려워하는 마음을 가지고 계신다고 하더라도 한 번 진현하고 두 번 진현하며 오늘 이와 같이 하고 내일 또 이와 같이 한다면, 전하의 마음이 어찌 기뻐하고 즐거워하지 아니하겠습니까?"라고 건의하였다. 아버지가 너무나 엄격하고 무서워 아들이 진현까지 거부하면서 사도세자와 영조의 사이는 갈등의 골이 더욱 깊어만 갔다.

영조와 사도세자의 갈등에는 세자가 서연을 게을리 한 것도 한몫을 했다. 1758년 8월 30일 실록에는 사도세자가 영조에게 잘못을 빌면서 시민당 북쪽 마당에서 석고대죄(席藁待罪)를 하였다는 기록이 보인다. 어느덧 20

대 중반에 접어들었지만, 사도세자는 여전히 영조의 눈치를 보며 석고대죄를 해야 하는 상황이었다. 세자 스스로도 자신의 처지가 미웠을 것이다.

1757년 2월 15일에 영조는 정비인 정성왕후가 창덕궁에서 승하하자 무덤은 홍릉(弘陵)이라 하고, 혼전(魂殿)은 창경궁의 문정전으로 하고 '휘령전(徽寧殿)'이라 이름하였다. 정성왕후에 이어 숙종의 계비인 인원왕후가 1757년 3월에 창덕궁 영모당(永慕堂)에서 승하했다. 영조는 인원왕후의 무덤을 숙종의 무덤인 명릉 곁에 조성하였고, 혼전은 효소전이라 하였다. 《한중록》의 기록에 의하면, 1757년 여름, 영조를 따라 사도세자가 홍릉을 참배하던 날에 큰 비가 내렸다. 영조는 날씨가 그러한 것이 세자를 데려온 탓이라고 말하고, 능에 이르기도 전에 사도세자에게 "도로 궁에 들어가라"고 하였다고 한다. 날씨가 나쁜 것도 자신의 탓으로 돌리는 아버지에 대해 세자는 얼마나 많은 원망을 품었을까? 1758년 12월, 사도세자의 병은 더욱 깊어졌다. 1759년 정월에는 정성왕후와 인원왕후를 모신 혼전 제사를 친히 하지 못하기도 했다.

연이은 국상으로 우울하던 조선의 왕실에는 1759년 3월에 큰 경사가 있었다. 사도세자의 아들을 세손으로 책봉한 것이다. 사도세자는 병환 중에도 세손의 책봉을 기뻐하였지만, 병세는 쉽게 호전되지 못하였다. 병환의 여파로 세자는 6개월간 상참(常參, 정기적으로 하는 조회)을 두 번밖에 하지 않아 영조의 걱정을 샀다. 1759년 10월에 영조는 "6개월 동안 동궁이 상참을 단지 두 차례만 행하였다 하니, 이는 역시 내가 힘쓰기를 게을리 해서 그런 것이다. 내일은 마땅히 명정문(明政門)에서 조참(朝參)을 행할 것이다"라고 하여, 세자가 하지 못한 조참을 영조 자신이 주도해서 하겠다고 했다. 영조에게는 사도세자의 질병조차 마음에 들지 않았다.

〈회강반차도(會講班次圖)〉, 1첩, 채색필사본, 41.1×26.5cm, 조선후기, 규장각한국학연구원 소장. 서연에서 한 달에 두 번씩 왕세자와 사부 이하 세자시강원 관원들이 모여 경사(經史)를 강론, 회강하는 장면이다.

1755년 9월 10일에는 영조가 사도세자에게 대리하면서 정사에 부지런하지 못함이 있는가를 되돌아보아야 함을 강조한다. 당나라 태종이 고종을 가르친 교재인 《정관정요》를 읽으라고 권유하였고, 매월 초1일부터 그믐날에 이르기까지 소대(召對), 차대(次對), 서연의 상황과, 무슨 책 무슨 편을 읽었는지 기록해두라고 했다. 자신이 직접 세자의 서연 참여 여부 등과 세자가 매일 읽어야 할 책을 확인하겠다는 뜻을 비친 것이다. 부왕에게 일거수일투족을 모두 감시받아야 하는 상황. 정상인이라도 쉽게 적응할 수 없는 상황에서 세자의 정신적인 피폐감은 날이 갈수록 그 도를 더해갔을 것이다.

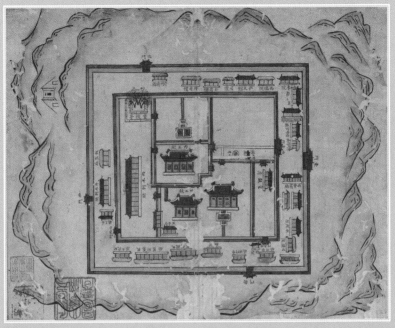

《영괴대기(靈槐臺記)》의 《온양별궁전도(溫陽別宮全圖)》, 이형원(李亨元) 편, 1첩, 39.4×25.5cm, 1795년경, 규장각 한국학연구원 소장. 중앙에 행궁의 정전(正殿)과 온천이 보이고, 좌측 상단에 영괴대가 위치해 있다.

사도세자는 부왕에 대한 공포심으로 인해 마음속에 울화가 나면 견디지 못하고 사람을 죽이거나 닭, 짐승을 죽여야만 마음이 낫는 병이 있었으며, 의대를 입기 위해 열 벌이나 이삼십 벌을 갖다놓으면 갑자기 옷을 태우는 이상한 괴질도 있었다. 또한 영조를 대할 때 얼마나 공포심을 가지고 있었는지, 물러나와 뜰에 내려가다가 까무러쳐 일어나지 못하기도 하였다. 1760년에도 세자의 병환은 계속되었다. 의관들이 온천에서 목욕하는 것이 좋다고 건의하자, 결국 영조는 사도세자의 온천행을 허락한다. 사도세자는 온천욕을 하면서 종기 치료도 하고 휴식도 취했을 것이다. 자신에 대한 영조의 불신이 깊어지던 때, 사도세자는 온양온천행을 통하여 잠시라도 부친의 굴레에서 벗어날 수 있었다.

1760년에도 세자의 병환은 계속되었다. 1760년 7월 10일에 영조는 석음재(惜陰齋)에 나아가서 약방의 제조를 만나 세자의 질병 상태를 물었다. 약방 도제조 이후(李㷍)는 "세자의 종처(腫處)를 보니 혹은 종(腫)을 이루었고 혹은 곪아터졌습니다"라고 답하였다. 영조가 처방법을 묻자 의관들이 온천에 목욕하는 것이 좋다고 건의하였고, 결국 영조는 사도세자의 온천행을 허락한다. 《한중록》의 기록에 의하면, 세자의 온천행에 화완옹주가 상당히 기여했으며 혜경궁이 온천행을 잘 추진하지 못했다는 이유로 사도세자에게 바둑판으로 얼굴을 맞아 왼쪽 눈을 상했다고 한다.

1760년 7월 18일에 사도세자는 서울을 출발하여 서빙고, 과천을 거쳐 온양행궁에 도착하였다. 오랫만에 영조의 감시에서 벗어난 것이었다. 사도세자는 16일간 종기 치료와 휴식을 끝내고, 8월 1일에 온양을 출발하여 4일에 서울에 도착하였다. 사도세자의 행차에는 의원들이 동행하였으며, 용호영 155명, 훈련도감 205명, 금위영 182명, 어영청 207명, 수어청 51명의 오군영 병력이 다수 동원되어 세자 행차를 호위하였다.

사도세자의 온양행차에 대해서는 《온궁사실(溫宮事實)》이라는 기록이 전한다. 사도세자가 온양행궁에 묵는 것을 대비하여 온양행궁에서는 건물을 보수하고 각종 준비물을 챙겼으며, 이 중에는 내의원에서 각별히 준비한 약재도 있었다. 부용향 한 재와 소목 한 근, 울금 여덟 냥 등이었는데, 모두 목욕에 소용된 것으로 기록되어 있다. 부용향은 몇 가지 재료로 만든 향이며, 소목과 울금은 기를 원활히 하는 효능이 있다고 알려져 있다. 요즘도 사우나에 가면 각종 탕마다 한약재를 담은 봉지를 넣은 것을 볼 수 있는데, 이와 유사한 장면이 조선의 왕실 목욕탕에서부터 펼쳐졌던 것이다. 이 밖에도 《온궁사실》에는 오동나무 바가지, 큰 함지박, 조그만 물바

가지, 놋대야, 의자, 수건(14장) 등 사도세자가 목욕할 때 사용한 용품들까지 기록되어 있다.

《영괴대기(靈槐臺記)》는 정조가 온양에 왔던 아버지 사도세자를 그리며 그 자취를 1795년(정조 19)에 기록한 책이다. '영괴대'란 신령스러운 느티나무 옆에 설치한 사대(射臺)라는 뜻으로, 현재 충남 아산시 온양온천동에 자리하고 있다. 1760년에 사도세자가 온양행궁에 행차할 때 활을 쏘는 자리에 그늘을 만들기 위해 세 그루의 느티나무를 심어 영괴대라는 이름이 생겨났다고 한다. 이 책에 포함된 〈온양별궁전도(溫陽別宮全圖)〉에서도 조선시대 왕실 목욕탕의 모습을 확인할 수 있다.

8월 4일에 세자가 온양에서 돌아오자, 영조는 도승지 이경호(李景祜)에게 명하여 "세자가 온천에 목욕한 뒤에 여러 날을 달려왔으니, 만약 여기 와서 날을 마치면 휴식하는 도리가 아니다. 또 서로 만나 보는 것이 마땅히 멀지 아니하여 있을 것이니 바로 돌아가서 휴식하고, 군사도 여러 날 수고하였으니 일찍이 파하여 보내면 내 마음이 편하겠다"라면서 사도세자에게 문안을 생략하고 휴식을 취할 것을 명하였다. 사도세자는 온천욕을 하면서 종기 치료도 하고 휴식도 취했을 것이다. 자신에 대한 영조의 불신이 깊어지던 때 사도세자는 온양온천행을 통하여 잠시라도 부친의 굴레에서 벗어날 수 있었을 것이다.

세자의 비밀 관서행과
영조의 분노

|

1761년에도 사도세자의 병은 계속되었고, 이로 인해 조석으로 영조에게 문안을 거르는 경우가 잦아졌다. 1월 12일에 교리(校理) 김종정(金鍾正)은 상소를 올려, 해가 바뀌어 만물이 소생하는 시기를 맞아 세자가 왕에게 안부를 여쭙는 의식이 거행되었으면 좋겠다는 의견을 올렸다. 3월 28일에도 승정원에서 세자의 진현을 청하였으나, 영조는 "나로 하여금 마음을 쓰지 않게 하는 것 역시 자식의 도리인 것이다"라고 하여 표면적으로 세자가 병을 다스리는 데 전념할 것을 하교했지만 불편한 심정은 어쩔 수가 없었을 것이다.

영조가 세자의 병을 염려하여 문안을 받지 않는 형식이었지만, 오래도록 세자의 문안이 중지되면서 부자의 갈등이 더욱 깊어졌을 것으로 예상된다. 사도세자는 병이 어느 정도 회복되자 서연이나 학문에 힘쓰기보다 바깥출입을 자주했다.

이러한 상황이 관학 유생들에 의해서도 목격되었고, 결국 1761년 4월 22일에 관학 유생들이 동궁의 유람을 경계하는 상서를 올렸다. 유생들은 "저하(사도세자)께서 강독을 치워버린 지 이미 오래되었으며 궁궐의 신하를 접견하지 않은 지도 역시 오래되었습니다. 그런데 평상시 좌우에서 모시는 자는 오직 환관이나 액속(掖屬)들이니, 반드시 말을 타고 달리며 사냥하는 것으로 인도하는 자가 있을 것이고, 반드시 재화를 늘리며 음악과 여색으로 인도하는 자가 있을 것이고, 반드시 드나들며 유람하는 것으로 인도하는 자가 있을 것입니다"라고 하였다. 세자의 향락 생활을 성균관 유생들이 비판할 정도면, 영조에게도 이러한 분위기가 분명 전해졌을 것이다. 긴장 관계가 지속되는 상황에서 아버지와 아들 사이는 넘을 수 없는 선을 향해 치닫고 있었다.

악재들이 속출하는 상황에서 마침내 대형 사고가 터졌다. 사도세자가 영조 몰래 관서(關西) 지방을 다녀온 사실이 알려진 것이다. 이해에 사헌부의 장령(掌令) 이보관(李普觀)이 사도세자에게 올린 글을 보자.

삼가 들으니, 요즈음 저하께서 자못 노는 것을 일삼으며 자주 세자궁을 떠난다는 시끄러운 말들이 있어 이루 들을 수 없습니다. 신은 진실로 감히 떠도는 말을 가지고 그것을 모두 믿을 만하다고 말하지 못하겠지만, 또한 감히 모두 근거할 바가 없다는 데로 돌려버리지도 못하겠습니다. 아! 저하 한 몸에 관계된 바와 부담한 것이 어떠합니까? 주창(主鬯)하는 지위에 있으면서 국사를 대리하는 책임을 맡았으니 3백 년 동안 이어온 큰 기업을 부탁받은 처지이며, 억만 백성들이 우러러 의지하는 것으로 운명을 삼아야 하니 한 번의 동정과 운위(云爲)의 득실에서 안위와 존망의 기틀이 그로 말미암아 생기는 바입니다. 저하께서 아무리 스스로 경솔히 하고 염려하지 않으려 한들 그렇게 할 수 있겠습니까?"

_《영조실록》 권97, 영조 37년(1761) 4월 22일

이에 대해 사도세자는 "그런 일이 있었으면 고치고, 없었으면 더 힘을 써서 더욱 경계하고 반성하겠다"라고 하면서 은근슬쩍 넘어가려고 했다. 그러나 이 문제는 쉽게 넘어갈 수 없는 문제였다. 5월 2일에 세손강서원(世孫講書院)의 유선(諭善) 서지수(徐志修)는 "저하께서 비록 대궐 안에 계신다 하

더라도 일동일정(一動一靜)을 중외에서 모르는 경우가 없습니다. 그런데 더구나 여러 날 동안 길을 떠난 경우이겠습니까? 서관(西關)은 길이 국경에 접해 있는데, 그 전해지는 말이 장차 어느 곳까지 이르겠습니까?" 하면서 거듭 세자의 잘못을 지적했다. 사도세자는 "이미 후회하고 있다"라는 정도의 사과로 일을 무마하려 했다.

한편 《한중록》에도 세자의 관서행에 대해 혜경궁과 장인 홍봉한이 불안해하고 초조해하던 심정이 잘 기록되어 있다.

서행하신 후 내 걱정은 이를 것도 없고, 아버지(홍봉한)께서 마음을 애태워, 넌지시 관찰사에게 소식을 알아다가 들으셨다. 오래 대궐에 계시다가 혹 집에 돌아와도 마루에 앉아 밤을 새우셨으니, 당신 심사가 어떠하였을까. 소조(小朝, 사도세자)께서 하신 일을 대조(영조)께는 차마 아뢰지 못할 것이니, 간할 곳이 어디 있겠는가? ……소조는 완전히 병환이시니 세손만이라도 보전하려는 고심이 있다. ……소조께서는 서행하신 뒤로 20여 일이 지난 4월 20일쯤에야 돌아오셨다. 나는 초조해하며 지냈는데 도리어 아무렇다 말도 못하였다.

_《한중록》

5월 8일에 대사성(大司成) 서명응(徐命膺)은 세자의 관서행을 부추긴 자들의 처벌을 청하는 글을 올렸다. 서명응은 관서행을 권유한 측근 신하들과, 궁궐에 있으면서 비답을 대신한 내시의 죄를 분명히 밝힐 것을 청하였다. 관서행에 대한 비난이 확산되자, 사도세자는 식사를 제대로 하지 못하는 등 더욱 불안해했다.

5월 18일, 사도세자가 영조에게 진현을 했다. 영조는 세자의 걱정과 달리 크게 질책을 하지는 않았다. "조용히 보았더니 작년과 조금 달랐으며, 살이 찐 피부의 비대함이 지난날과 같지 않았다"라면서 세자의 건강을 걱정하는 발언만을 했다. 그러나 이는 일시적인 휴전일 뿐이었다.

6월 23일에 왕세자의 허물을 고칠 것을 청하는 대사간 유정원(柳正源)의 글이 올라왔다. 유정원은 "저하가 한갓 허물을 고친다는 이름만 있고 허물을 고치는 실상은 다하지 않으며, 이미 지난날의 일을 부끄럽게 여길 줄만 알고 바야흐로 닥쳐오는 일이 근심스러움을 염려하지 않습니다"라고 하면서 세자가 자신의 잘못을 고치지 않는 점을 지적하였다. 유정원은 아예 "진기한 노리개나 기이한 의복으로 마음을 미혹되게 하고 어지럽히는 자는 엄중히 금지하고 통렬하게 끊어버리도록 하소서"라고 하면서, 세자의 단점들을 구체적으로 지적하였다. 간관의 수장인 대사간이 이처럼 직설적으로 세자의 잘못을 비판한 것으로 보아, 당시에 그만큼 세자의 지위가 흔들리고 있었음을 알 수 있다.

잠복해 있던 영조의 분노가 이어졌다. 영조는 좌의정 홍봉한을 면직(免職)하는 자리에서, "도성 10리 땅을 그가 출입하는 것은 내가 이미 알고 있지만, 어찌 천리나 멀리 가리라고까지 생각하였겠는가?"라면서 노골적으로 세자의 관서행을 비판하였다. 또한 세자가 동쪽 교외에 호화로운 저택을 지은 것을 나무랐다. 영조는 세자의 관서행을 따라간 사람들의 명단, 저택을 지을 때 출연한 재물과 감독자 등을 밝힐 것을 지시하였다. 세자의 정치적, 경제적 비리에 대해 직접 손을 보겠다는 의지의 표현이었다.

영조가 강경한 입장을 보이자, 세자의 행동에 관한 내용들이 속속 보고되었다. 세자의 관서행은 4월 2일에 길을 떠났다가 22일에 돌아오는 일정이었으며, 따라간 중관(中官)은 박문흥(朴文興)·김우장(金佑章)임이 밝혀졌다. 홍봉한의 면직을 시작으로 관련자의 처벌이 이어졌다. 왕이 지시한 글을 숨겨두었다는 이유로 승지 이정철(李廷喆)·송영중(宋瑩中)을 파직하였으며, 그때에 입직한 춘방의 보덕 유사흠(柳思欽), 문학(文學) 정창성(鄭昌聖), 겸문학(兼文學) 엄인(嚴璘)을 삭직(削職)하였다. 세자를 보필하던 동궁의 신하들이 거의 된서리를 맞은 것이다. 이 밖에 중관 서태항(徐泰恒)·오윤항(吳允恒)은 거제에 유배할 것을 명하고, 김우장은 해남현 그리고 박문흥은 대정현에 정배하게 하였다.

1761년 4월 2일부터 20일간 계속된 사도세자의 관서행, 게다가 왕에게 알리지 않은 상태의 관서행은 부자 사이를 돌이킬 수 없게 하는 치명타가 되었다. 그렇지 않아도 세자에게 깊은 불신을 가지고 있던 영조는 이제 더는 세자에게 아무런 기대를 할 수 없었다. 기대는커녕 이제 영조는 사도세자가 자신의 뒤를 이어 왕위에 올라서는 절대로 안 될 존재로 여겨지기까지 했다.

사도세자의 관서행에 대해서는 당시 평안도에 조선의 변방을 지키는 정예군이 주둔하고 있었던 점과 평안도에서 세금으로 거두어들이는 중앙 곡식을 중앙정부로 수송하지 않고 현지에서 사용하던 점을 들어 평안도가 최적의 쿠데타 장소임을 지적하고, 사도세자가 영조를 몰아내는 군사 쿠데타를 계획했을 가능성이 높다고 주장하는 일부의 견해도 있다. 그러나 그 전까지 쿠데타에 대한 정황이 포착되지 않았고 영조와의 관계나 병까지 앓고 있던 세자의 입장을 생각하면, 이는 지나친 억측으로 여겨진다.

1761년 9월 22일에 왕세자의 관서행과 관련하여, 4월 2일부터 22일까지 창덕궁에 입직한 승지 심발(沈檼)·유한소(俞漢簫)·유언민(俞彦民)·정존겸(鄭存謙) 등은 모두 삭직할 것을 명하였다. 세자의 관서행을 제대로 알리지 않았다는 것이 가장 큰 이유였다. 9월 24일에는 세자의 교육을 담당한 세자 사부들과 빈객이 대거 면직되었다. 서명응·윤급(尹汲)·이정보(李鼎輔)·서지수가 모두 삭직되었으며, 세자를 온양에 수행한 수의(首醫)도 삭직되었다. 관서행을 계기로 사도세자를 조금이나마 지원했던 관리들은 모두 된서리를 맞았고, 사도세자는 더욱 고립무원의 처지에 놓이게 되었다.

　1761년 9월, 사도세자가 관서행에 대한 책임을 지고 음식을 물리치고 시민당 앞뜰에서 앉아 영조에게 죄를 빌었지만, 부자의 관계는 쉽게 회복될 조짐이 보이지 않았다.

왕실 최대의 비극, 1762년 임오화변

|

1761년의 비밀 관서행으로 영조와 사도세자의 관계가 파국으로 치달을 무렵, 또 하나의 악재가 터졌다. 1762년 5월에 나경언(羅景彦)이 사도세자의 비행을 아뢰는 상소를 올린 것이다. 5월 22일 《영조실록》에 "동궁의 허물을 아뢴 나경언을 친국(親鞫)하고 복주(伏誅)하였다"라고 기록하였지만, 나경언의 죽음은 엄청난 사건의 서막일 뿐이었다. 당시 실록의 기록을 보자.

　나경언이 복주되었다. 나경언이란 자는 액정서(掖庭署) 별감 나상언(羅尙彦)의 형

　이니, 사람됨이 불량하고 남을 잘 꾀어냈다. 가산이 탕진되어 자립하지 못하게

되자, 이에 춘궁(春宮, 왕세자)을 제거할 계책을 내어 형조에 글을 올려 환관이 장차 불궤(不軌)한 모의를 한다고 고하였다. 참의 이해중(李海重)이 영의정 홍봉한에게 달려가 고하니, 홍봉한이 말하기를 "이는 청대하여 아뢰지 않을 수 없다" 하매, 이해중이 이에 세 차례나 청대하였다. 왕의 마음이 놀라 이해중의 입시를 명하니, 이해중이 드디어 그 글을 아뢰었다. 왕이 상을 치면서 크게 놀라 말하기를, "변란이 주액(肘腋, 옆구리와 겨드랑이, 곧 측근)에서 있게 되었으니, 마땅히 친히 국문하겠다" 하였다.

_《영조실록》 권99, 영조 38년(1762) 5월 22일

영조는 여러 신하들에게 이르기를, "오늘날 조정에서 사모(紗帽)를 쓰고, 띠를 맨 자는 모두 죄인 중에 죄인이다. 나경언이 이런 글을 올려서 나로 하여금 세자의 과실을 알게 하였는데, 여러 신하 가운데는 이런 일을 나에게 고한 자가 한 사람도 없었으니, 나경언에 비해 부끄럼이 없겠는가?"라고 하였다. 마치 사도세자의 비행 아뢰기를 기다리는 듯한 답변을 내린 것이다.

홍봉한은 급히 창덕궁으로 나아가 사도세자에게 나경언의 흉서 사건을 보고하였다. 사도세자가 크게 놀라 새벽 2시경에 홍화문에 엎드려 대죄하였다. 세자가 입(笠)과 포 차림으로 들어와 뜰에 엎드렸음에도 영조가 문을 닫고 한참 동안 보지 않으므로, 승지가 문밖에서 아뢰었다. 영조는 창문을 밀치고 크게 책망하였다.

네가 왕손의 어미를 때려죽이고(세자의 후궁인 빙애를 죽인 것을 말함), 여승을 궁으로 들였으며, 서로(西路)에 행역(行役)하고, 북성(北城)으로 나가 유람했는데, 이것이

어찌 세자로서 행할 일이냐? 사모를 쓴 자들은 모두 나를 속였으니, 나경언이 없었더라면 내가 어찌 알았겠는가? 왕손의 어미를 네가 처음에 매우 사랑하여 우물에 빠진 듯한 지경에 이르렀는데, 어찌하여 마침내는 죽였느냐? 그 사람이 아주 강직하였으니, 반드시 네 행실과 일을 간하다가 이로 말미암아서 죽임을 당했을 것이다. 또 장래에 여승의 아들을 반드시 왕손이라고 일컬어 데리고 들어와 문안할 것이다. 이렇게 하고도 나라가 망하지 않겠는가?

_《영조실록》 권99, 영조 38년(1762) 5월 22일

어느 정도 예상은 했지만, 영조의 분노와 질책은 극에 달했다. 세자가 후궁 빙애를 죽인 일까지 언급했고, "나경언이 없었다면 내가 어찌 알았겠는가?"라며 세자에 대한 불신을 노골적으로 표현하였다. 사도세자는 분함을 이기지 못하고 나경언과 대면하기를 청하였다. 영조는 다시 "나라를 망칠 일이다. 대리하는 저군(儲君)이 어찌 죄인과 면질해야 하겠는가?"라면서, 더욱 책망하였다. 사도세자는 신이 본래 화증(火症)이 있다고 하자, 영조는 "차라리 발광(發狂)을 하는 것이 어찌 낫지 않겠는가?" 하면서 차마 입에 담아서는 안 될 말까지 하였다. 영조는 세자에게 물러날 것을 명했고, 세자는 금천교(禁川橋) 위에서 대죄하였다.

결국 영조는 나경언이 동궁을 모함하는 역모죄를 범했다는 신하들의 의견을 받아들여 나경언의 처형을 명하였다. 사도세자가 나경언의 고변이 무함이라며 대질까지 요구하며 극구 부인하였고, 세자의 비행을 고발한 나경언은 역적으로 몰려 죽임을 당하였지만, 이 사건은 영조와 세자를 영원히 갈라서게 하는 계기가 되었다.

1762년(영조 38) 윤5월 12일 오후에 세자를 창경궁 휘령전으로 나오도록

하라는 영조의 명이 떨어졌다. 불길한 예감이 들었던지 세자는 혜경궁 홍씨를 둘러보고는 휘령전으로 들어갔다. 이미 자신의 죽음을 예감했던 것일까? 홍씨가 본 남편의 마지막 모습이었다. 영조는 세자에게 칼을 휘두르며 자결할 것을 명했다. 세자는 옷소매를 찢어 목을 묶는 동작을 취했지만, 세자시강원의 관원을 비롯한 신하들이 저지하였다. 세자는 결국 영조가 직접 뚜껑을 닫고 자물쇠를 채운 뒤주 속에서 8일 만에 28세의 나이로 한 많은 생을 마감하였다. 왕세자가 뒤주에서 죽음을 당하는 전대미문의 사건이 벌어진 것이다. 《한중록》을 통해 당시 정황을 구체적으로 살펴보자.

날이 늦었다. 재촉하여 나가시니 대조(영조)께서 휘령전에 앉아 계셨다. 칼을 안고 두드리시더니, 그 처분을 하시었다. 차마 망극하니 이 모습을 내가 어찌 기록하겠는가. 서럽고 서럽도다. 소조(사도세자)께서 나가시자 대조의 노한 목소리가 들려왔다. 휘령전과 덕성합(德成閣)이 멀지 않아 담 밑에 사람을 보냈다. "벌써 세자께서 용포를 벗고 엎디어 계십니다." 대처분인 줄 알고 천지가 망극하여 내 마음이 무너지고 깨지는 듯하였다. 거기 있는 것이 부질없어 세손이 있는 곳에 와서 서로 붙들고 어찌할 줄 몰랐다. 신시(申時, 오후 3~5시) 즈음에 내관이 들어와 말했다. "밧소주방의 쌀 담는 궤를 내라 합니다." 어쩐 말인고! 저들도 어찌할 줄 몰라 하며 궤를 내지 못하고 있는 가운데, 세손궁이 망극한 일이 있는 줄 알고 대문 안에 들어가 아뢰었다. "마마! 아비를 살려주소서!" "나가라!" 대조께서 엄히 말씀하셨다. 할 수 없이 세손은 왕자 재실로 돌아가 앉아 있었다. 내 그때의 정경이야, 고금 천지간에 없었다.

_(한중록)

혜경궁은 영조가 엄청난 처분을 내릴 것을 직감하고 마음을 수습할 길이 없었다. 어린 세손 정조도 할아버지에게 매달려 애원했지만 소용이 없었다. 《한중록》에서는 사도세자가 뒤주에 들어가는 상황을 아래와 같이 증언하였다.

세손이 나가자, 하늘과 땅이 맞붙는 듯하고 해와 달이 깜깜한 듯하니, 내가 어찌 잠시나마 세상에 머물 마음이 있었겠는가. 칼을 들어 목숨을 끊으려 하자, 옆에 있던 사람이 빼앗아 뜻대로 못하였다. 다시 죽고자 하였지만 촌철(寸鐵)이 없어 못하였다. 숭문당(崇文堂)을 지나 휘령전으로 나아가는 건복문(建福門) 밑으로 갔다. 아무것도 보이지 않고 다만 대조께서 칼을 두드리는 소리와 소조가 말씀하시는 소리만 들렸다. "아버님! 아버님! 잘못하였습니다. 이제는 아버님께서 하라시는 대로 다하겠습니다. 글도 읽고 말씀도 다 들을 것이니 이리 마소서." 내 간장은 마디마디 끊어지고 눈앞이 캄캄하니 가슴을 두드린들 어찌하겠는가. 당신의 용맹스러운 힘과 건장한 기운으로 아버님께서 "궤에 들어가라!" 하신들 아무쪼록 들어가시지 말 것이지, 어찌 들어가셨는가. 처음에는 뛰어나오려 하다가 이기지 못하여 그 지경에 이르니, 하늘이 어찌 이렇게 하셨는지. 만고에 없는 설움뿐이다. 내가 문 밑에서 목놓아 슬피 울었지만 소용이 없었다. 소조는 벌써 폐위되었으니, 처자인 내가 어찌 편안히 대궐에 있겠는가.

_《한중록》

위의 인용문은 사도세자의 부인인 혜경궁 홍씨가 1762년 윤5월 임오화변의 상황을 《한중록》에 기록한 것이다. 이 기록 속에는 급박하게 진행되는 그날의 상황에서 이를 지켜볼 수밖에 없었던 혜경궁 홍씨의 안타까운

《한중록(閑中錄)》, 1795(제1편), 1801(제2편), 1802(제3편), 1805(제4편), 규장각한국학연구원 소장. 사도세자의 비 혜경궁 홍씨가 지은 내간체 회고록으로, 한글로 쓰였으며 사본만 전한다.

융릉(隆陵), 사적 제206호, 경기도 화성시 소재. 장조(사도세자)와 헌경왕후(혜경궁 홍씨)의 능. 사도세자의 아들 정조와 효의왕후를 모신 건릉(健陵)이 함께 있다.

사도세자는 태어난 지 겨우 1년 남짓 지난 1721년에 책봉례를 치렀으며, 1743년 3월 17일에 관례를 시민당에서 거행하였고, 이해 11월에 영조가 친히 홍봉한의 딸을 세자빈으로 간택하였다. 혜경궁 홍씨가 사도세자의 세자빈이 된 것이다. 후계자에 대한 영조의 집착이 얼마나 컸는지를 알 수 있다. 그러나 결국 아버지가 아들을 죽인 왕실 최대의 비극은 혜경궁 홍씨의 《한중록》을 통해 남겨졌으며, 할아버지를 이어 즉위한 정조는 사도세자를 장헌세자로 추숭하고 묘를 지금의 자리로 옮겨 현륭원(顯隆園)이라 이름 붙였다. 1899년에 고종이 장헌세자를 장조로 추숭하면서 현륭원이라는 명칭도 융릉으로 격상시켰다.

마음이 그대로 드러난다. 아버지에 의해 뒤주에 갇힌 비운의 사도세자. 창경궁 문정전은 그날의 참극이 일어난 비극의 공간이었다.

사도세자의 비극이 일어난 현장이 창경궁 문정전이었던 것에는 어떤 연유가 있을까? 당시 이곳에 영조의 정비인 정성왕후의 혼전이 있었던 것과 깊은 관련이 있다. 앞서 살펴본 대로 영조는 임시로 문정전을 '휘령전'이라 하고 죽은 왕비의 혼전으로 삼았다. 그리고 정성왕후의 혼령이 자신에게 와서 사도세자를 제거해야 한다고 했다는 점을 강조하였다. 아래 실록의 기록을 보자.

세자가 집영문(集英門) 밖에서 지영(祗迎, 공손히 맞이함)하고 이어서 어가를 따라 휘령전으로 나아갔다. 왕이 행례를 마치고 세자가 뜰 가운데서 사배례(四拜禮)를 마치자, 왕이 갑자기 손뼉을 치면서 하교하기를 "여러 신하들 역시 신(神)의 말을 들었는가? 정성왕후께서 정녕 나에게 이르기를 '변란이 호흡 사이에 달려 있다'라고 하였다" 하고, 이어서 협련군(挾輦軍)에게 명하여 전문(殿門)을 네다섯 겹으로 굳게 막도록 하고, 또 총관(摠管) 등으로 하여금 배열하여 시위하게 하면서 궁의 담 쪽을 향하여 칼을 뽑아들게 하였다. 궁성 문을 막고 각(角)을 불어 군사를 모아 호위하고, 사람의 출입을 금하였다.

_《영조실록》 권99, 영조 38년(1762) 윤5월 13일

영조가 세자에게 자결할 것을 명하자 세손인 정조가 아버지의 죽음을 방관하지 않고 적극적으로 나섰음은 《영조실록》의 기록에도 나타나 있다.

왕이 세자에게 명하여 땅에 엎드려 관을 벗게 하고 맨발로 머리를 땅에 조아리

게[叩頭]하고, 이어서 차마 들을 수 없는 전교를 내려 자결할 것을 재촉하니, 세자가 조아린 이마에서 피가 났다. ……세손이 들어와 관과 포를 벗고 세자의 뒤에 엎드리니, 왕이 안아다가 시강원으로 보내고 김성응 부자에게 수위하여 다시는 들어오지 못하게 하라고 명하였다. 왕이 칼을 들고 연달아 차마 들을 수 없는 전교를 내려 동궁의 자결을 재촉하니, 세자가 자결하고자 하였는데 춘방의 여러 신하들이 말렸다. 왕이 이어서 폐하여 서인을 삼는다는 명을 내렸다. ……왕이 시위하는 군병을 시켜 춘방의 여러 신하들을 내쫓게 하였는데, 한림(翰林) 임덕제(林德躋)만이 굳게 엎드려서 떠나지 않으니 왕이 "세자를 폐하였는데, 어찌 사관(史官)이 있겠는가?" 하고 엄교하였다. 사람을 시켜 붙들어 내보내게 하니, 세자가 임덕제의 옷자락을 붙잡고 곡하면서 따라나오며 "너 역시 나가버리면 나는 장차 누구를 의지하란 말이냐?" 하고 말했다. 이에 전문에서 나와 춘방의 여러 관원에게 어떻게 해야 좋은가를 물었다. 사서 임성(任城)이 말하기를, "일이 마땅히 다시 전정(殿庭)으로 들어가 처분을 기다릴 수밖에 없습니다" 하니, 세자가 곡하면서 다시 들어가 땅에 엎드려 애걸하며 개과천선하기를 청하였다. ……마침내 세자를 깊이 가두라고 명하였는데, 세손이 황급히 들어왔다. 왕이 빈궁과 세손 및 여러 왕손을 좌의정 홍봉한의 집으로 보내라고 명하였는데, 이때에 밤이 이미 반이 지났다. 왕이 이에 전교를 내려 중외에 반포하였는데, 전교는 사관이 꺼려 감히 쓰지 못하였다.

_《영조실록》 권99, 영조 38년(1762) 윤5월 13일

위의 기록에서 보듯 사도세자에 대한 영조의 처분은 가혹하였다. 3~4시 무렵 바깥 소주방의 뒤주가 들어왔는데, 크기가 작아서 쓸 수가 없었다. 다시 어영청에서 쓰는 큰 뒤주를 들여왔고, 영조는 여기에 들어갈 것

을 명하였다고 한다. 결국 사도세자는 영조의 명에 의해 뒤주에 갇혔고, 영조가 직접 뚜껑을 닫고 자물쇠를 채웠다. 사도세자는 뒤주 속에서 8일 만에 28세라는 짧은 나이로 생을 마감했다.

수명이 왕위를 결정하는 가장 중요한 변수가 되었던 조선왕조에서, 최장수 왕 영조에게 사도세자는 아들이지만 최대의 정적이기도 했다. 정적인 아들이 제거된 뒤, 영조는 아들의 죽음에 대해 애도한다는 뜻을 널리 알렸다. 사도세자가 제거되자 영조는 그를 애도한다면서 '사도(思悼)'라는 존호를 부여했다. "어찌 30년에 가까운 부자간의 은의(恩義)를 생각하지 않겠는가? 세손의 마음을 생각하고 대신의 뜻을 헤아려 단지 그 호(號)를 회복하고, 겸하여 시호를 사도세자라 한다"(《영조실록》 영조 38년 윤5월 21일)라고 한 실록의 기록이 이를 잘 보여주고 있다.

세자가 뒤주에 갇혀 죽은 전대미문의 사건. 이 사건은 1762년에 일어나서 '임오화변'이라고 부른다. 당시 세자가 죽은 뒤에 영조는 곧 세자의 죽음을 안타까이 여겨 시호를 직접 지어주고 묘지문도 친히 지어주었지만, 이 일을 절대 거론하지 말 것을 엄명했다. 그러나 이 사건은 이후의 정국에서 뜨거운 감자가 되었다. 사도세자의 죽음에 대한 영조의 처분을 지지하는 벽파(僻派)와 사도세자의 죽음을 동정하는 시파(時派)로 당파가 나누어지기도 했다. 영조 후반 사도세자의 죽음에 깊이 관여한 노론 벽파 세력은 정조의 즉위를 결사적으로 막았지만, 위기 끝에 왕위에 오른 정조는 부친에 대한 본격적인 추숭 작업을 함으로써 반대 세력을 무력화시키는 방안을 강구하게 된다. 11세의 어린 나이로 할아버지에 의해 아버지가 처참하게 죽는 광경을 지켜본 정조의 뇌리에서 그날의 기억이 결코 사라지지 않았기 때문일 것이다.

즉위 후 탕평책법의 추진으로 정치적 안정을 꾀한 영조는 경제와 각종 문화, 학술사업과 경제 개혁에도 온 힘을 쏟았다. 1750년에는 백성들의 여론을 직접 수렴하여 균역법을 실시하여 백성들에게 가장 큰 고통이던 군역의 부담을 덜어주었으며, 1760년에는 청계천 준천 사업을 실시하여 홍수 피해 방지와 실업자 구제라는 두 마리 토끼를 함께 잡았다. 학술과 문화 방면에서도 탁월한 성과를 보였다. 지리지《여지도서(輿地圖書)》와 지도집《해동지도(海東地圖)》, 수도 방위체제를 정리한《수성윤음(守城綸音)》을 비롯하여,《속오례의(續五禮儀)》,《속대전(續大典)》,《속병장도설(續兵將圖說)》등 속편 시리즈가 속속 편찬, 간행되어 조선후기 학술·문화운동의 실마리를 마련하였다.

이 밖에도 영조는 당쟁의 온상이 되고 있는 서원의 정리, 신문고 제도 부활, 고문과 남형(濫刑)을 금지하는 형벌제도 개선 등을 추진하였다. 영조 대의 이러한 정치, 경제, 문화 사업의 성과에는 정치적 안정을 꾀한 강력한 왕권과 이로써 백성을 위한 경제 정책에 구체적으로 착수한 영조의 실물경제 감각이 바탕이 되었음은 물론이다. 아들인 세자까지 자신의 손으로 죽이면서 왕위를 계속 유지한 영조! 성에 차지 않는 세자와의 인간적 갈등이 가장 큰 원인이었겠지만, 세자에게 왕위를 물려주고 은퇴하기에는 너무나 건강하고 의욕적이던 영조의 기질도 한몫을 했다. 왕위가 세습되는 왕조 국가에서 건강과 장수는 곧 장기 집권의 보증수표였고, 영조는 역대 왕의 평균 재임 기간의 두 배에 가까운 52년간 재위했다. 사도세자의 왕위를 건너뛰고 손자에게 직접 왕위를 물려주면 맞아떨어지는 재임 기간이다. 사도세자의 죽음 뒤에도 손자 정조를 즉위시킨 것은 영조가 인간 사도세자를 진정 미워하지 않았음을 의미한다. 영조가 노론 세력 중심으로 정국을 운영한 데 비해, 사도세자가 소론 세력과 결탁하는 모습을 보였다는 것, 사도세자가 쿠데타 가능성을 타진하기 위해 관서행을 감행했다는 것 등 영조와 사도세자의 정치적 갈등이 결국 세자를 죽음으로 이끌었다는 견해도 제시되고 있다. 그러나 세자의 죽음을 가져온 가장 본질적인 이유는, 영조의 이례적인 장수와 이에 세자가 걸림돌이 되었다는 점이다. 결국 사도세자는 영조의 장기 집권을 위한 정치적 희생양이 된 것이다.

물론 왕조 사회에서 왕이 죽지 않는 한 후계자에게 왕위를 물려주어야 할 의무는 없지만, '정신이상자'로 몰린 사도세자의 죽음이 석연치 않게 느껴진다. 어쨌든 영조는 사도세자의 희생을 딛고 52년의 장기 집권 기간 동안 조선후기 정치·문화 중흥의 기틀을 단단히 다졌다. 그리고 자신을 꼭 빼닮은 능력 있는 손자 정조에게 그 후계자 자리를 물려줌으로써 조선의 역사에서 손꼽힐 만한 성군의 지위를 현재까지도 누리고 있다. 그러나 영조의 '빛'의 이면에 내재한 사도세자의 '그림자'는 역사 속의 실재로 영원히 남아 있을 것이다.

권력은 어떻게 계속되는가

조선의 왕과 아들

왕세자 교육에 부심한 부정

조선 왕조에서 왕세자의 위상은 참으로 중요했다. 다음 보위를 이어나갈 종사의 계승자이자 만백성을 다스리는 지존의 후계자였기 때문이다. 이 때문에 왕세자에 대한 교육은 무엇보다 우선하는 국가적 대사가 되었다. 실제 왕세자의 교육은 그가 모친의 뱃속에 있을 때부터 시작되었다. 수태한 직후부터 모친은 정성을 다해 태교를 행하고, 출산 이후에도 양육을 위해 세심한 노력을 기울였다. 까다로운 절차를 걸쳐 유모를 선발하고, 보양청(輔養廳)과 강학청(講學廳)을 두어 유아기, 유년기의 인성 교육에 정성을 기울였다. 정식으로 왕세자로 책봉된 뒤에는 관례, 입학례, 가례를 거행하고 학문을 연마하기 위해 매진했다. 왕세자의 교육을 전담하는 기구로 시강원을 두고, 명망과 학식, 경륜을 두루 갖춘 문관들을 스승으로 임명하여 개인 교습이 실시되었다.

　왕세자의 학문 수련 과정은 결코 만만한 것이 아니었다. 아침에 거행하는 조강, 낮에 거행하는 주강, 저녁에 거행하는 석강 말고도, 한밤중에 진행되는 야대(夜對)까지 왕세자의 하루는 학습과 교습으로 점철되어 있었다. 거기에 스승들은 왕세자의 학습 성취도를 측정하기 위해 수시로 구술 시험까지 실시했다. 이처럼 빡빡하고 힘든 일과를 견뎌내지 못하고 태만한 자세를 보이거나 조금이라도 학업 성취도가 떨어지면 당장 비판이 날아들었다. 부왕으로부터의 질타는 물론, 왕세자의 교육 책임을 맡은 사부와 시강원의 관원들, 왕세자 주변의 환관 등은 조정 신료들로부터 공격을 받거나 처벌의 대상이 되었다. 그 과정에서 왕세자가 받는 스트레스도 클 수밖에 없었다.

　이렇게 힘들고 고된 교육 과정을 마련한 것은 물론 왕세자를 장차 현철한 군주로 키워내기 위한 포석이었다. 종사를 보전하고 백성들을 다스리기 위해 만기(萬機)를 친람해야 하는 군주에게는 학문적 소양과 풍부한 지식, 그리고 명철한 판단력이 필요했다. 그런데 학문적 능력과 판단력을 키우려면 왕세자 시절부터 면학에 정진하는 것이 절실했다. 현존하는 국왕에 버금가는 권력자인 왕세자 주변에는 곳곳에 여색과 유희의 대상들이 널려 있었다. 자칫 방심을 통해 일탈에 빠질 수 있는 왕세자의 마음을 다잡고, 학문으로 교화시켜 장차 왕도정치를 실현할 수 있는 현군(賢君)이자 성군(聖君)으로 키우는 것이 왕세자 교육의 최종 목표였던 것이다.

　태조 이성계는 5남 이방원을 총명하고 비범한 아들로 여겨 큰 기대를 가졌다. 고려 조정에서 현달(顯達)했지만 한미한 무신 집안이라는 한계를 이방원이 과거 급제를 통해 극복해주기를 기대했다. 이성계는 이방원에게서 학문적 재능과 가능성을 발견하고 학문을 권면했다. 이방원은 과거에 합격하여 고려의 관직을 역임하며 부친의 기대에 부응했다. 나아가 중앙 정계의 정보를 제공하면서 아버지의 참모로서 활약하고 '킹메이커' 역할을 했다. 하지만 거기까지였다. 아버지는 이방원을 왕세자로 책봉하지 않았다.

자수성가하여 왕 자리에 오른 태종은 아버지와는 달랐다. 그는 자신의 적장자 양녕을 아홉 살 때 원자로 책봉했다. 이어 경승부와 학궁을 설치하여 체계적인 교육 기반을 닦았다. 열한 살 때에는 양녕을 세자로 책봉하고, 이후 그를 명에 사신으로 파견하여 견문을 넓히게 하고, 1416년에는 아예 양녕대군에게 국사를 위임하여 본격적 후계자 수업을 실시했다.

광해군은 총명하고 학문을 좋아한다는 이유로 아버지로부터 낙점을 받았지만 왕세자가 된 직후 본격적인 교육을 받을 여유가 없었다. 전쟁 발생 직후에 왕세자가 된 광해군은 분조 활동을 통해 스스로 왕세자 수업을 실행한 특이한 경험을 지녔다.

인조도 소현세자에 대해 각별한 애정을 지녔다. 반정이라는 비정상적인 정변을 통해 목숨을 걸고 정권을 잡은 이상, 그것을 수성하려면 무엇보다 왕세자 소현세자를 잘 훈육해야만 했다. 이괄의 난을 진압한 직후인 1624년에 15세의 소현을 왕세자로 책립했다. '천성이 특출 나고 자질이 아름다운' 소현을 보도하기 위해 이정구, 오윤겸 등 당대의 석학이자 명망가들을 사부로 삼았고, 왕세자로 책립한 당일에는 전국에 사면령까지 내렸다.

영조는 세자 교육에 누구보다도 열성이었다. 어렵사리 얻은 이 귀한 아들을 두 살 때 왕세자로 책립했다. 자신의 뒤를 이을 후계자를 얻었다는 큰 기쁨과 왕세자 책봉을 통해 빨리 자신의 왕통을 정립해야 한다는 조바심이 묻어나는 조처였다. 이윽고 관례와 입학례, 그리고 가례를 연속해서 실시했다. 그뿐만 아니라 수시로 사도세자를 데리고 이곳저곳을 다니면서 국정을 익히게 했다. 때로는 백성들 앞에 데려나가 직접 백성들의 상언까지 청취하게 하여 정치적 감각을 키워주는 교육을 실시했을 정도였다.

성군을 기대한 아버지, 기대에 못 미치는 아들

이 책에 등장하는 아버지들은 한결같이 왕세자인 아들들이 면학을 통해 성군이 될 자질을 함양해주기를 기대했다. 다만 태조와 태종의 경우는 예외였다. 이방원은 아버지의 왕업에 가장 큰 걸림돌인 정몽주를 살해하여 아버지에게 잘 보이려 했지만, 오히려 그것을 계기로 아버지와의 관계가 파탄 나는 위기를 만난다. 아들은 이후 아예 아버지에게 정면으로 도전하여 이복동생 방석을 죽이고 정도전 등을 살해함으로써 스스로 대업을 위한 길을 닦아 나간다.

자신을 왕세자로 지명하는 것을 아예 외면한 아버지에 대한 트라우마 때문이었을까? 태종은 양녕대군의 교육에 모든 것을 쏟아부었다. 경전과 역사서를 공부하도록 하고, 인재를 판별할 수 있는 눈을 키울 것을 강조한다. 하지만 양녕은 공부와 서연이 체질에 맞지 않았다. 그는 공부에 싫증을 냈고 바깥으로 돌려고 했다. 그러자 아버지는 돌파구를 모색했다. 공부에 싫증이 난 양녕에게 활쏘기와 무사 습득을 강조하면서 그를 강무에 동행시켰다. 아들 양녕을 문무를 겸전한 군주로 키우고 싶었던 것이다. 하지만 아버지의 우회 시도는 역효과를 낸다. 양녕은 강무 이후 서연을 더욱

기피하면서 잡희와 여색에 빠진다. 심지어 사대부의 첩과 사통하여 아이까지 낳는다. 그럼에도 부친 이성계에게 상처를 받은 경험이 있던 태종은 적장자 양녕에 대한 집착을 포기할 수 없었다. 그에게 다시 반성의 기회를 주지만, 양녕은 단식까지 하면서 아버지에게 맞선다. 끝까지 그를 포기하지 못하던 태종은, 동생이 죽었을 때조차 궁궐에서 활을 쏜 양녕을 결국은 포기한다. 하지만 종사를 위해 왕세자를 바꾸었지만 부정만은 끝내 거두지 못한다.

영조는 마흔둘에야 얻은 늦둥이 외아들 사도세자의 훈육에 모든 것을 걸었다. 교육을 위해 노심초사한 것은 물론이고, 1749년에는 15세의 세자에게 대리청정을 지시하고, 1752년에는 왕위를 넘겨주겠다고 하면서까지 정치적 실습을 시키려고 했다. 신료들의 격렬한 당쟁의 와중에서 간난신고의 세월을 헤쳐온 영조는 세자에게 대기(大器)의 자질을 요구했다. 그는 아들에게 술을 끊고 《정관정요》를 읽으라고 지시했고, 아들이 참석하는 서연의 내용과 독서의 내용까지 일일이 체크했다.

영조는 기대를 품고 사도세자를 '성군의 길'로 밀어붙였지만, 이는 아들에게 조금의 틈도 허용하지 않는 결과를 초래했다. 아들은 서서히 스트레스 때문에 미쳐 돌아갔다. 몰아붙이는 아버지에게 사랑받고 있다는 감정을 느끼기 어려웠고, 걸핏하면 꾸짖으면서도 양위 전교를 남발하는 아버지를 보면 경기를 일으키게 되었다. 아들은 '날씨가 나쁜 것마저 아들을 탓하는' 아버지로부터 떠나고 싶었다. 1760년 7월에 합법적으로 온양온천에 다녀온 아들은 이듬해 4월부터 몰래 평안도로 떠난다. 아들에 대한 기대가 무너지면서 고민하던 아버지는, 신하들이 아들의 비행을 잇달아 전하자 1762년에 마음을 접는다. 아들이 평안도로 떠나면서 아버지는 아들을 버렸고, 이윽고 아들은 뒤주 속에서 세상을 떠난다. 자신처럼 강단 있는 군주가 되어 신료들의 정쟁의 고리를 끊고 왕권을 반석에 올려놓기를 바라던 아버지의 과도한 기대 앞에 심약한 아들은 끝내 무너지고 만 것이다.

권력과 외세가 갈라놓은 부자관계

선조와 광해군, 인조와 소현세자의 부자관계는 외세의 간섭에 의해, 또 그 외세와 연관된 권력을 둘러싼 암투에 의해 와해되었다는 공통점을 지니고 있다. 광해군은 임진왜란이 없었다면 왕세자로 지명되었을지 불확실하지만, 소현세자는 병자호란만 없었다면 필시 왕위에 오를 수 있었을 것이다.

첩자이자 차자의 위치에서 왕세자로 지명된 광해군의 위상은 불안했지만, 분조 활동은 그가 정치적으로 성장하는 데 중요한 자산이 되었다. 일본군의 연전연승 앞에 조선군이 속절없이 무너지고, 선조가 의주까지 내몰리면서 백성들에게 조정의 존재는 희미해졌다. 바로 그때 광해군이 분조를 이끌고 각지를 주유하면서 백성들은 나라가 아직 망하지 않았다는 것, 충성을 바쳐야 할 대상이 여전히 존재하고 있다는 사실을 확인했다. 분조를 이끄는 시기에 백성들에게 광해군은 사실상 '조선의 왕'이나 마찬가지였다. 더욱이 분조 시기 광해군의 효심은 가륵했고, 신조의 부징은 느껴웠다. 광해군은 행여 아버지 선조가 있는 의주 쪽으로 일본군이 몰려갈까 봐 노심초사하면서 그것을 막으려 했고, 선조는 떠도는 아들의 건강과 안위를 걱정했다. 분조 소식을 가져오는 신하에게는 상을 내린 선조였다.

하지만 아버지는 전란을 맞아 밑천이 드러났다. 1592년 11월, 유학 남이순 등은 선조에게 왕위를 넘기라고 노골적으로 요구했다. 충격을 받은 아버지는 스스로 물러나겠다고 선언한다. 그뿐만이 아니었다. 1593년에 벽제 전투에서 패한 뒤 명군 지휘부는 일본군과 싸움이 아닌 협상을 하기로 결정한다. 선조가 반발하자, 그들은 선조를 제쳐 두고 광해군과 상대하겠다고 덤볐다. 그러면서 광해군을 삼남으로 내려보내 명군 지원을 전담하라고 요구했다. 광해군은 무군사(撫軍司)를 이끌고 남하한다. 아들이 유능하다고 인정하지만, 자꾸 아들과 비교되면서 아버지의 의구심은 커진다. 이번에도 물러나겠다고 선언한다. 아버지가 아들의 활동을 감시하라고 지시하면서 명군에 의해 부자관계는 멀어지고 만다.

　전쟁이 끝나자 이번에는 명이 엉뚱한 변덕을 부렸다. 전쟁 중에는 광해군을 추어올리던 그들이 이제는 차자라는 이유를 내세워 왕세자로 승인할 수 없다고 강조했다. 아버지는 1599년까지는 열심히 명에 사신을 보내 광해군을 왕세자로 승인해달라고 간청한다. 하지만 명의 거부가 지속되자 아버지의 마음도 미묘하게 바뀐다. 1602년에 인목왕후와 재혼하더니 4년 뒤 영창대군이 출생한다. 명의 승인이 없는 상황에서 적자 영창대군이 태어나자 조선 조정이 술렁인다. 아버지는 "명의 승인을 받지 못했으니 세자의 자격이 없다"라고 하며 아들에게 상처를 준다. 유영경을 비롯한 신료들은 선조가 왕세자를 바꿀지도 모른다는 추정 속에 광해군을 견제하고, 그들에 맞서 정인홍 등이 광해군을 비호하면서 정쟁이 격화된다. 병석에 누운 선조는 왕세자를 교체하지는 않았지만, 늘그막에 감행한 그의 재혼은 아들과의 관계를 소원하게 했고 끝내는 광해군 대의 정국을 비극으로 몰아가는 씨앗이 되었다.

　반정이라는 비정상적인 방식으로 왕위에 오른 인조에게 소현세자는 각별한 아들이었다. 신료들에게 추대되었기에 불안할 수밖에 없는 자신의 왕통을 왕세자 소현이 이어받아 반석에 올려주기를 바라고 또 바랐다. 착하고 온순한 소현세자 또한 아버지의 기대를 너무 잘 알았고, 또 그런 기대를 저버리는 행동을 한 적이 없었다. 1627년에 후금군이 쳐들어와서 신료들이 분조를 세우자고 했을 때도 아버지는 반대했다. 아직 어린 왕세자와 떨어지는 것이 너무도 슬펐기 때문이다.

인조와 소현세자의 애틋한 관계는 병자호란이 일어나 남한산성에 들어갔을 때에도 변함이 없었다. 춥고 배고픈 상태에서 구원군마저 끊긴 외로운 산성에서 종사의 명맥은 가물가물했다. 청군이 인조에게 나오라고 강요할 때 소현세자는 자신이 대신 나가 인질이 되겠다고 자청했다. 급기야 아버지와 아들은 '오랑캐 추장'에게 무릎을 꿇는 치욕을 함께 맛보았다. 이윽고 소현이 볼모가 되어 심양으로 끌려가던 날, 아버지 인조는 새파랗게 어린 청 장수에게 "아들을 온돌에서 재워달라"라며 머리를 조아린다. 참으로 느꺼운 부정이었다.

소현이 심양에 들어가 체류 기간이 길어지면서 부자관계는 서서히 갈라지기 시작한다. 청은 소현을 내세워 인조의 충성을 이끌어내려 했다. 소현이 머무는 심관을 사실상 '작은 조정'으로 여겨 조선에 대한 온갖 요구들을 쏟아냈다. 반면 인조는 소현이 씩씩하게 청나라에 맞서며 그들의 무리한 요구를 차단해주기를 바랐다. 착하지만 심약한 소현은 한편으로는 청의 눈치를 보랴, 다른 한편으로는 아버지의 눈치를 보랴 서서히 '샌드위치' 신세로 내몰린다.

시간이 흐르면서 소현의 눈에는 청의 장점들이 들어오기 시작한다. 기강이 잡히고 질박한 그들의 정치 현실과 사회 풍토를 보면서, 명에서 귀순해오는 수많은 한인들을 보면서 '청나라는 오랑캐'라고 배운 기존의 명제가 틀릴지도 모른다는 생각을 하게 되었다. 그 와중에 청 조정은 자신들의 요구를 제대로 수용하지 않는 인조를 길들이려고 시도한다. 그를 심양에 입조시키겠다는 소문을 흘리면서 자극하자, 인조는 바짝 긴장한다. 바짝 엎드려 친청의 자세를 취하는 한편, 심양의 아들이 무엇을 하는지 감시를 시작한다.

청의 이간책에 넘어간 아버지는 이제 아들이 '아들'로 보이지 않았다. 경쟁자이자 정적으로 보이기 시작했다. 1644년에 명이 멸망하고 청이 북경을 차지하여 아들이 돌아왔지만, 인조는 그런 아들이 반갑지 않았다. 냉랭해진 아버지 때문에 받은 스트레스 때문일까? 아들은 귀국하자마자 병석에 눕고, 알 수 없는 증세를 보인 끝에 요절한다. 아버지는 사인을 따질 생각도 없이 장례를 서두르고, 손자들을 내치고, 곧이어 며느리마저 죽인다. 자신의 왕 자리를 보전해야겠다는 인조의 조바심과 새 세상을 목도한 소현의 호기심이 맞물려 빚어진 비극이었다.

이들은 모두 공통점을 갖고 있다. 아버지와의 갈등 때문에, 또는 아버지와의 갈등으로 축적된 트라우마가 원인이 되어 왕세자 자리에 오르지 못하거나, 혹은 그 자리에 올랐다가 낙마하거나, 아니면 최악의 경우 죽음을 맞거나 한 경우다. 광해군의 경우는 조금 달라서, 아버지로 인해 생긴 트라우마가 긴 세월 내장되어 있다가 결국 그것이 발화되어 '아버지의 유지를 따른다'는 정치적 명분을 내건 세력들에 의해 왕위에서 쫓겨났다.

한명기

왕과 아들

조선시대 왕위 계승사

1판 1쇄 2013년 4월 20일
1판 5쇄 2016년 6월 20일

지은이 | 강문식, 한명기, 신병주

펴낸곳 | (주)도서출판 **책과함께**
　　　　주소 (04022) 서울시 마포구 동교로 70 소와소빌딩 2층
　　　　전화 (02) 335-1982~3
　　　　팩스 (02) 335-1316
　　　　전자우편 prpub@hanmail.net
　　　　블로그 blog.naver.com/prpub
　　　　등록 2003년 4월 3일 제25100-2003-392호

ISBN 978-89-97735-18-1 (03900)

이 도서의 국립중앙도서관 출판시도서목록(CIP)은
e-CIP 홈페이지(http://www.nl.go.kr/ecip)와 국가자료공동목록시스템
(http://www.nl.go.kr/kolisnet)에서 이용하실 수 있습니다.
(CIP제어번호: CIP2013001932)